创新型人才跨境电子商务专业系

跨境
电子商务网络营销

陈　璇◎主编

杨　凯　党铁飞◎副主编

电子工业出版社.

Publishing House of Electronics Industry

北京·BEIJING

图书在版编目（CIP）数据

跨境电子商务网络营销 / 陈璇主编. —北京：电子工业出版社，2021.8
ISBN 978-7-121-41688-0

Ⅰ. ①跨… Ⅱ. ①陈… Ⅲ. ①电子商务－网络营销－高等职业教育－教材 Ⅳ. ①F713.365.2

中国版本图书馆 CIP 数据核字（2021）第 151827 号

责任编辑：刘淑敏　　　　特约编辑：田学清
印　　刷：保定市中画美凯印刷有限公司
装　　订：保定市中画美凯印刷有限公司
出版发行：电子工业出版社
　　　　　北京市海淀区万寿路 173 信箱　　　　邮编：100036
开　　本：787×1092　　1/16　　印张：13.25　　字数：348 千字
版　　次：2021 年 8 月第 1 版
印　　次：2023 年 1 月第 3 次印刷
定　　价：49.80 元

凡所购买电子工业出版社图书有缺损问题，请向购买书店调换。若书店售缺，请与本社发行部联系，联系及邮购电话：（010）88254888，88258888。

质量投诉请发邮件至 zlts@phei.com.cn，盗版侵权举报请发邮件至 dbqq@phei.com.cn。

本书咨询联系方式：（010）88254199，sjb@phei.com.cn。

前　言

跨境电子商务网络营销是以国际互联网为基础，借助于互联网来高效地满足国际市场消费者的不同需求，从而实现外贸企业营销推广的一种手段。跨境电子商务网络营销是随着跨境电商的发展而产生的，它结合了网络营销和国际市场营销等方面的知识，研究了不同市场消费者的网络购买行为，从而制定出了不同的企业营销策略。

本教材共有 8 章内容：第 1 章绪论介绍了跨境电子商务发展的基础与背景，以及跨境电商网络营销的基本知识；第 2 章跨境电商网络市场调研与客户开发介绍了跨境电商网络市场调研的方法和步骤，以及如何开发客户；第 3 章跨境电商网络营销市场分析从市场环境、消费者、网络市场细分等方面进行了全面的分析；第 4 章跨境电商站内营销与推广介绍了知名 B2B 和 B2C 跨境电商平台营销与推广工具；第 5 章跨境电商站外营销与推广介绍了搜索引擎营销、社会化媒体营销、电子邮件营销及其他站外营销推广方式；第 6 章跨境电商网络营销客户服务与纠纷处理介绍了跨境电商客户服务技巧、沟通模板，以及客户关系管理的含义等；第 7 章跨境电商网络营销数据分析介绍了行业数据分析、店铺经营分析和客户行为分析；第 8 章跨境电商网络营销策划分别介绍了跨境电商网络品牌、产品和活动营销策划的方案。

本教材具有以下 3 个特点。

1. 内容源于行业发展、注重能力培养

本教材以行业发展为主线，以实践教学的理念构建教材编写模式。依据教学目标，按照跨境电商网络营销实践内容，设置了 8 章的学习内容，每章在构筑基础知识点的同时，还结合了大量的实践情景及案例，使学生能更直观地理解原理并掌握运用方法，将知识传授、能力培养和技能训练三者进行了有机的结合。

2. 兼顾发展与系统性、多角度展示知识点

本教材按照跨境电商网络营销实际操作流程的时间和空间顺序进行了章节的安排，以便达到理论知识与实践技能共同学习的目标。

3. 统一理论和实践、达到视角全面

本教材内容涵盖跨境电商网络营销市场调研、市场分析、站内与站外营销与推广、跨境客服、数据分析等，对跨境电商网络营销进行了全面的分析与解读。

本教材编写分工如下：第 1～2 章由党铁飞老师编写；第 3～5 章由陈璇老师编写；第 6～8 章由杨凯老师编写。陈璇老师负责本教材的统稿和整理工作。本教材编写完成后，由隋东旭老师和逯宇铎老师进行了审读。

编写本教材是一项极大的挑战，虽然老师们秉承"工匠精神"，在充分调研与融合实践操作方法的基础上，对全书的结构、内容进行了优化，以实现实践性与创新性并存，并对行业的发展做出前瞻性讨论，但难免有疏漏之处，望读者批评指正。

目　　录

第1章

绪论

章节目标

1. 理解跨境电商、网络营销、跨境电商网络营销的概念。
2. 了解跨境电商的发展历程及趋势。
3. 掌握网络营销的内容。
4. 掌握跨境电商网络营销的手段。

学习重点及难点

学习重点：跨境电商网络营销的手段。
学习难点：分析企业实际采取的跨境营销方式并评价其效果。

引例

Eauprecieuse（珍贵水）跨境电商网络营销之路

2018 年 6 月，天猫国际 Eauprecieuse（年轻女性护肤品牌——法国珍贵水）海外旗舰店正式开始营业。

珍贵水由法国药剂师 Charles Depensier 于 1890 年研发而成，迄今已有 130 多年的历史，其间由于在欧洲一直拥有良好的口碑，所以从未更换过产品配方。2004 年，珍贵水被法国制药实验室收购，并针对欧洲本土、中国等地进行了更有针对性的营销。法国制药实验室是 Omega Pharma 集团的子公司，主要研发非处方保健品及个人护理产品等。

法国拥有许多世界知名的美妆和药妆品牌，并且深受我国广大消费者的喜爱。法国的品牌产品从研发到生产，整个监管过程都非常严格，质量保证度高，因此我国消费者对法国品牌产品的信任度较高。其中，法国的美妆、护肤类产品及婴幼儿食品类尤其受到我国消费者的喜爱。

近几年，欧洲地区尤其是法国的美妆产品通过代购、海淘、跨境电商等渠道进入我国，受到了我国消费者的追捧，形成了许多"网红"产品，其中珍贵水就因其显著的祛痘效果位列其中。

天猫国际旗舰店采取官方直营零售渠道，同时也对国内的供应商分销体系做出了重新规划。法国珍贵水品牌官方在我国实行分层级的严格代理体系，代理商通过专用的 App 完成申请代理、管理代理信息、查验代理真伪等操作。

除此之外，法国珍贵水品牌官方于 2018 年 5 月推出珍贵水授权管理小程序，利用小程序这个更贴近本土习惯的工具切实解决了假货问题。代理商可以通过小程序，更清晰、系统地管理自己的授权，同时消费者也可以在此验证授权证书的真伪。

另外，法国珍贵水品牌官方通过建立自己的防伪系统来管控市场，如珍贵水的一品一码验证系统。

案例来源：搜狐网

阅读以上案例，请思考：

法国珍贵水品牌是如何打通我国市场进行营销推广的？

答案要点：

1. 建立天猫国际 Eauprecieuse 海外旗舰店。

2. 天猫国际旗舰店采取官方直营零售渠道。

3. 法国珍贵水品牌官方实行分层级的严格代理体系，代理商通过专用的 App 完成申请代理、管理代理信息、查验代理真伪等操作。

4. 法国珍贵水品牌官方推出珍贵水授权管理小程序，利用小程序这个更贴近本土习惯的工具切实解决了假货问题。

5. 法国珍贵水品牌官方通过建立自己的防伪系统来管控市场，如珍贵水的一品一码验证系统。

1.1 跨境电子商务概述

跨境电子商务网络营销帮助全球消费者和企业更加自由和便利地"买全球、卖全球"。传统贸易将不断向 C2B 或 C2M 转变，过去依靠信息不对称而存在的中间环节会逐渐消除。生产企业将直接连接终端消费者，根据消费者和市场的实时需求实现定制化、拉动式的柔性生产供应，并依托全球电商平台与专业服务商一起，形成一个网状的生产和服务协同生态圈。

▶▶ 1.1.1　跨境电子商务的概念和分类

1．跨境电子商务的概念

跨境电子商务，又称跨境电商，其国际流行说法是 Cross-border Electronic Commerce。从狭义角度上来讲，跨境电子商务是指分属于不同关境的交易主体，借助电子商务平台达成交易，并进行支付结算，通过跨境物流送达商品完成交易的一种国际商业活动。其交易对象主要是一部分小额买卖的 B 类商家和 C 类个人消费者。由于现实中对小额买卖的 B 类商家和 C 类个人消费者很难进行严格区分和界定，所以从海关统计口径来说，狭义的跨境电商相当于跨境零售。

从广义角度上来讲，跨境电子商务就是外贸领域内对互联网及信息技术的不同层次的应用（基本等同于外贸电子商务），是基于"国际贸易+互联网"的创新型商业模式，是指分属于不同关境的交易主体，通过电子商务的手段将传统进出口交易中的展示、洽谈和成交环节电子化，并通过跨境物流送达商品完成交易的一种国际商业活动。因此，广义的跨境电商实际上就是把传统的进出口贸易网络化、电子化、数字化，它涉及货物与服务的在线交易（包括电子贸易、在线数据传递、电子支付、电子货运单证传递等多方面的活动）及跨境电商相关的电子化服务（供应链、国际物流、通关、平台推广等），是电子商务应用的高级表现形式。

海关总署公告 2014 年第 12 号《关于增列海关监管方式代码的公告》：增列海关监管方式代码"9610"，全称"跨境贸易电子商务"，简称"电子商务"，适用于境内个人或电子商务企业通过电子商务交易平台实现交易，并采用"清单核放、汇总申报"模式办理通关手续的电子商务零售进出口商品（通过海关特殊监管区域或保税监管场所一线的电子商务零售进出口商品除外）。

海关总署公告 2014 年第 57 号《关于增列海关监管方式代码的公告》：增列海关监管方式代码"1210"，全称"保税跨境贸易电子商务"，简称"保税电商"，适用于境内个人或电子商务企业在经海关认可的电子商务平台实现跨境交易，并通过海关特殊监管区域或保税监管场所进出的电子商务零售进出境商品（海关特殊监管区域、保税监管场所与境内区外/场所外之间通过电子商务平台交易的零售进出口商品不适用于该监管方式）。

海关总署公告 2016 年第 75 号《关于增列海关监管方式代码的公告》：增列海关监管方式代码"1239"，全称"保税跨境贸易电子商务 A"，简称"保税电商 A"，适用于境内电子商务企业通过海关特殊监管区域或保税物流中心（B 型）一线进境的跨境电商零售进口商品（国内 15 个试点城市，以及 2019 年新设的 22 个跨境电商综合试验区的城市开展跨境电子商务零售进口业务，暂不适用于"1239"监管方式）。

海关总署公告 2020 年第 75 号《关于增列海关监管方式代码的公告》：增列海关监管方式代码"9710"，全称"跨境电子商务企业对企业直接出口"，简称"跨境电商 B2B 直接出口"，适用于跨境电商 B2B 直接出口的货物；增列海关监管方式代码"9810"，全称"跨境电子商务出口海外仓"，简称"跨境电商出口海外仓"，适用于跨境电商出口海外仓的货物。

2. 跨境电子商务的特征

跨境电商作为新型的贸易模式，融合了国际贸易和电子商务两个方面的特点，具体来讲，它有以下三个特征。

（1）全球化

跨境电商依附于网络，具有全球性和非中心化的特征。参加跨境贸易的各方通过网络在全世界范围内进行贸易，涉及有关交易的各方系统包括双方国家进出口公司系统、海关系统、银行金融系统、税务系统、运输系统、保险系统等。由于跨境电商在虚拟的网络空间展开，因此互联网用户不需要跨越国界就可以把产品尤其是高附加值产品和服务提交到市场，消费者也无须太关注制造商所在地，只需接入互联网就可以实现交易。

（2）信息化

跨境电商以现代信息技术和网络渠道为交易途径，主要采用无纸化操作的方式。计算机通信记录取代了一系列的纸质文件，交易双方整个信息发送和接收过程实现了无纸化。为使无纸化交易顺利进行及保障买卖双方的利益，拥有高效、安全的信息系统是重中之重。以跨境电商物流信息化为例，对跨境电商物流活动而言，物流信息承担着类似神经细胞的作用。跨境电商物流信息化是跨境电商企业（平台）通过采用电子数据交换技术、条码技术、射频识别技术、全球卫星定位系统、地理信息系统等现代信息技术把资源整合起来，提高整个供应链对市场的反应能力，从而为客户提供高效率、高水平的服务。

（3）复杂化

跨境电商具有更大的复杂性，主要表现为：一是信息流、资金流、物流等多种要素流动须紧密结合，任何一个方面的不足或衔接不够，都会阻碍整个商务活动的完成；二是流程繁杂且不完善，国际贸易通常具有非常复杂的流程，牵涉到海关、外汇、税收、货运等多个环节，而电子商务作为新兴交易方式，在通关、支付、税收等领域的法规目前还不太完善；三是风险触发因素较多，容易受到国际经济政治宏观环境和各国政策的影响，包括政治风险、市场汇率风险、维权风险、知识产权纠纷风险等。

3. 跨境电子商务的分类

基于不同的标准，跨境电商可以分为以下几种不同的类别，如表1-1所示 。

表1-1　跨境电子商务的分类

分类标准	类　型	特　征	代表企业
按照交易主体分类	B2B 跨境电商或平台	面对的最终客户为企业或集团客户，提供企业、产品和服务等相关信息	阿里巴巴国际站 敦煌网 环球资源网
	B2C 跨境电商或平台	面对的最终客户为个人消费者，针对最终客户以网上零售的方式，将产品售卖给个人消费者	速卖通 亚马逊 兰亭集势
	C2C 跨境电商或平台	面对的最终客户为个人消费者，商家也是个人卖家。由个人卖家发布售卖的产品和服务信息、价格等内容，个人消费者进行筛选，最终通过电商平台达成交易、进行支付结算，并通过跨境物流送达商品、完成交易	eBay 速卖通

续表

分类标准	类型	特征	代表企业
按照服务类型分类	信息服务平台	为境内外会员商户提供网络营销平台,传递供应商或采购商等商家的产品和服务信息,促成双方完成交易	阿里巴巴国际站 环球资源网 中国制造网
	在线交易平台	提供企业、产品和服务等多方信息,同时可以通过在线平台完成搜索、咨询、对比、下单、支付、物流、评价等全购物链环节。在线交易平台模式逐渐成为跨境电商中的主流模式	敦煌网 速卖通 米兰网 大龙网
	外贸综合平台	为企业提供通关、物流、退税、保险、融资等一系列的服务,帮助企业完成商品进口或出口的通关和流通环节,通过融资退税等政策帮助企业资金周转	阿里巴巴一达通
按照平台运营方式分类	第三方开放平台	平台型电商通过线上搭建商城,并整合物流、支付、运营等服务资源,吸引商家入驻,为其提供跨境电商交易服务。同时,平台以收取商家佣金及增值服务佣金作为主要盈利模式	速卖通 敦煌网 环球资源网 阿里巴巴国际站
	自营型平台	自营型电商通过在线上搭建平台,平台方整合供应商资源通过较低的进价采购商品,然后以高价出售商品,自营型平台以赚取商品差价作为盈利模式	兰亭集势 米兰网 大龙网
	外贸电商代运营服务商模式	服务提供商能够提供一站式电子商务解决方案,并能帮助外贸企业建立定制的个性化电子商务平台,盈利模式是赚取企业支付的服务费用	四海商舟 锐意企创

▶▶ 1.1.2 跨境电子商务的发展历程和趋势

1. 跨境电商的发展历程

1999年阿里巴巴实现用互联网连接中国供应商与海外买家后,中国对外出口贸易就实现了互联网化。在此之后,共经历了四个阶段,实现了从信息服务、在线交易到全产业链服务、品牌营销的跨境电商产业转型。

（1）跨境电商1.0阶段（1999—2003年）

1999年阿里巴巴成立,拉开了中国跨境电商发展的序幕。最初,阿里巴巴中国供应商只是互联网上的黄页,将中国企业的产品信息向全球客户展示,定位于B2B大宗贸易。买方通过阿里巴巴平台了解卖方的产品信息,然后双方通过线下洽谈成交,所以当时的大部分交易是在线下完成的。2000年前后,少量国人开始在eBay和Amazon等国外平台尝试跨境电商,但并没有形成规模。

跨境电商1.0阶段的主要商业模式是网上展示、线下交易的外贸信息服务模式。跨境电商1.0阶段第三方平台的主要功能是为企业的产品和服务信息提供网络展示平台,并不在网络上进行任何交易。此时的盈利模式主要是向进行产品和服务信息展示的企业收取会员费（如年服务费），后逐渐衍生出竞价推广、咨询服务等为供应商提供的一条龙的信息流增值服务。

在跨境电商 1.0 阶段，阿里巴巴国际站平台及环球资源网为典型代表平台。其中，阿里巴巴成立于 1999 年，以网络信息服务为主、线下会议交易为辅，是中国最大的外贸信息黄页平台之一。环球资源网于 1971 年成立，前身为 Asian Sources，是亚洲较早提供贸易市场的资讯者，并于 2000 年 4 月 28 日在纳斯达克证券交易所上市，股权代码 GSOL。

在此期间还出现了中国制造网、韩国 EC21 网、Kellysearch 等大量以供需信息交易为主的跨境电商平台。跨境电商 1.0 阶段虽然通过互联网解决了中国贸易信息面向世界买家的难题，但是依然无法完成在线交易，对于外贸电商产业链的整合仅完成了将信息流进行整合的环节。

（2）跨境电商 2.0 阶段（2004—2012 年）

这个阶段，跨境电商平台开始摆脱纯信息黄页的展示行为，将线下交易、支付、物流等流程实现电子化，逐步实现在线交易。

相比第一阶段，跨境电商 2.0 阶段更能体现电子商务的本质，借助于电子商务平台，通过服务、资源整合有效打通上下游供应链，包括 B2B（平台对企业小额交易）平台模式，以及 B2C（平台对用户）平台模式两种模式。跨境电商 2.0 阶段，B2B 平台模式为跨境电商的主流模式，通过直接对接中小企业商户实现产业链的进一步缩短，提升商品销售利润空间。

在跨境电商 2.0 阶段，第三方平台实现了营收的多元化，同时实现后向收费模式，将"会员收费"改为以收取交易佣金为主，即按成交效果来收取百分点佣金。同时，还通过平台上营销推广、支付服务、物流服务等获得增值收益。

（3）跨境电商 3.0 阶段（2013—2018 年）

2013 年成为跨境电商重要的转型年，跨境电商全产业链都出现了商业模式的变化。随着跨境电商的转型，跨境电商 3.0"大时代"随之到来。

跨境电商 3.0 阶段具有大型工厂上线、B 类买家（批发类买家）成规模、中大额订单比例提升、大型服务商加入和移动用户量爆发五个方面的特征。与此同时，跨境电商 3.0 阶段服务全面升级，平台承载能力更强，全产业链服务在线化也是 3.0 阶段的重要特征。

跨境电商 3.0 阶段，用户群体由草根创业向工厂、外贸公司转变，且具有极强的生产设计管理能力。平台销售产品由网商、二手货源向一手货源及好产品转变。一方面，主要卖家群体正处于从传统外贸业务向跨境电商业务的艰难转型期，生产模式由大生产线向柔性制造转变，对代运营和产业链配套服务需求较高。另一方面，跨境电商 3.0 阶段的主要平台模式也由 C2C、B2C 向 B2B、M2B 模式转变，批发商买家的中大额交易成为平台的主要订单。

跨境电商 3.0 阶段，中国卖家、海外买家、服务商都发生了一系列的变化。跨境电商的发展彻底改变了传统外贸的形式，同时也触动了某些传统的外贸的痛处和利点。跨境电商可以实现在线支付、在线贷款、物流等整个交易的全流程服务。同时，随着传统外贸的不景气，一大批新的外贸人、外贸工厂，规模性地走向了电子商务平台。海外买家也正在以大的买家形态通过跨境电商进行采购，同时他们也在推动更多的采购走向网上，使跨境市场份额在不断扩大。除了卖家和买家在规模性成长中的变化，全流程跨境交易的服务商也全面进入了跨境电商领域。比如一达通、心怡物流等跨境服务平台的出现，为跨境电商市场的热潮启动注入了新的动力。

（4）跨境电商 4.0 阶段（2019 年至今）

跨境电商 4.0 阶段，从 2019 年开始，是主打品牌的时代，我国企业通过跨境电商渠道把产品卖给海外终端消费者。跨境电商成为企业的核心竞争力。跨境电商 4.0 阶段，同样是流量碎片化的时代，消费者有不同的流量入口，所以企业要利用跨境电商工具实现跨境电商渠道全覆盖，以适应去中心化时代的消费习惯。这些常见渠道包括 B2B 渠道、B2C 渠道、自营站渠道、独立站供货渠道、本地化渠道，全渠道布局、去中心化运营，适应消费者个性化的需求，才能在这个时代胜出，如图 1-1 所示。

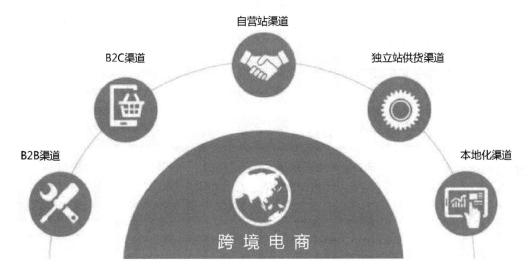

图 1-1 跨境电商 4.0 阶段

2. 跨境电商的发展趋势

（1）未来跨境电商（B2B2C+集结仓+监管仓+海外仓+综服平台）9610/1210 模式将成为主流阳光化模式

积极探索试点境内制造企业至其境外分支机构至境外消费者（M2B2C）业务模式、境内外贸企业至其境外分支机构至境外消费者（B2B2C）业务模式，在跨境电商 B2B2C 出口业务模式认定规范、业务流程、技术标准和监管模式等方面取得突破，上升为海关总署监管代码。支持本地有条件的制造企业和传统外贸企业从"产品走出去"转向"服务走出去、品牌走出去"，依托海外保税仓积极布局全球供应链，开展跨境电商 M2B2C 出口和 B2B2C 出口模式试点，以新渠道抢占新市场。与邮政合作，全力推动打通境外"最后一公里"的发展瓶颈，快速抢占全球消费市场。

（2）跨境电商"六体系""两平台"等成熟做法面向全国复制推广

"六体系""两平台"是跨境电商发展的基础框架。"六体系"包括信息共享、金融服务、智能物流、电商诚信、统计监测和风险防控体系，提供了涵盖跨境电商全流程、各主体的管理和服务。"两平台"包括线上综合服务平台和线下产业园区平台，提供了综试区建设的软件和硬件条件。"六体系""两平台"实现了政府与市场、部门与地方、线上与线下的有效结合，调动了各参与方的积极性，催生了跨境电商生态圈。

（3）新零售推动产业融合升级

随着城市终端配送体系逐步完善，线上交易平台、线下传统商场、店铺、配送中心将合为一体，"前店后仓、前置仓储"的交易模式将带动信息流、交易流、物流、资金流和信用流的深度融合；以跨境电商O2O为代表的新零售将取代传统实体店。"网购保税+实体新零售"实现"现场下单，现场提货"和城市即时配送，极大地提高了消费者的获得感和体验感；线下传统实体店通过引进跨境电商O2O，运用科技智能技术进行升级改造，打造智慧零售，聚焦"人、货、场"，并以消费者需求为导向，重塑提高零售专业化体系服务能力，可以有效降本增效，实现长远发展和可持续增长。

1.2 跨境电商网络营销

随着新媒体时代的到来和淘宝网、京东等电子商务平台的崛起，人们的消费方式渐渐从实体店转向了互联网平台。但是，前几年电子商务的交易仅局限于国内的产品，对于国外的进口产品，我们通过互联网平台是很难买到的。于是，近几年跨境电子商务依靠互联网媒体营销迅速崛起，因此众多国内电商平台转型成功，推出如天猫国际、海囤全球等知名跨境电商平台，让销售范围扩大到海外。互联网媒体的迅速发展为跨境电子商务的发展提供了基础与便利。

▶▶ 1.2.1 网络营销的概念和内容

1. 网络营销的概念

网络营销是一种以互联网为媒介和平台，以全新的方式、方法和理念实施的市场营销活动，使交易参与者（企业、团体、组织和个人）之间的交易活动更符合新型市场营销方式。网络营销贯穿于企业开展网上经营的整个过程，从信息发布、信息收集到开展以网上交易为主的电子商务阶段，网络营销一直都是一项重要的内容。

2. 网络营销的内容

互联网应用的发展不仅改变了企业的营销方式，还改变了消费者的购买行为方式，因此网络营销不只是利用网络信息技术，还是以新的方式和理念开展的营销活动，它有着非常丰富的内容，从整体上来看，网络营销与传统营销的基本目的和营销管理过程是一样的，而在具体的实施和操作过程中却有着很大的区别，网络营销主要包括以下几个方面的内容。

（1）网上市场调查

网上市场调查是网络营销的主要职能之一。互联网与传统媒介的区别之一就是它具有交互性的特征，营销者可以利用互联网的交互性来进行市场调查。营销者可以通过在线调查表或电子邮件等方式进行问卷调查，收集一手资料，也可以通过搜索引擎收集所需的二手资料。

然而，互联网超越了时空限制，实现了信息共享，而且信息量巨大，因此在利用互联网进行市场调查时，营销者不仅要掌握有效利用网络工具开展调查和整理资料的方法，还要学会如何在海量信息中分辨出有用的可靠信息。

（2）网络消费者行为分析

互联网环境下的消费者与传统市场环境下的消费者相比，有着不同的特性。前者掌握的信息量大，还会通过互联网进行互动、分享经验、进行口碑传播等。因此，要开展有效的网络营销活动，必须深入了解网上用户群体的需求特征、购买动机和购买行为模式，互联网作为信息沟通的工具，正成为许多有相同兴趣和爱好的消费群体进行信息交流的场所，在网上构成一个特征鲜明的虚拟社区。网上消费者行为分析的关键就是了解这些虚拟社区的消费群体的特征和偏好。

（3）网络产品策略和服务策略

互联网作为有效的信息沟通渠道，不仅适用于对传统的线下产品进行宣传或销售，还可以对产品策略进行创新。由于网络环境与现实环境不同，消费者对产品的外观质量及价值感知等方面也会存在差异。因此，在网上进行产品营销，必须结合网络特点，重新考虑产品组合和新产品开发等传统的产品策略，所以不少传统的优势品牌在网络市场上并未显示出其品牌优势。此外，企业可以借助互联网的交互性特征，为消费者提供在线服务，如微博、微信、在线问答、短视频、在线直播等，这些新型手段为企业提升服务质量提供了新的机遇。

（4）网络品牌

网络品牌资产的建立和提升是网络营销的主要任务之一，企业不仅可以通过互联网的传播特性，提高企业品牌和产品品牌的知名度，还可以建立企业的网上品牌（如域名品牌）。与传统市场类似，网上品牌对于网上市场的消费者也有很大的影响力。然而，网上品牌与传统品牌有着不同之处，网上优势品牌的建立需要企业重新进行规划和投资。企业如果要在网络市场营销中充分展示品牌的影响力，就不能一味地依赖传统品牌，要对传统品牌和网络品牌进行统筹规划和投资，实现两者的互补和互动。

（5）网络定价策略

信息技术的发展使得网络环境下的产品和服务定价变得更加复杂。在互联网环境下，消费者获取信息的渠道更加便利，获取的信息量更加丰富，消费者权利也会随之被提升，因而在一定程度上拥有了产品的定价权。此外，由于互联网信息共享，产品定价的透明度增加，企业和消费者都可以通过网络了解一种产品或服务的所有卖方的售价。所以，网络营销中的定价策略不同于传统市场的定价，企业必须考虑互联网特性对于产品定价的影响。

（6）网络营销渠道策略

互联网的发展为企业的分销创造了许多机遇。如果交易能够通过网络完成，消费者就能进行自我服务工作，不仅为消费者自身带来了便利，同时减少了企业的成本。

然而随着网络营销的发展，网络渠道也逐渐演化为一个复杂而庞大的系统，企业可以自己建立网络营销平台，也可以通过现有网络渠道来分销产品。因此，如何选择渠道成员、评价渠道成员，如何科学系统地进行规划、避免与传统渠道起冲突，都是网络营销渠道管理的重要内容。

（7）网络营销促进策略

互联网作为一种双向沟通渠道，最大的优势是沟通双方可以突破时空限制直接交流，而且简单、高效、费用低廉。目前，网络广告作为新兴的产业得到迅猛发展。网络广告作为第四类媒体发布的广告，具有传统的报纸、杂志、无线广播和电视等传统媒体发布广告无法比拟的优势。网络广告具有交互性和直接性。

（8）网络营销管理

由于互联网的匿名性特征，政府相关部门的监管还不够完善，造成网络营销面临许多传统营销活动没有遇到过的新问题，如网络产品质量如何保证、消费者隐私如何保护及信息是否安全等问题。由于网络信息传播速度非常快，而且互联网用户对负面消息的反应比较激烈，因此企业必须对这些问题予以高度重视，并通过安排合理的网络营销管理工作进行有效的控制，否则网络营销不会取得令人满意的效果。

▶▶ 1.2.2　跨境电商网络营销认知

1. 跨境电商网络营销的概念

跨境电商网络营销是以国际互联网为基础，利用数字化的信息和网络媒体的交互性来辅助跨境电商营销目标实现的一种新型市场营销方式。

跨境电商网络营销的交易主体是属于不同关境的，物流运输也是跨境完成的。

2. 跨境电商网络营销的手段

（1）搜索引擎营销介绍

搜索引擎是近 20 年来，互联网内发展最为迅速的领域之一。互联网就好像一个巨型的图书馆，搜索引擎在这个网络图书馆里存在着，并且时时刻刻都在产生着大量的信息。数以万计的信息远远超出了我们的想象与掌控，如果没有搜索引擎，也许我们根本就无法找到我们想要的目标信息。

搜索引擎营销（Search Engine Marketing，SEM）是一种新的网络营销方式。SEM 所做的就是全面而有效地利用搜索引擎来进行网络营销和推广。SEM 追求最高的性价比，以最小的投入，获得最大的来自搜索引擎的访问量，并产生商业价值。

（2）电子邮件营销介绍

电子邮件营销（E-mail Direct Marketing，EDM）是网络营销方式中使用最早的一种，可以说电子邮件营销比绝大部分网站推广和网络营销手法使用的都早。利用 EDM，就必须有 EDM 软件对 EDM 内容进行发送，企业可以通过使用 EDM 软件向目标客户发送 EDM 邮件，建立同目标客户的沟通渠道，向其直接传达相关信息，用来促进销售。EDM 软件有多种用途，可以发送电子广告、产品信息、销售信息、市场调查、市场推广活动信息等。

（3）内容营销介绍

内容营销指的是以图片、文字、动画等为介质向客户传达企业的相关信息，以促进销售，即通过合理的内容创建、发布及传播，向用户传递有价值的信息，从而实现网络营销的目的。内容营销所依附的载体可以是企业的 Logo、画册、网站、广告，也可以是 T 恤衫、纸杯、手提袋等。根据载体的不同，传递的介质也各有不同，但是核心的内容必须是一致的。19 世纪至今，伴随着媒体介质的不断演变，内容营销经历了 4 个阶段：报纸/杂志、广播、电视、互联网。目前，内容营销的主要介质是互联网。

（4）网络广告营销介绍

网络广告的收费方式有以下几种：按效果付费、按点击付费、按每行动成本、按每购买成本、按业绩付费等。网络广告营销投入大、见效快，主要有搜索引擎 Adwords 广告、广告联盟等。

（5）社区论坛软文营销介绍

国外社区和论坛的活跃度很高，只要发言，一般国外用户会很踊跃地回复。因此，经常出现的现象是很多外贸 SOHO（Small Office Home Office 的缩写，意思是家居办公，指那些专门的自由职业者）在国外知名的行业社区和论坛随意打广告，带上自己网站的签名链接等，但这样往往适得其反，容易引起国外用户的反感，经常出现被封号的情况。这足以看出软文营销的重要性：量不在多，有用才行。这种零成本、长期受益的软文营销方式，非常适合中小型跨境电商企业及外贸 SOHO 人士。

（6）视频营销介绍

随着企业影响力的上升，视频营销显得很有必要。我们经常会在国外知名网站上看到一些产品的广告，这些广告一旦投放成功，口碑的营销力将无法想象，不过最关键的是视频广告一定要有创意，这样才能形成口碑效应，直插用户"软肋"，吸引用户眼球。

本章小结

本章主要介绍了跨境电子商务的概念、特征、分类和发展历程及趋势，网络营销的概念和内容，以及跨境电商网络营销的概念和手段。跨境电子商务离不开网络营销的原因是"流量"。在跨境电子商务已成规模的情况下，引流成为关键。跨境电商网络营销是以消费者的需求和行为为导向的，能起到品牌宣传、信息传递、信息反馈、行为调查的作用。因此，要理性制订营销方案，进而提高转化率。

拓展实训

各跨境电子商务公司的网络营销方式对比

【实训目的】

1. 掌握跨境电商网络营销手段的特点。
2. 分析企业的跨境电商网络营销方式和工具，评价企业营销效果。

【实训内容】

调研环球易购、傲基电商、有棵树、赛维电商和安克创新 5 家跨境电子商务企业，分析企业采取的跨境电商网络营销方式和工具，评价企业营销效果，并完成调研表格。

【实训步骤】

1. 组成 5~6 人跨境电商网络营销调研小组,登录环球易购、傲基电商、有棵树、赛维电商和安克创新网站。

2. 分析企业采取了哪些跨境电商网络营销方式,以及跨境电商网络营销手段的特点。

3. 评价企业营销效果。

4. 完成表格。

公 司 名 称	跨境营销方式	营 销 效 果

复习思考题

一、名词解释

网络营销、跨境电商、跨境电商网络营销、搜索引擎营销、电子邮件营销、内容营销

二、简答题

1. 跨境电商的特征有哪些?
2. 跨境电商按交易主体可以分为几类?
3. 什么是网络营销,网络营销的主要内容有哪些?
4. 什么是跨境电商网络营销?跨境电商网络营销的手段主要有哪些?

三、论述题

分析网络营销和跨境电商网络营销的区别。

第2章

跨境电商网络市场调研与客户开发

 章节目标

1. 掌握跨境电商网络市场调研的含义。
2. 了解跨境电商网络市场调研的特点。
3. 掌握跨境电商网络市场调研的方法和步骤。
4. 掌握寻求开发客户的途径和网上发布商务信息的途径。

学习重点及难点

学习重点：掌握跨境电商网络市场调研的方法和步骤。
学习难点：能够运用跨境电商网络市场调研的方法，实施跨境电商网络市场调研的步骤。

引例

全球彩妆市场分析

消费者对彩妆越来越感兴趣，加上制造商不断研发和生产新产品，使人们对有机化妆品的热度提升，发达国家和发展中国家的彩妆市场正蓬勃发展，市场规模将逐渐扩大。

彩妆主要分为以下几个部分：眼部化妆品（眼线笔、眼影、睫毛膏等）、脸部化妆品（腮红、遮瑕膏和粉底）、唇部化妆品（唇彩、唇线笔、唇膏等）、美甲产品（指甲油、美甲护理产品、洗甲水等）。其他有特殊功效的产品，如BB霜等也将健康发展。

全球彩妆市场被细分为以下七个区域：北美洲、拉丁美洲、东欧、西欧、亚太地区（除日本地区外）、东亚日本地区及中东&非洲。目前，彩妆市场主要以北美洲和欧洲地区为主，主要是因为这些地区的制造商经常发布彩妆新产品，他们的创意很多，而且消费者的可支配收入高。就营业额来说，美国地区是全球最大的彩妆市场；英国地区则占据欧洲彩妆市场的主要份额，同时英国人对名贵彩妆的需求还在持续增加。而亚太地区的可支配收入也在增加，且人们对个人护理产品的需求开始觉醒，所以这一地区的彩妆市场预计增长速度最快，特别是中国和印度地区，人们购买的产品将从传统产品向国际产品转变。因印度地区的女性参加工作的数量渐渐增长，彩妆广告和营销主要针对这些人群，而且效果明显，从而刺激了她们对彩妆的需求意识。

鉴于对彩妆和有机产品的需求一直在增长，而且人们需要通过化妆来掩盖皮肤衰老的缺陷，所以全球彩妆市场将以稳定的年复合增长率增长。此外，有吸引力的包装和时尚潮流的广告宣传将推动全球彩妆市场的增长。不过彩妆市场在一定程度上受以下因素的影响，如经济低迷、原材料价格高昂、政策严厉、包装价格高等。目前，全球彩妆市场里的主流企业有欧莱雅、雅芳、香奈儿、联合利华、香缇卡、宝洁、LVMH、Ciate、Revlon Group、强生、Lush Cosmetics、Maesa Group 等。

面对庞大的彩妆市场，我国本土化妆品企业应当把握机遇，增强自身研发实力，打造品质卓越的产品，增强服务水平，以此来吸引国内消费者，从而改善当前彩妆市场国外品牌独大的现状。就当前情况来看，国内除一些老牌的化妆品品牌在积极生产彩妆产品外，众多直销企业也在生产、销售彩妆产品及有机产品，因此，直销企业若想在激烈的化妆品市场中声名鹊起，就一定要用"产品"说话，用品质去征服消费者！

案例来源：雨果网

阅读以上案例，请思考：
市场分析的重要性有哪些呢？
答案要点：
1. 市场分析可以帮助企业发现市场机会并为企业的发展创造条件。
2. 市场分析可以加强企业控制销售的手段。
3. 市场分析可以帮助企业发现经营中的问题并找出解决的办法。
4. 市场分析可以平衡企业与消费者的关系。

市场分析是经过市场调查后对市场进行分析，如分析消费者、竞争对手及产品在终端的展现情况等。分析好消费者自然会知道消费者的喜好方向，才能生产出消费者喜欢的产品；分析好竞争对手自然会知道竞争对手的发展方向及产品规划；分析好产品在终端的展现情况，就能制定好产品的销售策略。一个全方位的市场调查报告，会显示出更加精确的市场分析。

2.1 跨境电商网络市场调研认知

网络市场调研又称网上调查或在线调查，是指企业利用互联网作为沟通和了解信息的工具，对消费者、竞争对手及整体市场环境等与营销有关的数据进行调查分析与研究。这些相关的数据包括消费者需求、市场机会、竞争对手、行业潮流、分销渠道及战略合作伙伴方面的情况。网络市场调研与传统的市场调研相比有着无可比拟的优势，如调研费用低、效率高、调查数据处理方便、不受时间和地点的限制。因此，网络市场调研是网络时代企业进行市场调研的主要手段。

▶▶ 2.1.1　跨境电商网络市场调研的含义与特点

1. 跨境电商网络市场调研的含义

跨境电商网络市场调研是指在跨境电商网络营销中，利用 IT 技术平台有系统、有计划、有组织地进行调研、记录、整理、分析与产品和劳务有关的市场数据信息，客观地测定、评价现在市场和潜在市场，获取竞争对手的资料，摸清目标市场的经营环境，为经营者细分市场、识别消费者需求和确定营销目标提供相对准确的决策依据。

2. 跨境电商网络市场调研的特点

无论传统的市场调研采用何种手段和方法，企业都需要注入大量的人力、物力和财力，但得到的结果往往不尽如人意。跨境电商网络市场调研是在传统市场调研的基础上，借助于互联网技术而产生的，有自己的特点和优势。

（1）调研信息的及时性和共享性

网络的传输速度非常快，调研信息能迅速传递给互联网用户，企业也能及时看到调研结果。同时，网络市场调研是开放的，任何互联网用户都可以参加投票和查看结果。

（2）调研方式的便捷性和经济性

在网络上进行调研，只需要一台能上网的计算机即可。调查者需要在企业站点或其他平台上发出电子调查问卷供互联网用户自愿填写，然后通过统计分析软件对被调查者反馈回来的信息进行整理和分析，从而节省了传统调研中所耗费的大量人力和物力。

（3）调研实施不受时域性的限制

传统的市场调研往往会受到区域与时间的限制，而网络市场调研可以 24 小时全天候进行，同时也不会受到地域的限制。

（4）调研过程的交互性和充分性

互联网的最大优势就是交互性。在网络市场调研中，调查者可通过被调查者反馈的信息及时评判问卷设计是否合理，纠正调研结论中的偏差。同时，被调查者在填写问卷时没有任何限制和顾虑，可以自由地、充分地表达自己的看法。

（5）调研结果的可靠性和客观性

在网络市场调研中，由于被调查者是在完全自愿的原则下参与调查的，一般对调查内容都有一定的兴趣，所以回答问题相对认真，问卷填写可靠性高，而且被调查者在填写问卷时，完全处于独立思考的环境下，受到其他因素的影响较少，从而保证了调研结果的客观性。

（6）收集信息的可检验性和可控制性

利用互联网收集调研信息，可以系统地、有效地对收集的信息实施质量检验和控制。首先，网络市场调研问卷可以附加全面规范的指标解释，有利于消除因对指标理解不清或调查员解释口径不一而造成的调查偏差。其次，问卷的复核检验由计算机依据设定的检验条件和控制措施自动实施，可以有效地保证对调查问卷的100%的复核检验，保证检验与控制的客观公正性。最后，通过对被调查者的身份验证技术可以有效地防止信息收集过程中的舞弊行为。

▶▶ 2.1.2 跨境电子商务市场调研的内容

跨境电子商务市场调研与传统的市场调研一样，应遵循一定的方法和步骤，以保证市场调研的质量。跨境电子商务市场调研的内容通常包括国别（地区）调研、市场需求调研、可控因素调研和不可控制因素调研。

1. 国别（地区）调研

国别（地区）调研主要是为了贯彻国别政策，选择适宜的市场，创造有利的条件，从而建立跨境电子商务贸易关系。具体包括以下五个方面的内容。

（1）一般概况调研

包括该国（地区）的人口、面积、气候、函电文字、通用语言、电子商务的普及情况和电子商务平台的使用情况等。

（2）政治情况调研

包括该国（地区）的人口政治制度、对外政策及与我国的关系等。

（3）经济情况调研

包括该国（地区）的主要物产资源、工农业生产、财政金融、就业状况、收入状况、使用电商购物的人群特性等。

（4）对外贸易情况调研

包括该国（地区）的主要进出口商品贸易额，进出口贸易的主要国别（地区），对外贸易政策，海关税率和商检措施，海关对于邮件、小包、快递类的管制措施，民法和商法及与我国进行贸易的情况等。

（5）运输条件调研

包括该国（地区）的邮政包裹、商业快递的选择和使用情况，清关能力等。

2. 市场需求调研

市场需求调研主要包括市场需求容量调研、市场消费特点调研和目标人群调研。

（1）市场需求容量调研

市场需求容量调研主要包括现有和潜在的需求容量、市场最大和最小的需求容量、不同商品的需求特点和需求规模、不同市场空间的营销机会，以及企业和竞争对手的现有市场占有率等。

（2）市场消费特点调研

市场消费特点调研包括消费水平、质量要求、消费习惯、销售季节、产品销售周期、产品供求价格变动规律等。

（3）目标人群调研

通过目标人群调研，要了解目标人群的消费特点，了解目标人群喜爱的品牌，以及这些品牌在该市场的占有率，也需要了解竞争对手如何布局他们的同类产品线。同时结合目标人群的特性，做好第三方平台或独立平台的选择。在选择产品方面，要立足于第三方平台或独立平台的目标人群的需求及其购物习惯。如跨境出口电子商务方面，eBay 在 3C 类电子产品、家居类上销量较好，亚马逊在品牌服饰上优势明显，速卖通在新兴市场的销量增长较快等。

3. 可控因素调研

可控因素调研主要包括对产品、价格、销售渠道和促销方式等因素的调研。

（1）产品调研

产品调研包括有关产品性能、特征及客户对产品的意见和要求的调研；市场适销产品调研，包括品种、规格、用料、颜色、包装、商标、运费等；产品寿命周期调研，以了解产品所处的寿命期的阶段；产品的包装、名牌等给客户的印象的调研，以了解这些形式是否与客户的习俗相适应。

（2）价格调研

价格调研包括产品价格的需求弹性调研、竞争对手价格变化情况调研、新产品价格制定或老产品价格调整所产生的效果调研、选样实施价格优惠策略的时机和实施这个策略的效果调研。

（3）销售渠道调研

销售渠道调研包括企业现有产品分销渠道状况，中间商在分销渠道中的作用及各自的实力，客户对中间商尤其是代理商、零售商的印象等。

（4）促销方式调研

促销方式调研主要是对人员推销、广告宣传、公共关系等促销方式的实施效果进行的分析、对比。

4. 不可控制因素调研

（1）政治环境调研

调查企业的主要客户所在国家（或地区）的政府现行政策、法规及政治形势的稳定程度等方面。

（2）经济发展状况调研

主要调查企业所面对的市场在宏观经济发展中将产生何种变化。

（3）社会文化因素调研

调查一些对市场需求变动产生影响的社会文化因素，如文化程度、职业、宗教信仰及民风、社会道德与审美意识等方面。

（4）技术发展状况与趋势调研

主要调查与本企业生产有关的技术水平状况及发展趋势，同时还应把握社会相同产品生产企业的技术水平的提高情况。

（5）市场竞争情况调研

主要调查市场容量、供货主要来源、主要生产者、主要竞争者、主要消费对象等方面。

（6）竞争对手调研

主要调查竞争对手的数量、竞争对手的市场占有率及变动趋势、竞争对手已经并将要采用的营销策略、潜在竞争对手的情况等方面。

▶▶ 2.1.3 跨境电商网络市场调研的方法和步骤

对于跨境电子商务市场调研而言，除一些传统手段的市场调研法仍在使用外，随着科技的进步，特别是 IT 的飞速发展，利用网络进行跨境电子商务市场调研将成为主流方式。

跨境电子商务市场调研的方法有两种：一种方法是直接进行的一手资料调研，即直接调研法；另一种方法是利用互联网的媒体功能，在互联网上收集二手资料，即网上间接调研法。

随着信息电子化的推进，利用网络进行跨境电子商务市场调研变得越来越容易了。利用互联网进行市场调研，实际上已经很难严格区分一手资料和二手资料的界限了。

1. 跨境电子商务市场的直接调研法

跨境电子商务市场的直接调研法主要包括传统的访问法、观察法和试验法等（如电话访问法、邮寄询问法），也可以基于网络对不同的调研方式进行细分，如网上观察法、专题讨论法、在线问卷法和网上实验法，使用最多的是专题讨论法和在线问卷法。

（1）网上观察法

网上观察法的实施主要是利用相关软件和人员，记录登录网络浏览者的浏览活动。相关软件能够记录网络浏览者浏览企业网页时所点击的内容和浏览的时间；在网上喜欢看什么产品的网页；看产品时，先点击的是产品的价格、服务、外形还是其他人对产品的评价；是否有就相关产品和企业客服进行沟通的愿望等。

（2）专题讨论法

专题讨论法可通过新闻组（Usenet）、电子公告牌（BBS）或邮件列表讨论组进行。其步骤如下。

① 确定要调查的目标市场。

② 识别目标市场中要加以调查的讨论组。

③ 确定可以讨论或准备讨论的具体话题。

④ 加入相应的讨论组，通过过滤系统发现有用的信息，或创建新话题让大家讨论，从而获得有用的信息。

（3）在线问卷法

利用在线问卷法获取信息是企业最常用的在线调研方法。在线问卷法在网站上设置调查表，即请求浏览其网站的每个人参与企业的各种调查。被调查者在线回答问题并提交到网站服务器，调查者从服务器上即可看到调查的结果。在线问卷法可以委托专业公司进行设计。在线问卷法广泛地应用于各种调查活动，这实际上就是传统问卷调查方法在互联网上的表现形式：最简单的调查问卷可能只有几个问题需要回答，或者提供几个答案供选择；而复杂的调查问卷可能有几十个甚至更多的问题需要回答。调查者还可以在具有相应的功能支持的跨境电商企业网站上，通过设置多语种调查表进行调查。

① 调查问卷的基本结构一般包括三个部分，即标题与标题说明、调查内容（问题）、结束语。

标题与标题说明是调查者向被调查者写的简短信，主要说明调查的目的、意义、选择方法及填答说明等，一般放在调查问卷的开头。

调查内容主要包括各类问题，问题的回答方式及其指导语，这是调查问卷的主体，也是问卷设计的主要内容。调查问卷中的问答题从形式上看，可分为封闭式、开放式和混合式三大类。封闭式问答题既提问题，又给出答案，被调查者只需在选中的答案前面的方框中打"√"即可。开放式问答题只提问题，不给具体答案，要求被调查者根据自己的实际情况自由作答。混合式问答题，又称半封闭式问答题，是在采用封闭式问答题的同时，最后再附上一项开放式问题。指导语（也就是填答说明）是用来指导被调查者填答问题的各种解释和说明。

结束语一般放在问卷的最后，对被调查者表示感谢；也可征询一下被调查者对问卷设计和调查问卷本身的看法和感受，态度要诚恳亲切。

② 在线问卷发布的主要途径有四种：第一种是将问卷放置在自己的网站或问卷网上，等待被调查者访问时填写问卷；第二种是通过微信朋友圈的方式将问卷链接地址发送给微信朋友，说明并请求被调查者协助调查或转发问卷；第三种是通过已知的电子邮件地址，以E-mail 方式将设计好的调查问卷直接发到被调查者的邮箱中；或者在电子邮件正文中给出一个链接，被调查者只要点击此链接就会跳转到在线调查问卷页面，被调查者完成后将结果再通过 E-mail 进行回复；第四种是在相应的讨论组中发布问卷信息或调查题目。

（4）网上实验法

网上实验法是指在互联网上开展的实验研究。如在网上调查广告的效果，设计出几种不同的广告内容和形式在网页或新闻组上发布，或利用 E-mail 传递广告。广告的效果可以通过服务器端的访问统计软件实时监测，也可以利用查看被调查者的反馈信息量的大小来判断，还可借助专门的广告评估机构来评定。

2. 跨境电子商务市场的间接调研法

网络市场间接调研法是指收集网上的二手资料。二手资料的收集相对比较容易，花费代价小，来源也更广。二手资料的来源有很多，如公共图书馆、大学图书馆、贸易协会、市场调查公司、广告代理公司、专业团体等。随着科技的发展，利用互联网收集二手资料将更加方便，速度也比传统方法快很多，而且通常可以直接从网上复制，因此大大缩短了资料收集、输入及处理的时间。再加上众多综合型互联网内容提供商（Internet Content Provider，ICP）、专业型 ICP，以及成千上万个搜索引擎网站，使得利用互联网收集二手资料变得非常方便。

间接调研法主要包括网上搜索法、网站跟踪法和订阅邮件列表等。

（1）网上搜索法

利用网上搜索法可以收集到市场调研所需要的大部分二手资料，如大型国际调查咨询公司的公开性可查报告，大型国际性企业、商业组织、学术团体及报刊等发布的调查资料，各国政府发布的调查统计信息等。

（2）网站跟踪法

在市场调研的日常资料收集工作中，需要对一些提供信息的网站进行定期跟踪，对有价值的信息及时地进行收集、记录、分类、整理。对于一个特定的市场调研项目，至少要在一定时期内对某些领域的信息进行跟踪。一般来说，可以提供大量二手资料的网站有各类网上博览会、各行业的经贸信息网站、企业间的跨境电子商务（B2B）网站、国际大型调研咨询公司网站、各国政府统计机构网站等。

（3）订阅邮件列表

很多网站为了维持与客户的关系，常常将一些有价值的信息以新闻邮件和电子刊物的形式免费向客户发送，客户通常只要进行简单的注册即可订阅邮件列表。比较有价值的邮件列表如各大电子商务网站初步整理出来的市场供求信息、各种调查报告等。定期处理收到的邮件列表信息也是一种有效的资料收集方法。

2.2　跨境电商网络市场的客户开发

互联网时代，贸易方式的转变使得原先烦琐的贸易流程借助网络可以即时完成——卖家在线上构建产品体系，客户在线上寻找产品，双方的供需不再依赖于传统的贸易模式，基于互联网衍生的全新营销方式在寻找客户的过程中发挥着越来越重要的作用。

在传统贸易方式下，外贸工作人员利用展会、人脉资源、海关数据、行业协会、驻外经济商务参赞处，甚至黄页、竞争对手、商品细节等方面寻找客户。如今在"互联网+外贸"的大趋势下，跨境电商平台正成为主流贸易方式，如何通过网络渠道来获取客户的青睐成了外贸工作人员需要认真思考的新问题。

▶▶ 2.2.1　寻找和了解客户的途径

互联网搜索是跨境电商寻找和了解客户的主要途径。互联网搜索主要通过搜索引擎，网络黄页，行业协会网站，国际展览会、博览会网站，其他如 B2B、B2C 等网络平台进行。

1. 搜索引擎

搜索引擎是指自动从互联网收集信息并对信息进行分类整理后，提供给客户查询的系统。互联网上的信息浩如烟海且毫无秩序，所有的信息像汪洋上的一个个小岛，网页链接是将这些小岛连接起来的桥梁；而搜索引擎则为客户绘制了一幅一目了然的信息地图，供客户随时查阅。搜索引擎从互联网提取各个网站的信息（以网页文字为主），建立数据库，并能检索与客户查询条件相匹配的记录，按一定的排列顺序反馈结果。

搜索引擎营销是外贸企业海外推广的有效手段之一。在搜索引擎营销中，最为重要的一点在于选好关键词，并对关键词进行良好的关联管理。

2. 网络黄页

网络黄页（企业名录）是外贸工作人员获取商业信息的主要途径之一，是纸上黄页在互联网上的延伸和发展的结果，是了解境外客户的直接渠道。传统黄页以纸张形式打印黄页广告，包括公司地址、公司名称、邮政编码、电话号码、联系人等基本信息。网络黄页是拥有独立业务标志的，企业的网站包括企业邮件、产品动态、数据库空间、交易信息、企业简介、即时消息、短信交互等功能。通过网页上的行业划分，可以在线查找企业，或输入关键词搜索相关企业。

3. 行业协会网站

行业协会网站是集中反映本行业领域内（业内）有关国内及国外生产、销售、市场状况的行业性网站，是外贸工作人员用于了解国内外商务行情的便利渠道。在搜索引擎中输入行业协会的名称，即可找到该协会的网站，如在搜索引擎中输入文字"中国食品土畜进出口商会"，就可以找到该商会的网站。进入某境外行业网站，在搜索引擎中输入关键词，如输入"产品名称+association"，就能找到相关的协会网站。

4. 国际展览会或博览会网站

国内外大型的、固定办展的国际进出口商品展览会或博览会都有官方网站，并且拥有大量世界范围内的参展企业名录，这些参展企业一般都是相关的制造商、经销商或进出口贸易企业。通过官方网站搜索信息，能够使企业的商业视野更加宽广，并获得参展的信息和参展产品的情况。查询国内展览会或博览会网站的方法比较简单，即在搜索引擎中（如百度）输入展览会或博览会名称，即可找到该网站，如输入"广州进出口商品交易会官方网站"，就会得到该网站的页面和网站地址。

查询国外展会网站，只要在国外的搜索引擎中输入关键词即可找到该网站，如输入"产品+exhibition/fair/conference"。在这些展会网站里，通常可以得到有关展会的概况、参展企业名称及数量、参展企业来源国家或地区、大类产品参展动态，尤其是新产品发展的动态等信息。

5. 其他

通过 B2B、B2C 等网络平台，可以获得大量的供求信息。境外组织信息主要包括通过银行或国外咨询公司获取的信息、通过国外商会和老客户提供的信息。

▶▶ 2.2.2　网上发布商务信息的途径

网上发布商务信息的途径众多，各有优劣。发布信息时，企业应根据自身情况及目标客户选择合适的途径。网上商务信息发布常用的途径有以下五种。

1. 网站形式

企业建立自己的网站，它如同企业的名片，不但包含企业信息，还能更好地树立企业在市场和行业内的形象，是自家广告宣传的载体。企业网站办得好，会成为企业的无形资产。

2. 网络内容服务商

企业可向国内外专业的网络服务商购买相关服务产品，如产品发布、寻求客户等网络服务产品。国内一些成熟的网站访问量巨大、信息覆盖范围广、网站知名度高，是企业可以关注和选择的目标网站，如搜狐、网易、新浪、百度、腾讯等。

3. 供求信息平台

供求信息平台是目前最为普遍和有效的信息发布途径之一，对于跨境电子商务企业而言，主要是利用各种 B2B 及 C2C 平台。供求信息平台会员注册数量多、平台活跃程度高，其服务一般分为免费会员和收费会员两种。免费会员一般能够发布各种供求、合作、代理信息，可以进行上传图片、填写联系方式等简单操作；收费会员则能享受更周到的服务，如发布信息的数量、上传图片的数量等都有明显的增加。

4. 黄页网站和企业名录

黄页网站和企业名录由于有大量的客户浏览，所以也是发布信息的重要途径之一。大部分的黄页网站都可以免费发布信息。另外，企业在这些网站发布信息后，网站可以较长时间地保留发布记录，而且能够分门别类地进行归档，便于客户查询。

5. 网络报纸和网络杂志

互联网的发展改变了大众主要依靠"纸面"形式的阅读方式。国内外的一些知名的报纸、杂志纷纷在互联网上建立自己的主页，并且发行网络报纸和网络杂志。使用这种阅读方式的人群也在不断扩大。对于注重广告宣传的跨境电子商务企业来说，在网络报纸和网络杂志上做广告也是一个不错的选择。

📝 本章小结

本章主要介绍了跨境电商网络市场调研的含义与特点，分析了跨境电商网络市场调研的内容、方法和步骤，讲解了寻找和了解客户的途径及网上发布商务信息的途径。跨境电商网络市场调研具有便捷性、经济性和互动性等特点，能够有目的地收集、分析有关信息，尤其是消费者需求、购买动机及相关的市场情况，从而提出解决问题的相关建议，为后期实施跨境电商网络营销打下了坚实的基础。

📝 拓展实训

制订跨境电商网络市场调研方案

【实训目的】

掌握跨境电商网络市场调研的方法。

【实训内容】

1. 某家跨境电子商务企业想了解目前经营的各大品类（数码电子类、美容类、灯具类、家具类等与百姓生活息息相关的产品）在国际市场的有关情况，帮助其完成跨境电商网络市场调研过程中相关任务的实施。

2. 为该公司制订一份跨境电商网络市场调研方案。

【实训步骤】

1. 组建 5~6 人的团队，每个团队以公司经营的不同品类划分，确定其跨境网络市场调研的内容：完成对消费者、产品和竞争对手、营运情况和市场客观环境的调研。

跨境电商市场调研的方法有：谷歌关键词趋势搜索、谷歌关键词规划搜索、利用社交网络来获取反馈、谷歌搜索获得市场数据等。

2. 确定调研问题及目标，制订调研计划，收集、分析信息，提交报告。

复习思考题

一、名词解释

跨境电子商务市场调研、跨境电子商务市场的直接调研法、跨境电子商务市场的间接调研法、网上观察法、在线问卷法

二、简答题

1. 简述跨境电子商务市场调研的内容。
2. 跨境电子商务市场的直接调研法有几种？
3. 寻找和了解客户的途径有哪些？
4. 网上发布商务信息的途径有哪些？

三、论述题

1. 试讨论互联网时代消费者行为具有哪些特征。
2. 未来全球互联网的发展趋势将会是什么样的？

第 3 章

跨境电商网络营销市场分析

 章节目标

1. 了解境外网络市场的主要平台，了解跨境电商网络市场细分的必要性，了解跨境电商网络目标市场模式。

2. 熟悉跨境电商网络市场细分的依据，熟悉跨境电商网络目标市场定位的内容。

3. 掌握跨境电商网络市场细分的方法和步骤，掌握跨境电商网络目标市场的定位策略。

学习重点及难点

学习重点：能够根据产品特点和市场特征选择网络平台进行跨境销售。

学习难点：能够运用适当的定位策略，准确地帮助跨境电子商务企业定位目标市场。

引例

"95 后"群体成为潮流消费主力军

2020 年 7 月 8 日，新浪时尚联合得物 App 共同发布了《2020 当代年轻人消费数据报告——潮流消费篇》。

该报告基于新浪《当代年轻人潮流消费调查问卷》、微博数据、得物 App 数据，数据化地梳理了探索潮流市场现状及趋势并解析了当代年轻人潮流消费特点。

以年龄段作为分类依据，得物 App 用户数据显示，"95 后"的人群占比达到 58%，成为当代潮流当仁不让的消费主力军；其次是"00 后"，占比为 27%；而"90 后"占比为 10%；"80 后"占比仅为 5%。

从地域上来看，经济较为发达的东南沿海区域订单量最高，江苏、浙江和广东位列前三。线下潮流门店稀缺的中西部地区增速明显。数据显示，2020 年 4 月在潮流消费同比增速前七位的省市（包括江苏、青海、湖南、海南、山西、陕西、甘肃）中，中西部省市就有五位。

随着潮流文化日趋火热，潮流单品也正以更加多元化和个性化的方式进入年轻人的日常生活当中。数据显示，当代年轻人关注度最高的前三大潮流品类分别是服饰、球鞋和箱包，占比分别为 21.68%、19.86% 和 15.91%。美妆、珠宝首饰还有手办潮玩等品类紧随其后，占比分别为 11.85%、11.35% 和 9.63%。

随着社交媒体的不断升级和文娱产业的蓬勃发展，"粉丝经济"也是拉动潮流市场的主要发动机。业内人士认为，明星对粉丝的影响不仅体现在兴趣爱好和价值观上，其影响也体现在穿衣风格和潮流品位上。

嗅到商业气息的明星们也开始做起了自己的品牌，微博大数据显示，即使全新品牌，明星主理的潮牌也能在社交媒体和潮流 App 中获得相当高的关注度和话题热度。

互联网为潮流文化的传播和国内外潮流品牌带来了线上营销更加便利的渠道，让众多潮流品牌俘获了年轻消费者的心。不可否认，潮流文化所代表和彰显的个性和自我，正在不断重塑当代年轻人的价值观和审美观。

此外，消费者对国潮的认知也在由原来的"中国制造"开始发生变化，"中国质造"的国潮新风尚正"乘风破浪"而来，焕发着国人对传统文化的热爱。

在这些背景下，对本土设计师、本土品牌来说，如何在愈发激烈的市场竞争中找到自己的消费人群和定位，如何更好地理解消费者、提供更精准的产品和服务，如何不断地从传统文化中汲取营养、提升设计水平与质感……都将是潮流品牌、潮流电商平台需要去挖掘的另一片"蓝海"。

资料来源：新浪财经

阅读以上案例，请思考：

跨境电商网络市场细分的重要作用是什么？

答案要点：

1. 市场细分有利于发现市场营销机会。市场营销机会是已出现于市场但尚未加以满足的需求。这种需求往往是潜在的，一般不易被发现。运用市场细分的手段便于发现这类需求，并从中寻找适合本企业开发的需求，从而抓住市场机会，使企业赢得市场主动权。

2. 市场细分能有效地与竞争对手相抗衡。在企业之间竞争日益激烈的情况下，通过市场细分，有利于发现目标消费者群体的需求特性，从而调整产品结构，增加产品特色，提高企业的市场竞争能力，有效地与竞争对手相抗衡。

3. 市场细分能有效地拓展新市场，扩大市场占有率。企业对市场的占有不是轻易就能拓展开来的，必须从小到大，逐步拓展。通过市场细分，企业可先选择最适合自己占有的某些子市场作为目标市场。当占有这些子市场后再逐渐向外推进、拓展，从而扩大市场占有率。

4. 市场细分有利于企业扬长避短，发挥优势。每一个企业的营销能力对于整体市场来说，都是有限的。所以，企业必须将整体市场细分，确定自己的目标市场，把自己的优势集中到目标市场上。否则，企业就会丧失优势，从而在激烈的市场竞争中遭遇失败。特别是有些小企业，更应该注意利用市场细分原理，选择自己的目标市场。

3.1 跨境电商网络营销市场环境分析

《2017—2021 年中国跨境电商行业细分市场研究报告》表明，随着国人消费升级的步伐加速和海淘平台的普及，中国跨境电商的市场规模正持续扩大。当前，跨境电商正处于行业增长的黄金期。在国内市场红利逐渐见底的情况下，电商的全球化连接和向海外加速布局，将成为其未来的重点。

▶▶ 3.1.1 跨境进口电商市场环境分析

1. 跨境进口电商的发展历程和交易规模及相关政策

（1）跨境进口电商的发展历程

2005 年是跨境进口电商 1.0 时代。这一时代是个人代购时代，以海外留学生代购为主。这时候是跨境进口电商的发展初期，消费者一般为留学生的亲戚和朋友，消费群体还比较小众，跨境网购普及度不高。消费者主要通过海外买手、职业代购购买进口产品。这一消费模式周期长、价格高，而且产品的真伪及质量难以保障。一些留学生、空姐等经常出国的群体，初期会为自己身边的亲朋好友代购一些海外产品。随着代购需求的增加，这些人群开始专门购买海外产品，并在淘宝网上开店售卖。

2007 年是跨境进口电商 2.0 时代。这一时代，开始进入海淘时代，形成了常规的买方市场和卖方市场，跨境网购客户的消费渠道逐渐从海淘代购转向跨境进口电商平台（如天猫国际等）。

2014 年是跨境进口电商爆发的一年，流程烦琐的海淘催生了跨境进口电商的出现。2015 年，随着政策变更及社会经济的发展，跨境进口电商加速发展，跨境购物开始走向规范化，跨境进口电商进入 3.0 时代。2019 年，《中华人民共和国电子商务法》正式实施，跨境进口电商迎来规范发展阶段，行业发展环境不断优化。

（2）跨境进口电商的交易规模

自 2013 年后跨境进口电商平台逐渐出现，跨境网购用户也在逐年增加，我国跨境进口电商市场规模增速迅猛。2015 年由于进口税收政策的规范及部分进口商品关税的降低，跨境进口电商出现爆发式的增长。2019 年中国跨境进口电商交易规模约为 2.4 万亿元，2020 年达到了 2.966 万亿元，如图 3-1 所示。

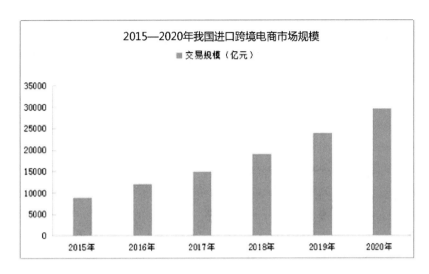

图 3-1　2015—2020 年我国跨境进口电商市场规模

（3）我国跨境电商行业进口的相关政策

近年来，为促进我国跨境电商的快速发展，国家层面频频颁布鼓励政策（见图 3-2）。其中，2020 年 1 月，商务部、发改委、财政部等六部门共同发布了《关于扩大跨境电商零售进口试点的通知》（以下简称《通知》）。《通知》共选取了 50 个城市（地区）和海南全岛，将它们纳入跨境电商零售进口试点范围，为这些地区未来跨境电商的发展创造了良好的发展机遇。

发布时间	发布部门	政策名称
2020-5	国务院	《国务院关于同意在雄安新区等 46 个城市和地区设立跨境电子商务综合试验区的批复》
2020-1	商务部、发改委、财政部等	《关于扩大跨境电商零售进口试点的通知》
2019-10	国家税务总局	《关于跨境电子商务综合试验区零售出口企业所得税核定征收有关问题的公告》
2018-11	财政部、海关总署、国家税务总局	《关于完善跨境电子商务零售进口税收政策的通知》
2018-8	国务院	《国务院关于同意在北京等 22 个城市设立跨境电子商务综合试验区的批复》

图 3-2　2018—2020 年我国跨境电商行业进口相关政策

2. 我国跨境进口电商重点企业

（1）我国跨境进口电商企业成立时间

目前，我国跨境进口电商的知名企业有洋码头、唯品国际、小红书等。其中，洋码头 2009 年成立，蜜芽 2011 年成立，小红书 2013 年成立。在 2014 年随着跨境进口电商的合法化及税收政策的改变，2014 年至 2015 年这一时间段成为跨境进口电商平台成立的高峰期，网易考拉海购（现并入天猫国际）、天猫国际、唯品国际、京东全球购（现京东海囤全球）等均在这两年内相继成立，如图3-3所示。

图3-3　我国主流跨境进口电商平台成立时间

（2）跨境进口电商重点企业的市场份额

2019年上半年网易考拉以27.7%的市场份额位居国内跨境进口市场首位，连续四年稳居市场份额第一。天猫国际和海囤全球分别以25.1%和13.3%的市场份额位列其后。2015年年初上线的网易考拉表现优秀，仅用不到两年的时间，便拿下了跨境进口电商行业最大的市场份额，打赢了跨境领域的闪电战。2019年9月6日，网易考拉与阿里巴巴共同宣布，阿里巴巴以20亿美元收购网易考拉，这意味着合并之后阿里巴巴将占据过半的市场份额，如图3-4所示。

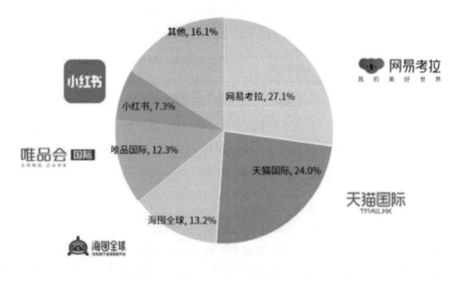

图3-4　跨境进口电商重点企业的市场份额

随着行业"马太效应"加剧，一些中小平台逐渐被淘汰出市场。相关数据表明，我国跨境进口电商平台可以划分为"三个梯队"。第一梯队为"头部平台"，在跨境进口电商市场中处于"领先地位"，"寡头效应"初步显现，包括网易考拉、海囤全球、天猫国际，具有规模大、营收高、人气旺、口碑好、实力强、现金流充沛、流量大、品牌多等特征。第二梯队为"准一线平台"，包括洋码头、唯品国际、小红书、聚美极速免税店。第三梯队为"二线平台"，包括蜜芽、贝贝、宝宝树、宝贝格子等平台，大多是母婴类产品平台，如图 3-5 所示。

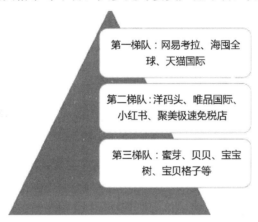

图 3-5　我国跨境进口电商平台的"三个梯队"

（3）我国跨境进口电商企业类型

我国跨境进口电商市场参与者众多、经营模式多样，主体各具优势。具有代表性的是网易考拉的综合自营模式、天猫国际的平台招商模式及全球购的 C2C 代购模式，如图 3-6 所示。

代表平台	经典模式	模式介绍
网易考拉	自营模式、综合电商	电商从源头采购商品销售给客户
天猫国际	M2C模式：平台招商	电商将第三方商家引入平台，提供商品服务
B&G 海囤全球	B2C模式：保税自营+直采	一部分采取自营，一部分允许商家入驻
国美 苏宁易购	线下转型O2O	依托线下门店和资源优势，同时布局线上平台，形成O2O闭环
洋码头	直发/直运平台模式	客户下单后，海外个人买手或商家从当地采购
美国妈妈	自营模式、垂直	品类的专项化程度高，深耕某一特定领域为主
唯品会 vip.com	闪购模式	凭借积累的闪购经验及用户黏性，采取低价抢购策略
全球购	C2C代购模式	客户下单后，海外个人买手或商家从当地采购，通过国际物流送达
值	导购返利平台模式	通过编辑海外电商消息达到引流目的，再将订单汇总给海外电商

图 3-6　我国跨境进口电商企业类型

3. 跨境进口电商主要的物流模式

跨境电商物流主要是针对我国市场的进口物流，跨境进口物流是随着海淘的发展而产生的。根据海淘流程参与主体的不同，当前海淘的物流模式主要有三种：直邮进口、转运、保税进口。

（1）直邮进口

直邮进口模式是国内消费者下单后，货物直接空运至我国境内，由四大商业快递、邮政公司或国外快递公司等进行清关，然后直接配送到消费者手中。

特征：直邮进口满足了纯正海淘客户群的需求，原汁原味；货量小但货品价值高；到货周期较长，约 10 天的时间；串货矛盾小。例如婴儿食品、护肤品、保健品、奢侈品等将是直邮的主要产品。

优势：相对于转运模式，直邮操作简单，且货品丢失、破损，甚至被偷换的风险都相对较低，更不必担心转运公司跑路。

劣势：其一，目前直邮大多由国际快递公司承运，虽寄送时间快，但运费很高；其二，支持跨境直邮服务的境外购物网站较少。

（2）转运

转运模式是国内消费者在消费前要先登记注册国外一家转运公司，下单时先将货物送到转运公司，然后由转运公司集中将货物空运至我国境内进行清关，然后由国内的快递配送公司负责配送。

特征：转运是目前主流的海淘物流方式，但由于消费者需自己在网上搜索转运公司，且转运公司灰色通关会导致消费者的税负不确定。对希望便捷且合法通关的主流消费者来说，转运模式过于复杂且存在法律风险。

（3）保税进口

保税进口模式允许跨境电商先将货物运到国内的保税仓（需提前建立仓库）。等有了订单之后直接从保税仓出货。以保税进口模式进行海淘，货物从国内发出，基本 3 天内就能送达。在税收方面，保税进口模式收取行邮税，而非进口税+增值税，且 50 元以下税额免税。

自 2013 年起，跨境电商在上海、杭州、宁波等各大试点城市迅速展开，其中，保税进口模式被认为是未来海淘最具潜力的商业模式。目前，很多跨境电商都是将进口货品先囤在进口口岸的保税仓里，等消费者下单后，再直接从保税仓发给消费者。

特征：保税进口模式是"大宗货品"海淘的主要渠道，也是海淘进口量最大的渠道；周期短、响应速度快，约 5 天就能送达；若与自贸区政策结合，成长空间和想象空间巨大。目前，我国的主要电商网站和物流公司均已进入该领域，开展了跨境"直购进口"和"保税进口"业务。

优势：与传统进口贸易相比，保税进口模式胜在以下两点。

① 与传统物流全程串联的形式不同，保税进口实现了跨境运输补货与国内货物优先发送的并联形式，大大降低了消费者的等待时间。

② 明确了电商企业"清单核放、汇总申报"的报关模式。电商企业先按照清单通关，海关通关系统会定期汇总清单形成报关单进行申报，避免了传统通关中每批货物通关都要走一遍完整流程的窘境，如表 3-1 所示。

表 3-1　主要进口电商通关物流模式及保税仓储布局

公　　司	通关物流模式	保税仓储布局
天猫国际	以保税进口为主，海外直邮为辅	上海、广州、郑州、杭州、宁波 5 个试点城市保税区已经和天猫国际达成合作，菜鸟物流打通直邮、集货、保税三种模式，开通了中美、中德、中澳、中日和中韩 5 条进口专线
苏宁国际	以保税进口为主，海外直邮为辅	苏宁物流已获得国际快递牌照，杭州、广州保税仓已投入运作，后续将完成 8 个保税仓的建设
京东国际	保税进口+海外直邮	跨国干线物流与 DHL 合作，并在杭州、广州、宁波建立保税仓，京东自建物流专注最后一公里
聚美优品	保税进口	已在郑州布局 4 万平方米保税仓
唯品国际	以海外直邮为主，保税进口为辅	在郑州设有保税仓，初步开展保税进口业务
蜜芽	保税进口+海外直邮	入驻重庆保税区、郑州保税区
洋码头	保税进口+海外直邮，自建跨境物流体系贝海国际	贝海国际在美国拥有 3 个集货站，在国内 6 个试点城市建立保税仓，境内与 EMS 合作完成最后一公里

总体说来，随着跨境电商的发展，转运模式将会大幅度减少，直邮模式和保税进口模式因各有特色，能满足不同类型的消费者，将会在较长的时间内共存。

4. 跨境进口电商主要的经营模式

（1）自营直采型

在商品原产地设立分公司或办事处，直接对接优质品牌商或供应商，经过严格审查，从商品源头杜绝假货，保证商品的安全性。自营直采型电商的特点以网易考拉为例，如图 3-7 和图 3-8 所示。

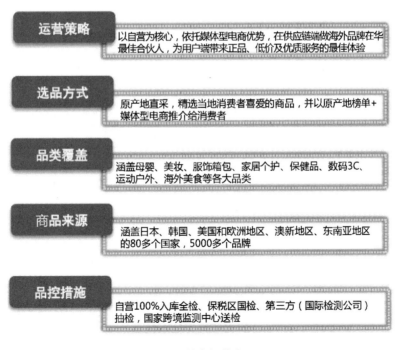

图 3-7　网易考拉特点（a）

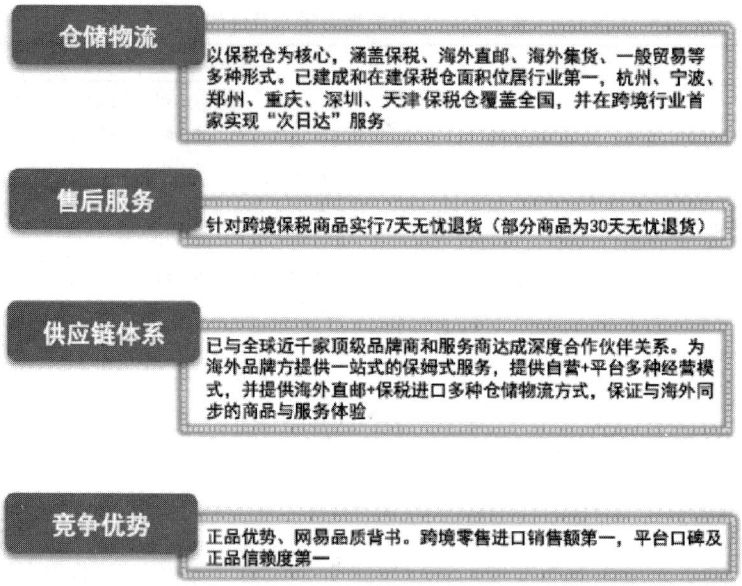

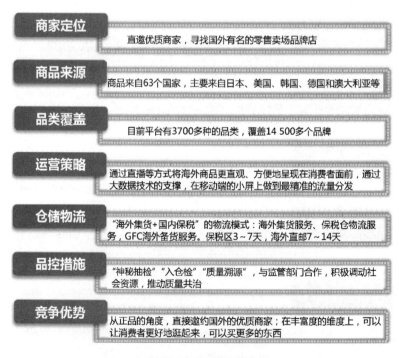

图 3-8　网易考拉特点（b）

（2）商家入驻

电商平台将品牌商家引入平台后，就会帮助品牌监管第三方卖家，比如禁止零售商销售某些品牌的商品，或要求商家定价不得低于品牌制定的最低售价。平台还会提供各种优惠措施吸引品牌商，比如降低销售佣金费率或处理费。商家入驻特点以天猫国际为例，如图 3-9 所示。

图 3-9　天猫国际特点

（3）买手制（个人或企业）

个人买手必须具有海外长期居住华人的有效证明，并提交用于身份和地址认证的材料，审核通过后才能成为买手；企业买手必须提交法人合法合规的身份证明、海外注册公司营业执照、海外注册公司地址证明和其他国家法律法规的证书等，审核通过后才能成为买手。买手制特点以洋码头为例，如图 3-10 所示。

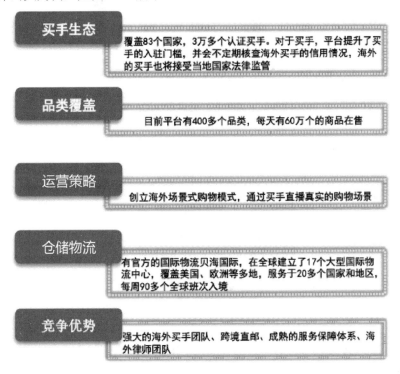

图 3-10　洋码头特点

5. 跨境进口电商市场用户分析

（1）跨境进口电商用户规模数据分析

由于国家及地方政策的支持推动，近年来跨境进口电商发展十分迅速，越来越多的消费者开始海淘购物，使得跨境进口电商市场用户规模进一步扩大。数据显示，2020 年我国经常进行跨境网购的用户规模突破 1.58 亿人次。虽经历疫情的短暂影响，但随着相关政策法规的完善，跨境电商市场将不断完善，在可预见的经济复苏和消费升级的长期趋势下，中国海淘用户将持续增长，进一步凸显了跨境进口电商市场的发展潜力，如图 3-11 所示。

（2）市场消费主力群体逐渐过渡到"80 后""90 后"群体

2019 年，我国跨境网购用户为集中在 25～35 周岁的青年群体，这一群体占总体网购用户数的 56.3%，该年龄段的跨境网购用户的特点是学历高、工作收入稳定，有一定的经济基础。他们的消费能力强、需求大，是跨境网购用户的"主力军"。这一年龄段的女性大多已结婚生子，大多数妈妈及准妈妈愿意在跨境进口电商平台购买高质量的海外母婴产品。图 3-12 所示为 2019 年跨境网购用户年龄段分布。

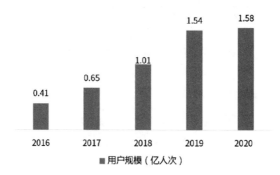

图 3-11   跨境进口电商市场用户规模

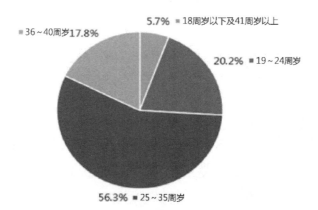

图 3-12   2019 年跨境网购用户年龄段分布

（3）日本是我国跨境电商进口大国，化妆品最受追捧

商务大数据监测显示，2019 年上半年我国主要跨境电商平台零售进口额同比增长超过 20%。从原产地看，日本、美国、韩国进口额排名前三，占比分别为 19.1%、13.9% 和 10.7%。从产品品类看，化妆品、粮油食品和日用品进口额排名前三，占比分别为 34.8%、24.7% 和 9.6%，如图 3-13 所示。

进口国别排名		
排名	国家	所占比重
1	日本	19.1%
2	美国	13.9%
3	韩国	10.7%
产品品类排名		
排名	品类	所占比重
1	化妆品	34.8%
2	粮油食品	24.7%
3	日用品	9.6%

图 3-13   我国主要跨境电商平台零售进口国家与产品品类 TOP3

▶▶ 3.1.2　跨境出口电商市场环境分析

1. 跨境出口电商的发展及交易规模

跨境出口电商脱胎于跨境贸易，最早的跨境贸易基本上是通过线下交易的形式完成的。随着互联网开始普及到社会生活的各个层面，各种基于商务网站的电子商务业务和网络公司开始涌现。目前，跨境出口电商已步入稳健增长阶段，供应链升级是跨境出口电商的重要推动力量。

因政策及发展环境利好，行业市场规模不断扩大，在整体出口总量较稳定的情况下，跨境出口电商逐步取代一般贸易，成长性良好。自 2012 年以来，跨境出口电商一直占据主导地位。

（1）跨境出口电商交易规模

在出口电商中，庞大的海外市场需求及外贸企业转型升级的发展等因素都助推行业快速发展，吸引更多的企业纷纷"触电"。在目前国内外经济整体下行的情况下，跨境电商平台帮助我国企业走出去，不仅有利于我国制造业的升级，也和国家的重大战略——稳外贸是紧密相关的，是稳外贸的有力支撑点。

2019 年，我国跨境出口电商交易规模为 8.03 万亿元，与 2018 年 7.1 万亿元的规模相比，同比增长 13.09%，如图 3-14 所示。

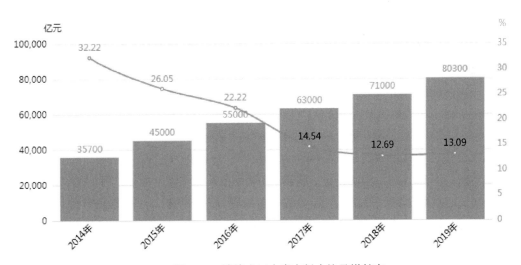

图 3-14　跨境出口电商市场占比及增长率

注：图中增长率计算结果保留四位小数，不需要四舍五入，后同

（2）跨境出口电商 B2B 规模

2019 年以来跨境出口电商 B2B 规模逐年增长，占据主流模式。但跨境出口电商交易规模已呈现出贸易模式高度复合化的态势。为了充分反映用户的个性化需求和制造业的智能化转型需要，B2B2C 模式日益凸显，成为一种重要的线上复合贸易形态。其既能匹配国际贸易成

本降低的诉求，又能契合碎片化订单集聚的趋势。

跨境电商让制造商直接接触消费者，是打造品牌的较好途径，是维护品牌忠诚度的较好渠道，也是提升品牌消费体验的重要载体。

2019 年，我国跨境出口电商中 B2B 市场交易规模为 6.3 万亿元，与 2018 年 5.7 万亿元的规模相比，同比增长 10.52%，如图 3-15 所示。

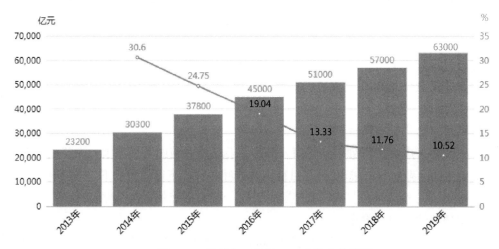

图 3-15　跨境出口电商 B2B 市场交易规模

（3）跨境出口电商市场网络零售交易规模

跨境出口电商零售占比逐年递增，随着海外网购用户规模的扩大及出口电商企业规模的扩大，出口网络零售规模将不断发展壮大。

网络零售作为跨境电商的重要支线，为用户解决了最后一公里送货的问题，能够感知用户的个性化需求。网络零售与 B2B 通过大数据算法相联系，最终形成 B2B、B2C 和 B2B2C 三者共生并存的跨境电商模式新格局。

在跨境出口电商领域，头部和腰部的平台及卖家主要包括阿里巴巴国际站、中国制造网、生意宝、环球市场、环球资源网、敦煌网、大龙网、亚马逊全球开店、eBay、全球速卖通、Wish、兰亭集势、环球易购、棒谷科技、执御、DX.com、有棵树、傲基电商、安克创新、通拓科技、跨境翼、赛维电商、爱淘城、新华锦、百事泰、择尚科技、三态股份、蓝思网络等。

2019 年，我国跨境出口电商网络零售市场交易规模为 1.73 万亿元，与 2018 年 1.4 万亿元的规模相比，同比增长 23.57%，如图 3-16 所示。

2. 跨境出口电商品类

跨境出口电商品类中，3C 电子产品、服装服饰配件等消费品一直是全球跨境电商平台最畅销的品类，用户对家居园艺、户外用品等的需求也在攀升。2019 年，跨境出口电商卖家品类分布上，3C 电子产品卖家占比为 18.50%、服装服饰卖家占比为 12.40%。在面向个人用户或小型零售商的跨境出口电商行业中，中小型卖家目前仍占主导地位，市场集中度有待进一步提高，如图 3-17 所示。

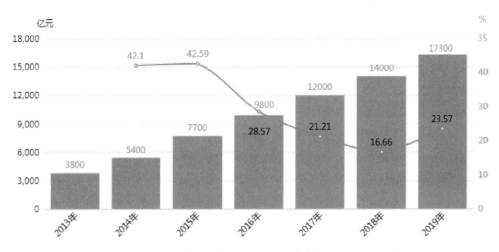

图 3-16　跨境出口电商市场网络零售交易规模及其增长率

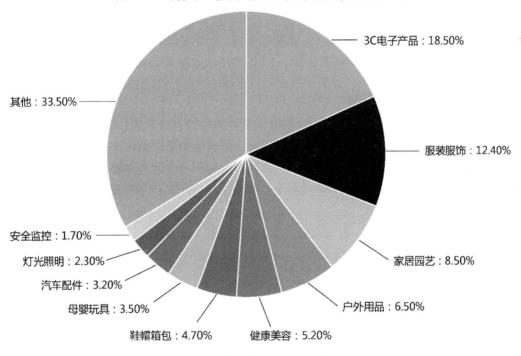

图 3-17　跨境出口电商品类分布

3. 主流跨境出口电商平台（详细营销与推广见第 4 章）

通过跨境电商平台将自己的产品卖到国外去是当前越来越多卖家的选择，面向更多的用户，销售的增长空间会更大，但是我们该如何操作跨境出口电商呢？目前，在跨境出口电商领域，通用的办法是入驻大型的电商平台，借助平台开展业务。

（1）亚马逊

亚马逊是目前全球最大的跨境电商平台之一，立足全球电子商务，在各国设有独立的电商平台，如亚马逊美国、亚马逊德国、亚马逊日本等。不过亚马逊的目标市场也是比较明确的，那就是面向经济发达国家和地区，所以，亚马逊对入驻卖家的要求非常高，商品质量、服务、价格都有特殊要求，想要入驻亚马逊的卖家最好有品牌和货源优势，否则很难获准入驻。

（2）全球速卖通

全球速卖通是阿里巴巴旗下的跨境出口电商平台，速卖通在全球战略中着眼于亚马逊、eBay 的空白点，也就是进入欠发达国家和地区的电子商务领域，这些地区的经济水平相对较为落后，电子商务仍处于初级阶段。

选择速卖通的卖家必须针对目标市场制定销售策略，高性价比、低价格、低成本物流乃至普通的电商服务，这些即可满足目标市场的需求。另外，速卖通很难打造爆款，所以长尾理论特别适合速卖通。

（3）eBay

eBay 与淘宝网的模式类似，店铺操作较为简单，并且开店是免费的，门槛低，适合各类卖家，不过入驻流程中需要办理的手续会较多，这一点又不同于淘宝网，也反映了 eBay 对卖家信誉的重视。总体来说，eBay 的投入较小。eBay 在美国、英国、澳大利亚、中国、阿根廷、奥地利、比利时、巴西、加拿大、德国、法国、爱尔兰、意大利、马来西亚、墨西哥、荷兰、新西兰、波兰、新加坡、西班牙、瑞典、瑞士、泰国、土耳其均设有适合当地用户浏览的独立平台，考虑到了不同地区用户的浏览体验。不过 eBay 的目标市场仍旧是在欧美地区，卖家在选择时还是要以目标市场为主，如果侧重于欧美市场的开拓，eBay 是一个不错的选择。

（4）Wish

Wish 是基于 App 的跨境电商平台，更侧重于移动端的流量聚集。在 Wish 平台上，商品价格低廉且品质有保障，其中很多商品如珠宝、手机、服装都是从国内发货的。虽然商品的价格低廉，但是 Wish 使用独特的推荐方式能够对商品的质量做到保障，确保用户的利益。Wish 在技术上实现革新，更智能的推送技术可以为每一个用户推送其喜欢的产品，实现精准营销并吸引和留住大量用户。

以上四大平台是目前最受用户欢迎的跨境出口电商平台，也是跨境出口电商卖家应当重点考虑入驻的平台。除了这些主流的平台，在 2017 年，如非洲的 Kilimall、东南亚的 Lazada、拉美的 Linio 等新兴市场的本土电商平台也相继来华招商，出口卖家的选择不再局限于传统的出口平台及美英澳三个主流市场了。

卖家除了可以选择入驻平台，还可以选择自建网站，尤其是面向欧美发达国家时。对于品牌商来说，有个独立的门户，可以更好地服务于自有品牌的宣传推广，不过其中的一大难点就是引流，现在流量成本太高，只要能解决引流问题，那么独立建站则可以带来源源不断的财源。

4. 跨境出口电商市场用户分析

（1）我国跨境出口电商的主要目的国

2019 年，我国跨境出口电商的主要目的国占比为：美国 15.02%、俄罗斯 12.51%、法国 11.41%、英国 8.71%、巴西 6.51%、加拿大 4.70%、德国 3.40%、日本 3.10%、韩国 2.80%、印度 1.60%、其他 30.24%，如图 3-18 所示。新兴市场仍然有待发展，拉美、中东欧、中亚、中东、非洲是快速增长的新兴市场，如东南亚、南美、非洲等市场都处于初级阶段，跨境电商发展市场仍较为广阔。

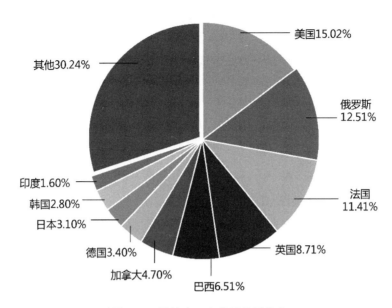

图 3-18 跨境出口电商目的国分布

（2）我国跨境出口电商卖家地域分布

当前我国跨境出口电商卖家主要集中在长三角和珠三角地区，尤其是以广东、浙江、江苏最为集中。这些地区同时也是传统外贸最为发达的地区聚集地，有着良好的传统外贸基础。

随着跨境出口电商卖家群体规模的不断扩大，卖家群体向更多有着外贸发展基础及互联网发展较为发达的地区延伸。中西部跨境电商发展同样具有较大的发展空间及后发潜力巨大。截至 2020 年 5 月，跨境电商综试区经过 5 次扩围，数量达到 105 个，覆盖全国 30 个省、自治区和直辖市。从布局范围看，前两批 13 个试点城市主要设在东部大中型城市，第三批试点城市开始向中西部和东北地区的省会城市扩展，第四批试点城市延展到了二三线城市，如图 3-19 所示。

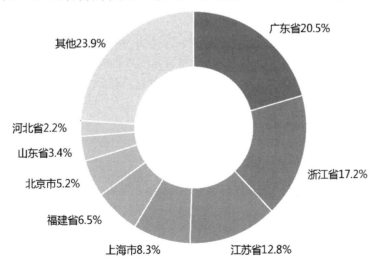

图 3-19 我国跨境出口电商卖家地域分布

📝 3.2 跨境电商网络消费者分析

消费者市场（也称生活资料市场）是指为了生存或享受的需要，去购买或准备购买消费类产品或服务的个人和家庭。消费者市场的研究对象主要是消费者，如消费者为何购买、何时何地购买、如何购买等。

▶▶ 3.2.1 消费者市场与组织市场

1. 消费者市场

（1）影响消费者市场的因素

消费品是社会最终产品，它不需要经过生产企业再进行生产或加工，人们购买后便可直接消费。消费者市场广阔，购买人数多而分散，这些人的年龄、性别、民族、文化程度、地理区域、传统习惯、收入、心理动机等各不相同，对消费品的需求也是千差万别的。消费品供应具有广泛性和复杂性。

在整个市场结构中，消费者市场占据重要的地位。它的发展直接或间接地影响着工业品市场的发展及整个社会经济的发展，而影响消费者市场的主要因素为消费品需求。消费品需求受人口的数量和构成的影响，也受消费品的数量、质量及花色品种的影响，但最主要的因素是人们的购买力。人们的购买力与其收入水平直接相关，也受其收入分配结果的制约。

（2）消费者市场的特点

① 非营利性。消费者购买商品是为了获得某种使用价值，满足自身的生活消费的需要，而不是为了营利去转手销出。

② 非专业性。消费者一般缺乏专业的商品知识和市场知识。消费者在购买商品时，往往容易受厂家、商家广告宣传、促销方式、商品包装和服务态度的影响。

③ 层次性。由于消费者的收入水平不同，所处的社会阶层不同，消费者的需求也会表现出不同的层次性。一般来说，消费者总是先满足最基本的生存需要和安全需要，如购买衣、食、住、行等方面的生活必需品，而后才能视情况逐步满足较高层次的需要，如购买享受型和发展型的商品。

④ 替代性。消费品中除了少数商品不可替代，大多数商品都可找到替代品或可以互换使用的商品。因此，消费者市场中的商品有较强的替代性。

⑤ 广泛性。消费者市场中，消费者不仅人数众多，而且地域分布广泛。从城市到乡村，从国内到国外，消费者市场无处不在。

⑥ 流行性。消费品需求不仅受消费者内在因素的影响，还会受环境、时尚等外在因素的影响。时代不同，消费者的需求也会不同，消费者市场中的商品具有一定的流行性。

消费者市场是一个十分庞大而复杂的系统。我国的消费者市场由 10 多亿人组成，从呱呱坠地的婴儿到古稀老人，都是消费者市场中的一员，我们每年要消费上千亿元的产品或服务设施。然而，由于受年龄、性别、文化程度、收入、职业、兴趣、居住地点、环境等因素的影响，各类消费者的购买习惯、动机、方式和水平都有显著的差异，从而形成了不同类型的需求市场，每一个市场分片就表示一个有意义的购买群体。

跨境市场购买者的主要类型有三种：第一，Individual Consumer（个体消费者）；第二，Reseller（中间商）；第三，Purchase for Business（公司采购）。

2. 组织市场

组织市场是企业面对的重要市场。企业进行组织市场的营销活动，需要认识组织市场的类型、购买行为特征、影响组织购买的因素及决策过程等。组织市场是指工商企业为从事生产、销售等业务活动及政府部门和非营利性组织为履行职责而购买产品或服务所构成的市场。组织市场和消费者市场相对应，组织市场是法人市场，而消费者市场是个人市场。

（1）组织市场的规模和复杂性

通常组织市场的客户数量较消费者市场少，但是每一个客户每次交易的规模和价值相对比较大。同时组织市场的客户往往集中在某些区域，以至于这些区域的业务用品购买量在全国市场中会占据相当大的比重。显然每一个客户对于供应商来说都是十分重要的，如果失去某一个客户，就会影响供应企业的销售额。

大客户一般都是很重要的，要设法与他们建立密切长期的关系，有时要有专门为大客户服务的营销队伍，进行多次长期的访问，从而赢取并保持持续的订单。

组织市场在总交易量、每笔交易的当事人数、客户经营活动的规模和多样性、生产阶段的数量和持续时间等方面，要比消费者市场大得多、复杂得多。此外，组织市场的数量并不受其下游消费者市场数量的限制，因为有些组织不参加任何消费者市场。

一些组织对消费者提供服务而不直接收取费用（如慈善机构、教堂、学会等），另外有些组织中则根本看不到消费者这一角色的作用（如军队）。

（2）组织市场需求的特性

组织市场通过一系列的增值阶段为消费者市场提供产品，所以对最终消费品的需求是引发组织市场供给的最终力量。组织市场的需求是从组织市场到消费者市场间各增值阶段一系列需求的派生。

例如，出版社用纸市场的需求取决于对书籍和杂志等的需求。如果对于最终消费品需求疲软，那么对所有生产这些消费品的企业产品的需求也将下降。组织市场的供应商必须密切关注最终消费者的购买类型和影响他们的各种环境因素。

组织市场对产品或服务的总需求量受价格波动影响较小。一般来说，原材料的价值越低或原材料成本在制成品成本中所占的比重越小，其需求弹性就越小。在短期内组织市场的需求无弹性，因为某些组织不会随时对其生产方式或运营模式进行太多的变动。

（3）组织市场购买的特性

由于组织市场具有购买者数量较少，而购买规模较大的特性，与消费者市场相比，通常影响组织购买决策的人较多。大多数组织有专门的采购委员会，其由技术专家、高层管理人员和一些相关人员组成。特别是在购买贵重商品时，决策往往是由采购委员会中的每一位成员共同参与制定的。

供应企业的营销人员不得不雇用一些受过精良训练、有专业知识和人际交往能力强的销售代表或销售队伍，与经过专业训练、具有丰富专业知识的采购人员打交道。

由于专业性采购的交易涉及的金额较大，所以组织购买者通常直接从生产厂商那里购买产品，而不经过中间商，那些技术复杂和价格昂贵的项目更是如此。同时，由于组织市场购买者处于谈判强有力的地位，可以让卖方做出让步，反过来购买自己的产品。有些情况下，购买者可以要求供应商反过来购买自己的产品以确保订单的安全性。

知识拓展：

组织市场与消费者市场的区别是什么

组织市场与消费者市场有着根本的区别。相应地，二者的购买行为也就不尽相同。组织市场购买行为是指各类正规组织机构确定其对产品或服务的需求，在可供选择的品牌与供应商之间进行识别、评价和挑选的决策过程。它与消费者市场购买行为相比存在以下几个特点。

（1）组织需求是一种派生需求。组织机构购买产品是为了满足其消费者的需求，也就是说，组织机构对产品的需求，归根结底是从消费者对消费品的需求中派生出来的。显然，皮鞋制造商之所以购买皮革，是因为消费者要到皮鞋店去买皮鞋的缘故。

（2）购买决策过程的参与者往往不只是一个人，而是由很多人组成的，甚至连采购经理也不能不顾及他人的意见而独立决策。

（3）由于购买时付款金额较大，参与者较多，而且产品技术性能较为复杂，所以，组织购买行为过程将持续较长一段时间。几个月甚至几年都是可能的，这就使企业很难判断自己的营销努力会给消费者带来怎样的反应。

▶▶ 3.2.2 个体消费者购买行为分析

跨境电商面对的主要是境外消费者，了解境外消费者的类型、境外消费者的生活形态对商品的定位、品牌化和流通渠道的选择有很重要的意义。

1. 生活形态研究

消费者本身的情况、生活体验、价值观、态度及期望的表现称为生活形态，它会影响消费者的需求与购买态度。

然而作为消费者，很少有人能够明确地体会生活形态在他们的商品购买过程中所起的作用，但生活形态确确实实在消费者的购买过程中间接地、不知不觉地发挥着激励引导的作用，如图 3-20 所示。

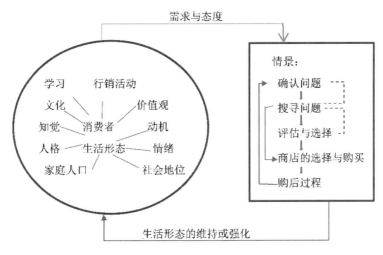

图 3-20　生活形态与消费过程关系图

生活形态研究的基本假设是：你越了解你的消费者，你跟他们的沟通就越有效，你的营销策略也就越有可能成功。目前，关于消费者生活形态的研究主要有 AIO 架构和 VAIS 架构。

（1）AIO 架构

学者 Wind 与 Green 于 1974 年提出消费者生活形态的表述及衡量方法，主要是针对消费者活动的主动性或被动性、兴趣产生的过程与目的及态度的情感认知和意见进行分析，用来衡量一个人的活动（Activity）、兴趣（Interest）和意见（Opinion），于是产生了 AIO 变量。

后来，学者 Plummer 于 1974 年提出了 AIO 量表，并加入了人口统计因素。四个因素包括活动——如何花费时间和金钱；兴趣——生活中最重要的事情；观点——如何看待自己和周围的世界；一些基本的人口统计特征，如年龄、收入、受教育程度等。

一般而言，AIO 问卷中主要包含的元素，如表 3-2 所示。

表 3-2　AIO 问卷中主要包含的元素

活动（Activity）	兴趣（Interest）	意见（Opinion）
工作、娱乐、社会活动、旅游度假、运动、购物等	职务、实务、媒体、运动、流星、家庭等	政治、商业、教育、经济、产品、文化等

受到政治、文化、信仰等多方面因素的影响，各国的消费者之间的购买态度、行为等方面都存在很大的差异，因此了解与分析跨境消费者的生活形态对于跨境贸易来说就显得尤为重要了。

（2）VALS 架构

VALS（Values and Lifestyle Survey）全称为价值观和生活方式系统，是由美国斯坦福国际研究院创立的一种观察、理解人们生存状态的方式，通过人的态度、需求、欲望、信仰和人口统计学特征来观察并综合描述人们。这个系统的理论前提是：个人的生活方式受"自我导向"和"个人资源"两个方面因素的制约。

"自我导向"是指人们自我社会形象形成的活动和态度，它有三种形式：

第一，原则导向——这种人的行为总是根据原则办事；

第二，地位导向——这种人喜欢在有价值的社会背景下寻找一个安全的地位；

第三，行动导向——这种人试图用确定的方法去影响环境。

"个人资源"包括心理方面的、体力方面的、人口统计方面的物质观和个人能力。

VALS 细分系统以 4 个人文统计问题和 35 个态度问题的回答为基础，然后根据被访问者的回答用心理图案将美国成年人的态度划分为 8 种类型人群，如图 3-21 所示，图案垂直方向表示"个人资源"，越往上表示"个人资源越丰富"，VALS 细分系统每年会根据 80 000 名调查者的数据进行更新。

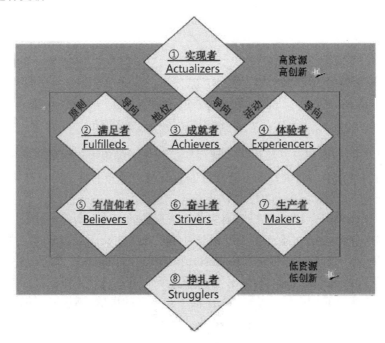

图 3-21　VALS 细分系统：8 种类型人群

其中，拥有较多资源的 4 种类型人群的主要特征如下。

① 实现者（Actualizers）：此细分市场的人群以原则为导向，是比较成熟的、负责任的人群，并且接受过较好的教育，对名望不感兴趣，喜欢公共事务。此部分的人群中大部分人的年龄在 50 岁以上，注重家庭，具有较高的收入，在消费过程中的表现主要受其价值观的左右。

② 满足者（Fulfilled）：这些消费者是原则导向中的个人资源丰富者。此细分市场的人群高度自信，拥有高学历和高教育水平，阅读了大量的书籍，具有广泛的兴趣爱好，善于接受新事物、新技术，善于用财富来显示个人的格调、品味和特点等。

③ 成就者（Achievers）：这些消费者是地位导向中的个人资源丰富者。此细分市场的人群政治相对保守，通常被昂贵的产品吸引，也有比较广泛的阅读兴趣，平时更关注商务信息。

④ 体验者（Experiencers）：此细分市场的人群以行动为导向，是细分市场中最年轻的群体，他们会花费大量的时间在锻炼和社交上，不会吝惜服装、饮食和娱乐方面的消费，关注广告，购买行为比较冲动，与其他细分市场的人群相比，更具有冒险性。

拥有较少资源的 4 种类型人群的主要特征如下。

① 有信仰者（Believers）：这些消费者是原则导向中的个人资源贫乏者。这个市场是 VALS

模型中最大的细分市场,该细分市场的人群传统、保守、墨守成规,不喜欢创新,收入有限,喜欢购买本国产品和老牌产品。他们生活的中心是家庭、社区和国内。偏好转移比较慢,比较依赖电视,喜欢寻求廉价产品。

② 奋斗者(Strivers):这些消费者是地位导向中的个人资源贫乏者。此细分市场的人群具有蓝领背景,并一直努力超越他人,他们拥有有限的灵活收入,主要花销用在服装和个人保健品上,与阅读书籍相比,更喜欢观看电视。

③ 生产者(Makers):这些消费者是行动导向的个人资源贫乏者。此细分市场的人群相对年轻,对物质财富或世界发生的事件不感兴趣,作为消费者他们喜欢实用的产品,认为商店的存在是为了体现舒适、耐性和价值观,不被奢侈品所动,喜欢听收音机或阅读有关汽车、家用机械、垂钓等方面的书籍和户外杂志。

④ 挣扎者(Strugglers):这些消费者的收入最低,资源最少。他们为生存而战,没有任何的自我导向,会经常看电视、相信广告,具有较高的品牌忠诚度,希望购买有折扣或搞活动的产品。

目前,VALS 细分系统已被 200 多家公司和广告代理商运用于营销实践中,现在该系统经过更新升级为 VALS 2。国内的相关机构也在此模型基础上,针对我国消费者进行了分析,建立了 China-VALS,China-VALS 模型对我国消费者 14 个族群的划分有助于目标消费群的准确定位与心理特点及生活形态方面的信息把握,很大程度上改善了细分市场的效果,避免了以往粗放分析导致的盲点与实际的落差。

14 个族群的命名是依据消费者的心理特点而来的。14 个族群分为三派:积极形态派、求进务实派和平稳现实派。其中,积极形态派包括 6 个族群:理智事业族、经济头脑族、工作成就族、经济时尚族、求实稳健族、消费节省族;求进务实派包括 5 个族群:个性表现族、平稳求进族、随社会流族、传统生活族、勤俭生活族;平稳现实派包括 3 个族群:工作坚实族、平稳小康族、现实生活族。

2. 网络时代消费者的消费行为模式

在互联网与移动互联网应用爆发性普及的今天,消费者的消费行为模式发生了翻天覆地的变化,与此同时,电视、报纸、广播等传统媒介的影响力正在渐渐削弱,不断被互联网所超越。

如果说第一代互联网同电视、报纸一样承担了信息发布者的角色,那么网络搜索引擎则提供了与传统媒介完全不同的、主动及精准获取信息的可能性。

紧接着,Web 2.0 带来了传统媒体无可取代的全新传播理念——以生活者为主体的传播,消费者不仅可以通过互联网主动获取信息,还可以作为发布信息的主体,与更多的消费者分享信息。由于将生活者也吸引进来的互联网工具(如 Blog、Wiki、BBS)的崛起,生活者的行为模式和媒体市场也随之变化。个人 Blog 通过像"Google AdSense"这样的广告定向发布与利益共享机制,不断提高其作为广告媒体的功能,而且各种搜索网站的精度也在不断地进行改进,从而媒体市场由之前的扁平式发展,逐渐呈现出向深度、精准发展的趋势。

针对这种趋势,日本电通提出的 CGM(Consumer Generated Media)消费者发布型媒体概念:以 Blog、Wiki、BBS、SNS 等为主要形式的个人媒体,不仅停留在个人信息发布和群体信息共享上,还涉及将新闻和企业信息(也包括广告)进行比较讨论等各种各样的传播形式;信息发布由从前的 B2C——由商家向消费者发布的模式,转化为"B2C2C"——由商家向消费者发布之后，消费者再向其他消费者发布与共享的模式。

在互联网与移动互联网的影响下，伴随着消费者生活形态的变化，日本电通公司提出了 AISAS 消费者行为分析模型，在该模型的指引下，企业的营销方式也正在从传统的 AIDMA（Attention 注意、Interest 兴趣、Desire 欲望、Memory 记忆、Action 行动）模式逐渐向含有互联网特质的 AISAS（Attention 注意、Interest 兴趣、Search 搜索、Action 行动、Share 分享）模式进行转变。在全新的营销法则中，两个具备互联网特质的"S"——Search（搜索）和 Share（分享）的出现，指出了互联网时代下搜索和分享的重要性，而不是一味地向用户进行单向的理念灌输，这充分体现了互联网对于人们生活方式和消费行为的影响与改变，如图 3-22 所示。

图 3-22　AISAS 消费者行为分析模型

AISAS 模式融入了新媒体时代的信息与社交模式，通过互联网搜索，将消费者的欲望更直接的转换为可以度量的、更有效的信息补缺行为。互联网搜索与社交媒体极大地扩展了用户的选择空间。由于社交分享、知识分享的出现，同时也对品牌与产品本身提出了更高的要求。

全新的消费者行为模式决定了消费者新的接触点依据，日本电通的接触点管理，媒体将不再限于固定的形式。不同的媒体类型对于媒体形式、投放时间、投放方法的考量，首先考虑的是消费者与产品或品牌的可行性接触点的识别，在所有的接触点上与消费者进行信息沟通。在沟通过程中，以消费者的接触点为圆心，围绕消费者的接触点详细解释产品特征的消费者网站成为在各个接触点上与消费者进行信息沟通的深层归宿。消费者网站提供了产品的详细信息，以促进消费者对产品的了解，同时也会影响消费者的购买决策。此外，消费者网站还提示了人际沟通的通道，对于企业网络营销人员而言，通过对网站访问者访问数据的分析，可以制订出更加有效的营销计划。

知识拓展：

1. 电通集团简介

电通集团是日本最大的广告与传播集团。成立于 1901 年，总部位于东京。前身为 1901 年创立的"日本广告"和 1907 年创立的"日本电报通讯社"，提供新闻和广告代理服务；1936 年转让新闻通讯部门，改为专营广告代理至今。电通集团母公司电通广告公司是当今全球规模最大的独立广告公司。电通集团的业务主要分布在美国、日本及欧洲地区，整个集团有 100 多家子公司和合资公司。电通集团于 1994 年 5 月正式进入我国市场，与中国国际广告公司及民营企业大诚广告合资成立了北京电通；为避免同时管理竞争品牌，电通集团在华还组建了北京东方日海、上海东派广告两家合资企业。

2．接触点管理

接触点管理又称接触管理，是指企业决定在什么时间（When）、什么地点（Where）、如何接触（How，包括采取什么接触点、何种方式）与客户或潜在客户进行接触，并达成预期沟通目标，以及围绕客户接触过程与接触结果处理所展开的管理工作。

▶▶ 3.2.3　跨境组织买家类型及采购模式

目前，跨境组织买家的类型主要有：百货公司、大型连锁超市和大卖场、品牌进口商、工业品买家、进口批发商、贸易商等。

1．百货公司

在美国比较大的百货公司有梅西百货、JC、Penny 等，他们在世界各生产市场都有设计团队，也有自己的采购公司，不同的品种由不同的采购部门负责，他们通过大型贸易商选择自己的供货商，组成了一个采购系统，一般的工厂很难进入。

百货公司类的卖家采购量大，价格要求稳定，每年购买产品的变化不会太大，对质量要求比较高，基本不会改变供货商。这些百货公司都会参加美国、欧洲本土国家的专业展会，不会亲自去这些国家和地区之外的地方参加展会。

2．大型连锁超市和大卖场

在美国，大型连锁超市比较多，比如沃尔玛，每年的采购量非常大，在生产市场设有自己的采购公司，并且有自己的采购系统。

超市类的买家购买的基本是目前已经开发出来的产品，若品质和价格合适，他们下单的速度就会比较快。但这类买家对价格比较敏感，在采购中他们会将价格压得很低，产品品种变化要求也很大。若采购，则采购量会比较大。若企业的开发能力强，资金雄厚，有能力压低产品价格，则可以可虑此类客户。而小工厂受到资金、产品价格等方面的制约，一般很难满足大型超市的采购要求。

3．品牌进口商

品牌进口商一般是品牌专营店，他们会找规模大、质量高的工厂直接以 OEM 方式进行下单。品牌进口商有自己的质量标准，一旦采购，则订单比较稳定，他们在确定采购数量及付款条件时会参考自身在国内的生意规模。

自有品牌（如 IKEA）很重视供应商的经营理念，喜欢与工厂建立长久的合作关系，并且希望供应商能够配合进行产品的研发与改进，协同发展，若供应商能够配合，双方长期合作下去，那么利润及将来的发展空间很可观。

4．工业品买家

工业品买家（如 ABB）主要生产高科技、高效能的品牌产品，目前世界上越来越多的品牌进口商的买家来到我国参加展会，寻找供应商。此类买家对供应商的要求很严格，他们采购的产品一般都是要求定制的，需要开模具生产。若供应商能够不断改进自己企业的管理，满足工业品买家的要求，将会促进自己的公司走向市场化、法治化、国际化。

在与工业品买家合作之前，供应商可以通过网站了解对方的实力规模、产品定位、风格倾向等，中小型工厂可以将此类买家作为合作目标，在合作过程中，需要注意的是即使是小品牌，也有可能培养出大客户。

5. 进口批发商

进口批发商一般采购特定的商品，很多在美华人在美国做批发生意，他们主要的采购方式是自己回国内参加展会采购。价格和产品的特性是此类买家的关注点，在采购过程中，他们会注重价格比较。进口批发商在其国内一般有自己的发货仓库，通过展览销售产品。

面对这类买家的时候，企业一定要注重自己的价格和产品差异性，若产品相同，买家一般会倾向于选择价格更低的企业卖家。

6. 贸易商

贸易商采购的产品的品种比较多，因为他们拥有不同类型的客户，但是订单不太稳定，订单的延续性也不太稳定。一般而言，服务灵活的小规模供应商比较容易和这类客户达成一致。

在通过对国际买家的采购标准进行了解之后，企业就能够知道买家下单和不下单的原因了，不同类型的买家关注的侧重点不一样，有的关注价格、有的关注设计、有的关注经营理念等。在与不同类型的买家打交道之前，企业应尽可能地去了解买家的关注点，只有这样才能够为他们量身定做供货方案，从而提高成交率。

▶▶ 3.2.4 跨境买家采购行为分析

开发客户的方式主要有展会、网络、杂志，此外，还有客户介绍、邮件开发、海关数据分析等，这些方法的实施需要企业有一定的专业技能，能够对相关数据进行分析、归纳、总结，并有针对性地做出部署。

（1）跨境买家采购渠道

跨境买家采购的渠道主要有三种方式：展会、网络、杂志，如表3-3所示。

表3-3　不同类型的跨境买家采购渠道的优劣势比较

类　　型	展　　会	网　　络	杂　　志
优势	直接、面对面交流、采购信息传递迅速，采购过程快、可靠	信息量大且全面，不受时间、区域限制，沟通迅速，采购周期短，可供选择的供应商较多，节约成本、时间、人力，提高了采购效益	专业杂志信息质量高，不受时间、空间的限制，采购成本低，供应商信息可靠性强
劣势	采购成本高，展会时间短，采购人员辛苦，又因为展会的供应商有限，难以寻求到符合要求的供应商	信息的真实性有待检验；信息量大，难以在众多信息中心搜索到符合自己需求的供应商	查询、沟通时间较长，难以对供应商进行比较

展会是企业常用的开拓海外市场的方式，但是，随着全球各种展会的增加及网络的发展，电子商务采购模式也在不断地发展，展会的效果相比之前有一定程度的削弱。

伴随网络的不断发展，网络采购目前已经成为企业开发新客户的主要途径了。

杂志广告也是一种比较重要的开发新客户的途径，但在电子商务的冲击下，杂志广告的效果越来越差。

2. 跨境买家背景分析

在与跨境买家沟通的过程中，要根据沟通情况去分析跨境买家的心理，把握住其心理特征之后才能够做出相应的有效回应。

面对面的沟通中能够根据对方的态度、肢体语言等读懂其对合作的态度，相对比较容易，在邮件沟通中，通过对跨境买家邮件的分析能够判断出跨境买家的一些心理状况，当收到一封邮件时，可以通过询盘内容判断出买家有无实单、订单大小及需求缓急等。

询盘 1：

Dear sir,

Our company ××××× is a wholesale for ××× in Italy. We are interesting at your ×××, so please send us a catalogue and a price list for them.

在该询盘中，买家反馈自己是一家批发商，要求给予其产品目录和价格。从中我们能够看出来，买家对于企业的产品不熟悉，希望拿到产品目录和价格，从中看看有无合适的产品。对于这样的买家，一般不要给产品目录，因为可能是同行在套取价格，在回复的时候，可以礼貌的告知买家我们主要是做什么产品，简单介绍企业实力。

询盘 2：

Dear sir,

We are looking for belts, please give us the list of your products with the beat price.

在该询盘中，买家提到了具体的产品，并且要求给到最好的价格，对一些细节参数没有提及，这说明了有两种情况，第一：买家自己可能不够专业；第二：买家要看供应商的相关详情后再做进一步的沟通。对于这样的买家，在回复的时候，可以推荐 1~2 款产品给对方，千万不要在不了解买家的具体需求前就报价，这样会让自己很被动，报价的时候一般报出价格区间供其参考。

询盘 3：

Dear Sir,

I need quickly watches from No. 8-9 to 32-43, please send me pictures and tell me weight and send me quote, and delivery time.

在该询盘中，买家提到了一些要求，但是其关注的最关键的问题是交货期。

对于这样的买家，回复的原则就是快、准。快就是回复要快，准就是买家关注点和要求要回复准确。

询盘 4：

Dear sir/madam,

This is Laurence, I need 10 000 post cards. I am from Italy, current price I can get in my local place is ××× for 8000 pieces, if you can give me less than this price, please mail me.

从该询盘中，能够发现该买家可能没有太多的采购经验，关注的重点是价格，对质量没有做出要求。

回复的时候，在核算自己的成本等各种费用的基础上，看能否达到低于买家提出的价格的要求，用价格来吸引买家。同时，对于采购经验不足的买家，他们有可能想跳出中间商自己去采购，那这时，就要做好买家的采购顾问，让买家感受到被尊重和重视，在沟通的过程中，多向对方介绍产品的关键技术等，让对方觉得你很专业。

3.3 跨境电商网络市场细分与目标市场定位

跨境电商网络市场细分是以跨境电商网络消费者需求、购买动机与习惯爱好等为依据，区分具有不同需求群体的过程，这样跨境电商网络市场就可以被划分为若干个细分市场。就某个细分市场而言，跨境电商网络消费者需求大致相同，而不同的细分市场之间的需求又有明显的差异。跨境企业应明确自身的特点，选择恰当的细分市场作为目标市场。

▶▶ 3.3.1 跨境电商网络市场细分

1. 跨境电商网络市场细分的必要性

对市场进行细分，并不是由人们的主观意志决定的，而是因为随着生产力水平的提高、产品数量和品种的增多，消费者有了挑选的余地，市场出现了竞争力，并且竞争日趋激烈。所以，企业必须注重市场调研，认真做好市场细分，准确把握消费者的爱好与需求变化，这样才能在市场经济中做到有的放矢，游刃有余。

跨境电商网络市场上有着成千上万名的消费者并且消费者的数量还在增加，他们有着各自的心理需要、生活方式和行为特点。每一个企业面对着消费者千差万别的需求，由于人力、物力及财力的限制，不可能生产出各种不同的产品来满足所有消费者的不同需求，也不可能生产出各种产品来满足消费者的所有需求。为了提高企业的经济效益，有必要进行市场细分。跨境电商网络消费者的需求差异是跨境电商网络市场细分的内在依据。只要存在两个以上的消费者，就可根据其需求、习惯和购买行为等的不同，进行市场细分。况且在市场竞争中，一个企业不可能在营销全过程中都占绝对优势。为了进行有效的竞争，企业必须评价、选择并集中力量用于能发挥自己相对优势的市场。这便是市场细分的外在强制，即它的必要性。

2. 跨境电商网络市场细分的依据

市场细分的依据可以概括为以下四类。

（1）地理变数

按地理变数进行市场细分就是把市场分为不同的地理区域，如国家、地区、省市、东部、西部、南方、北方、城市、农村、山区、平原、高原、湖区、沙漠等。以地理变数作为市场细分的依据，是因为地理因素影响消费者的需求和反应。各地区由于自然气候、交通通信条件、传统文化、经济发展水平等因素的影响，形成了不同的消费习惯和偏好，具有不同的需求特点。比如生活在我国不同区域的人们的饮食习惯就有很大的差异，俗话说"南甜北咸，东辣西酸"，也由此形成了粤菜、川菜、鲁菜等知名菜系。

（2）人口变数

按人口变数进行市场细分就是按年龄、性别、家庭人数、生命周期、收入、职业、教育、宗教、民族、国籍、社会阶层等人口统计因素，将市场细分为若干个消费者群体。例如，可以把服装市场按照"性别"这个细分变数分为两个市场：男装市场和女装市场。也可以把服装市场按照"年龄"这个细分变数分为七个市场：童装市场，青年男、女装市场，中年男、女装市场，老年男、女装市场。百事可乐当年之所以能从可口可乐公司几乎独霸的饮料市场夺取近半的市场份额，主要得利于市场细分，发展并开拓了美国"新生代"这个可口可乐没有意识到的市场区域，成为新一代的可口可乐。有不少商品，比如服装、化妆品等，消费者性别不同、年龄不同，购买的特点也大有不同。例如，不同年龄的女性对护肤品的选择就有明显的差异，还有消费者的收入多少、学历高低也直接影响着他们的购买特点。

（3）心理变数

在市场营销活动中，常常出现这种情况，即在人口因素相同的消费者中间，对同一商品的爱好和态度截然不同，这主要是由于心理因素的影响造成的。市场细分的心理因素十分复杂而广泛，涉及消费者一系列的心理活动和心理特征，主要包括消费者的个性、生活方式、社会阶层、动机、价值取向、对产品或服务的感受或偏好、对产品价格反应的灵敏程度及对企业促销活动的反应等。下面我们就其中的部分因素加以说明。

① 个性。个性是指个人独特的心理特征，这种心理特征使个人与其环境保持相对一致和持久的反应。每个人都有影响其购买行为的独特个性。在区分出不同的个性，并且特定的个性同产品或品牌的选择之间存在很强相关性的前提下，那么个性就可以成为进行市场细分的心理变数。例如，有些钟表、眼镜公司把市场细分为传统型消费者群体、新潮型消费者群体、节俭型消费者群体、活泼型消费者群体等。

消费者在选择品牌时，会在理性上考虑产品的实用功能，同时在感性上评估品牌表现出来的个性。因而很多企业会赋予品牌以个性，以迎合消费者的个性。例如，20世纪50年代末，福特汽车和雪佛莱汽车在促销方面就强调其个性的差异。

② 生活方式。生活方式是指个人或集团在消费、工作和娱乐上表现出的特定的习惯。不同的生活方式往往产生不同的消费需求和购买行为，即使对同一种商品，不同的消费者也会在质量、外观、款式、规格方面产生不同的需求。

现在，许多消费者购买产品不仅是为了满足物质方面的需要，更重要的是为了表现他们的生活方式，满足其心理需要，如显示身份、地位、追求时髦等。因此，近年来西方国家的企业十分重视生活方式对企业市场经营的影响，特别是生产经营化妆品、服装、家具、酒类产品的企业对此更是高度重视。还有一些企业，把追求某种生活方式的消费者群体当作自己的目标市场，专门为这些消费者生产产品。例如，美国有的服装公司把妇女分成"朴素型""时髦型""有男子气型"三种类型，分别为她们设计和生产不同式样、颜色的服装。

生活方式是一个内涵十分丰富的概念，它与消费者的收入、文化素养、社会地位、价值观、职业等因素密切相关。因此，运用生活方式这一变数进行市场细分是非常有趣又非常艰巨的工作，但这一变数并不是不可捉摸的。例如，麦卡恩·埃里克森曾这样概括英国人的生活方式：艺术界先锋（喜欢变化的）、傲慢（传统的和非常英国化的）、变色龙（随大流）和梦游者（满足于未发挥的潜能）。

③ 社会阶层。由于不同的社会阶层所处的社会环境不同、成长背景不同，因而兴趣偏好不同，消费特点不同，对产品或服务的需求也不尽相同。美国知名营销大师菲利普·科特勒将美国社会划分为七个阶层：第一，上上层即继承大财产或具有知名家庭背景的社会名流；第二，上下层即在职业或生意中具有超凡活力而获得较高收入或财富的人；第三，中上层即对其"事业前途"极为关注，且获得专门职业者、独立企业家和公司经理等职业的人；第四，中间层即中等收入的白领和蓝领工人；第五，劳动阶层即中等收入的蓝领工人和那些过着"劳动阶层生活"的人；第六，下上层即工资低、生活水平处于贫困线上、追求财富但无技能的人；第七，下下层即贫困潦倒、常常失业、长期靠公众或慈善机构救济的人。处于不同社会阶层的人，对汽车、服装、家具、娱乐、阅读方面的需求都有较大的差异。

④ 偏好。偏好是指消费者偏向于某一个方面的喜好。例如，有的人爱抽烟、有的人爱喝酒、有的人爱吃辣、有的人爱吃甜。又例如，一位住在新泽西的 Suite 小姐，就强烈地偏好一家位于曼哈顿的发廊，为了染发，她每逢星期六都要来回开上两个小时的车进城，每一趟她至少要花上 90 美元的美发费用及 22 美元的燃油费和停车费。而就在她家附近的地方就有更方便、更便宜的发廊。她就是对让头发获得"正确的"染色服务有强烈的偏好，并执着地认为曼哈顿的那家发廊比其他能提供同样服务的从业者优良。在市场上，消费者对不同品牌的喜爱程度是不同的，有的消费者有特殊偏好，有的消费者有中等程度的偏好，有的消费者没有什么偏好。因此，企业为了维持和扩大经营，就要了解消费者的各种偏好，掌握其需求特征，以便从产品、服务等方面满足他们的需要。

（4）行为变数

按行为变数进行市场细分就是根据消费者对品牌的了解、态度、使用情况及其反应而将他们分为不同的群体。许多营销人员认为：行为变数是市场细分的最佳起点。

① 时机。按消费者购买和使用产品的时机进行市场细分，这些时机包括结婚、购房、搬家、拆迁、入学、升学、退休、出差、旅游、节假日等。时机细分有助于提高品牌使用率，提高营销的针对性。例如，旅行社可以为"五一"黄金周提供专门的旅游服务，文具企业可以为新学期开始提供学习用品。有不少产品，如新郎西服、喜临门酒就是时机细分的产物。

② 利益。利益细分是根据消费者从品牌产品中追求的不同利益的一种分类方法。美国曾有人运用利益细分法对钟表市场进行研究，发现手表购买者可分为三类：大约 23% 的人侧重价格低廉，46% 的人侧重耐用性及一般质量，31% 的人侧重品牌声望。当时美国各大钟表公司都把注意力集中在第三类细分市场，制造豪华昂贵的手表并通过珠宝店销售。唯有 TIME 公司慧眼独具，选定第一、二类细分市场作为目标市场，全力推出一种价廉物美的"天美时"牌手表并通过一般钟表店或大型综合商店出售。该公司后来发展成为世界第一流的钟表公司。

运用利益细分法时，还必须确定人们在产品种类中寻求的主要利益，有谁在寻求这些利益，这些利益对他们的重要程度如何，哪些品牌可以提供这些利益，哪些利益还没有得到满足，从而进行有针对性的品牌营销策划。美国学者 Haley 曾运用利益细分法对牙膏市场进行细分而获得成功就是很好的例子。他把牙膏需求者寻求的利益分为经济实惠、防治牙病、洁齿美白、口味清爽四类。牙膏公司可以根据自己所服务的目标市场的特点，了解竞争者是什么品牌，市场上现有品牌缺少什么利益，从而改进自己现有的产品，或者另外再推出新产品，以适应牙膏市场上未满足的利益需求。

③ 使用者状况。许多品牌可以按使用者状况分为曾经使用者、未曾使用者、潜在使用者、初次使用者、偶尔使用者和经常使用者等类型，针对不同使用群体应采用不同的营销策略和方法。市场占有率高的品牌特别重视将潜在使用者转变为实际使用者，如领导型品牌，而一些小企业则只能以经常使用者为服务对象。

④ 品牌忠诚度。消费者的忠诚是企业最宝贵的财富。美国商业研究报告指出：多次光临的消费者比初次登门者，可为企业多带来20%～85%的利润；固定消费者数目每增长5%，企业的利润则增加25%。根据消费者的品牌忠诚度，可以将消费者分为四种类型：专一忠诚者、潜在忠诚者、迟钝忠诚者和缺乏忠诚者。

专一忠诚者：是这四种类型中最高的一层，是构成消费者群体的最重要的部分。例如，瑞士万用刀的爱好者，他们会不断地告诉他们的朋友和邻居这种刀的好处、用途及他们每天、每个星期、每个月的使用频率。这些专一的忠诚者会成为品牌的免费宣传者，并不断地向他人推荐。对任何企业而言，这都是他们最欢迎的消费者类型。

潜在忠诚者：消费者高度偏好与低度重复购买的结合，意味着潜在忠诚。例如，美国有一个标准的中国食物迷，而且她的家附近就有一家她很喜欢的中国餐馆。但她先生对中国食物不感兴趣，所以她只是偶尔光顾这家中国餐馆。如果该餐馆了解潜在忠诚者的这些情况，就可以采取一些应对的策略。例如，该餐馆可心考虑增加一些美式餐点，以吸引像她先生这样对中餐不感兴趣的消费者。

迟钝忠诚者：消费者低度偏好与高度重复购买的结合，便形成了迟钝忠诚。这类消费者的购买原因不是因为偏好，而是"因为我们经常用它"或"因为它方便"。大多数经常购买产品的消费者都属于这种类型。例如，有人总在这一条街上购买日常用品，在另一条街上的干洗店干洗衣物，至于修鞋子，则是就近到自己家的隔壁。如果企业能积极争取这类客户，提高产品或服务质量，形成自己的特色，这类消费者就可能由迟钝的忠诚者转变为高度的忠诚者。

缺乏忠诚者：由于不同的原因，某些消费者就是不会对某些品牌产生忠诚。一般来说，企业应避免将目标针对缺乏忠诚的消费者，因为他们永远不会成为真诚的消费者，他们对企业的发展只有很少的贡献。

⑤ 使用率。可以根据品牌的轻度、中度和重度等使用者情况来进行市场细分。品牌重度使用者一般在市场上所占比例不大，但他们的消费量在全部消费量中所占的比例相当高。营销广告界的巴莱多定律表明：20%的品牌重度使用者的消费量却占该品牌消费量的80%。以啤酒为例，有人曾做过调查，啤酒消费者中，大量消费者与小量消费者各占一半，其中大量消费者的消费量占总销量的88%，而小量消费者的消费量只占12%。又据调查，啤酒的大量消费者多为劳动阶层，年龄在25～50岁，而年龄在25岁以下和50岁以上为小量消费者。这种细分有助于企业做出正确的对策。

⑥ 态度。消费者对品牌的态度大体可以分为五种，即热爱、肯定、冷淡、拒绝和敌意。态度是人们生活方式的一种体现，态度决定着成败，也决定着品牌定位。企业可以通过调查、分析，针对不同态度的消费者采取不同的营销对策。例如，对抱有拒绝和敌意态度者，就不必浪费时间去改变他们的态度；对冷淡者则应设法去争取他们。

知识拓展：

　　杭州娃哈哈在建厂之初，一无资金，二无设备，三无技术力量。正基于此，娃哈哈强调要找准自己的目标消费者。通过对全国营养液市场的调查分析，他们发现：国内生产的营养液，虽然林林总总已有38种，但都属于老少皆宜的全能型产品，没有一种是儿童专用营养液。而这个细分市场有3亿个消费者，即使是1/10也有3000万个。儿童是每个家庭的"掌上明珠"，毫无疑问儿童营养液市场将是一个大市场，这个市场的需求尚未得到开发利用，这是一个大机遇、大空档。于是他们做出了这样的决策：与其生产第39种全能型营养液，还不如生产第一种儿童专用营养液，即选择儿童专用营养液这个细分市场作为目标市场，并制定一套营销组合策略。正因为如此，娃哈哈在经营上取得了很大的成功。

3. 跨境电商网络市场细分的方法

　　根据市场细分的程度不同，市场细分大致有完全无细分、完全细分、按一个影响需求因素细分、按两个以上影响需求因素细分等方法。

　　（1）完全无细分

　　完全无细分即有意识的不根据消费者需求的不同加以细分，这样做的目的是强调市场中的共性，漠视个性，以减少生产和营运成本。

　　（2）完全细分

　　完全细分称为极端细分，即认为每一个消费者都可能是一个单独的市场，完全可以按照这个市场所包括的消费者数量进行最大限度的细分。

　　（3）按一个影响需求细分

　　对某些通用性比较大，挑选性不太强的产品因素加以细分。

　　（4）按两个以上影响需求因素细分

　　大多数产品的销售都受消费者多种因素的影响：不同年龄范围的消费者，因生理和心理的需求不同对许多产品有不同的要求；同一年龄范围的消费者，因收入的不同，也会产生需求的差异；同一年龄范围和同一收入阶层的消费者，也会因性别、居住地区及其他许多情况的不同而呈现出复杂和互相不同的需求。因此，大多数产品都需按照两个或两个以上的因素进行细分。

4. 跨境电商网络市场细分的步骤

　　（1）识别市场细分目标

　　市场细分是营销管理人员确定识别市场的基础。识别和反映细分市场有两种基本方法。

　　① 管理导向方法。从管理者角度选择细分变量来定义细分市场。

　　② 市场导向方法。从消费者的角度通过各种调查、测试性的方法确定所评价的消费特性，从而定义细分市场。

　　以上两种方法的目的都是把具有某种特点的消费者群体与特定的营销组合联系起来。

（2）市场细分变量筛选组合

这个阶段是在第一步的基础上对每个细分市场中的消费者特征进行深入的分析，从而在性质和数量层面理解消费者的需求。

（3）预测市场潜力

这个阶段实际上是验证市场细分的经济可行性研究阶段。只对典型消费者描述，还不能产生有实际商业意义的细分市场，市场潜力是企业市场细分决策的根本标准。这个阶段是确定市场细分决策的前提，不仅包括判断市场潜力的大小，还包括在市场潜力与可用资源之间进行权衡。

（4）预测细分市场占有率

这个阶段主要包括两个基本任务：细分市场竞争地位分析；特定细分市场的营销策略，初步方案分析。这两项工作可以同时进行。这个阶段实际上是论证进入细分市场的可行性研究阶段，在估计市场潜力的基础上，衡量进入细分市场的运营成本。

（5）选择特定细分市场

这个阶段是细分市场利益和目标进行分析比较的阶段，评价投入及产出效率和效果水平，同时还需考虑进入细分市场的其他难以计量评价的重要条件，如组织、环境等。

▶▶ 3.3.2　跨境电商网络目标市场定位

伴随着互联网经济的快速发展，企业间的竞争也越来越大，很多企业为了自己的产品能在市场竞争中占有一席之地，彼此之间纷纷较着劲。然而，许多企业在将产品推向市场的过程中，却被市场"撞得"头破血流，原因就是他们没有为产品找到合适的目标市场。企业选择目标市场是为了能够在市场细分后的子市场中找到适合自己企业发展的目标市场，并根据消费者对产品的需求向其提供完善的服务。选择合适、正确的目标市场能够帮助企业在找准定位的同时，获得在激烈的市场竞争中出奇制胜的法宝。

1. 选择跨境电商网络目标市场的模式

目标市场是指企业为了满足现实和潜在的市场消费者需求，在市场细分化的基础上，确定本企业产品或服务的特定细分市场，也称为目标营销或市场目标化，也就是企业决定要进入的市场部分或子市场（企业的产品或服务所要满足的特定消费者群体）。企业在选择目标市场时有以下五种可参考的模式。

（1）密集单一市场

选择一个细分市场集中营销，目标市场范围较窄，风险较大，当有其他竞争者进入时，对企业打击较大。许多小企业由于资源有限，往往采用这种模式。而一些新成立的企业，由于初次进入市场，缺乏生产经营经验，也可能把一个细分市场作为继续发展壮大的起始点。单一市场集中模式使企业的经营对象单一，企业可以集中力量在一个细分市场中获得较高的市场占有率。

（2）有选择的专门化（多个细分市场）

采用这种模式需选择多个细分市场，其中每个细分市场在客观上都有吸引力，并且符合企业的目标和资源。但在各细分市场之间很少有或根本没有任何联系，然而每个细分市场都有可能盈利。这种多个细分市场目标用于单细分市场目标，因为这样可以分散企业的风险，即使某个细分市场失去了吸引力，企业也可在其他细分市场获取利润。

（3）产品专门化

采用这种模式的企业集中生产一种产品，且向各类消费者销售这种产品。企业的市场面广，有利于摆脱对个别市场的依赖，降低风险。同时，企业生产相对集中，有利于发挥生产技能，在某种产品方面树立了较好的声誉。例如，显微镜生产商向大学实验室、政府实验室和工商企业实验室销售显微镜。企业准备为不同的消费者群体生产不同种类的显微镜，而不去生产实验室可能需要的其他仪器。企业通过这种战略，在某个方面树立起了很高的声誉。但是若产品被某种全新的显微技术代替，企业就会发生危机。

（4）市场专门化

市场专门化是指专门为满足某个消费者群体的各种需要而服务的，有助于发展和利用与消费者之间的关系，降低交易成本，并且在这一类消费者中树立良好的形象。当然，在这种模式下，一旦这类消费者的购买力下降，企业的效益就会受到较大的影响。例如，企业可为大学实验室提供一系列产品，包括显微镜、示波器、本生灯、化学烧瓶等。企业专为这个消费者群体服务而获得良好的声誉，并成为这个消费者群体所需各种新产品的销售代理商。但如果大学实验室减少了经费预算，他们就会减少从这个市场专门化企业购买仪器的数量，这样企业就会产生危机。

（5）完全覆盖市场

完全覆盖市场是指企业想用各种产品满足不同消费者的需求。只有大型企业才能采用完全覆盖市场战略，例如，国际商业机器公司（计算机市场）、通用汽车公司（汽车市场）和可口可乐公司（饮料市场）。

2. 跨境电商网络市场的营销战略

（1）无差异市场营销策略

无差异市场营销策略是指企业将产品的整个市场视为一个目标市场，用单一的营销策略开拓市场，即用一种产品和一套营销方案吸引尽可能多的消费者。无差异市场营销策略只考虑消费者或用户在需求上的共同点，而不关心他们在需求上的差异性。可口可乐公司在60年代以前曾以单一口味的品种、统一的价格和规格、同一广告主题将产品面向所有消费者，就是采取的这种策略。

无差异市场营销策略的理论基础是成本的经济性。生产单一产品，可以减少生产与储运成本；无差异的广告宣传和其他促销活动可以节省促销费用；不搞市场细分，可以减少企业在市场调研、产品开发、制订各种营销组合方案等方面的营销投入。这种策略对于需求广泛、市场同质性高且能大量生产、大量销售的产品比较合适。

（2）差异性市场营销策略

差异性市场营销策略是将整体市场划分为若干个细分市场，针对每个细分市场制订一套独立的营销方案。例如，服装生产企业针对不同性别、不同收入水平的消费者推出不同品牌、不同价格的产品，并采用不同的广告主题来宣传这些产品，就是采用的差异性市场营销策略。

差异性市场营销策略的优点是：小批量、多品种，生产机动灵活、针对性强，能使消费者需求更好地得到满足，由此促进产品销售。另外，由于企业是在多个细分市场上经营，一定程度上可以减少经营风险；一旦企业在几个细分市场上获得成功，就有助于提高企业的形象及提高市场占有率。

差异性市场营销策略的不足之处主要体现在两个方面。一是增加了营销成本。由于产品品种多，管理和存货成本将增加；由于企业必须针对不同的细分市场发展独立的营销计划，会增加企业在市场调研、促销和渠道管理等方面的营销成本。二是可能使企业的资源配置不能有效集中，顾此失彼，甚至在企业内部出现彼此争夺资源的现象，使拳头产品难以形成优势。

（3）集中性市场营销策略

实行差异性市场营销策略和无差异性市场营销策略，企业均是以整体市场作为营销目标，试图满足所有消费者在某个方面的需求。集中性市场营销策略则是集中力量进入一个或少数几个细分市场，实行专业化生产和销售。实行这一策略，企业不是追求在一个大市场角逐，而是力求在一个或几个子市场占有较大份额。

集中性市场营销策略的指导思想是：与其四处出击收效甚微，不如突破一点取得成功。这一策略特别适合于资源力量有限的中小型企业。中小型企业由于受财力、技术等方面因素的制约，在整体市场中可能无力与大型企业相抗衡，但如果集中资源优势在大型企业尚未顾及或尚未建立绝对优势的某个或某几个细分市场进行竞争，成功的可能性更大。

集中性市场营销策略的局限性体现在两个方面：一是市场区域相对较小，企业发展受到限制；二是潜伏着较大的经营风险，一旦目标市场突然发生变化（消费者趣味发生转移、强大竞争对手的进入、新的更有吸引力的替代品的出现），都可能使企业因没有回旋余地而陷入困境。

3. 跨境电商网络目标市场的定位内容

在同类产品或服务项目较多，供应竞争比较激烈的情况下，企业向目标市场推出的产品或服务项目，需要进行市场定位。市场定位是指产品定位，指根据竞争者现有产品在细分市场上的地位和消费者对此产品的重视程度，将与众不同的具有鲜明个性的本企业产品推广给目标客户，使该产品在细分市场上占有强有力的竞争位置。企业在进行市场定位的过程中一定要了解竞争者产品的市场定位。市场定位的基本参数是价格、档次两大方面。不同的产品和服务可以采用更具体的参数或技术标准，如价格、使用成本、性价比、保值性、功能、质量、外观、使用方法和服务保障等。

在跨境电商网络市场中，定位的内容可以分为网站类型定位、客户服务定位和服务半径定位三种。

（1）网站类型定位

目前，网站类型主要有宣传型网站和交易型网站两种。宣传型网站主要介绍企业的经营项目、产品信息、价格信息、广告宣传等，不具备交易功能。交易型网站不仅介绍企业的经营项目、产品信息、价格信息、广告宣传等，同时还提供交易功能，买卖双方可以在线相互传递信息，实现网上洽谈、网上订货、网上支付等。

（2）客户服务定位

企业网站主要是为了满足网上客户服务而设计的，企业应根据消费者不同的需求来定位自己的网站，如信息查询、信息发布、各种咨询服务、订购服务等。

（3）服务半径定位

根据网站的服务内容不同，可将网站划定为不同的服务区域，即服务半径，如国际型、全国型、地区型。从理论上来说，网络营销无时空限制，但受客观条件的限制，网站服务半径是有局限性的。

4. 跨境电商网络目标市场的定位策略

跨境电商网络目标市场的定位策略是一种竞争策略，体现着同类产品生产企业之间的竞争关系。定位的方式不同，竞争态势也不同，主要有以下几种定位方式。

（1）"针锋相对式"定位或"迎头"定位

这是一种与市场上占支配地位的竞争对手"对着干"的定位方式，是一种危险的战术，但是如果成功就会取得巨大的市场优势。它把企业的产品或服务定位在与竞争者相似或相近的位置上，同竞争者争夺同一个细分市场。实行这种定位策略的企业必须具备以下条件：能比竞争者提供更好的产品或服务，该市场容量足以容纳两个以上竞争的产品或服务，比竞争者有更多的资源和更强的实力。不过这种定位下，要想进入产品或服务的市场则难度很大，需要一定的时间。因此，在定位前一定要进行周密的网络市场分析预测。例如，在碳酸饮料市场上，可口可乐与百事可乐之间就在持续不断的斗争。实行这类市场定位的企业需要充分了解竞争对手的情况，并准确估计自身的实力，才能取得成功。

（2）"填空补缺式"定位

寻找新的尚未被占领的领域，并且有很好的市场潜力，为许多消费者群体所重视的位置进行定位。通常在两种情况下使用这种策略：一是这部分潜在市场即营销机会没有被发现，在这种情况下，企业容易取得成功；二是许多企业发现了这部分潜在市场，但无力去占领，这时需要有足够的实力才能取得成功。

（3）"另辟蹊径式"定位或"避强"定位

这是一种避开强有力的竞争对手的市场定位方式。这种方式能使企业迅速在市场上立足，风险较小，成功率高，是多数企业的首选。当企业意识到自己无力与强大的竞争者相抗衡，从而获得绝对优势地位时，可以根据自己的条件取得相对优势，即突出宣传自己与众不同的特色，在某些有价值的产品或服务上取得领先地位。例如，全球知名的网上书店亚马逊，它提供便捷的物流配送和良好的服务，成为网上书店的领先者。

（4）心理定位

心理定位是指企业从消费者需求心理出发、积极创造自己的特色、以自身最突出的优点来定位，从而达到使消费者心目中留下特殊印象和树立市场形象的目的：心理定位应贯穿于产品定位的始终，无论是初次定位还是重新定位，无论是对峙性定位还是回避性定位，都要考虑消费者的心理需求，赋予产品更新的特点和突出的优点。

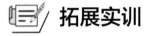 **本章小结**

本章主要介绍了跨境进口和出口电商市场环境分析、跨境电商网络消费者分析、跨境电商网络市场细分与目标市场定位的内容。跨境电子商务企业在互联网技术应用形成的全球网络市场条件下，通过信息的收集与分析了解消费者需求，按照一定的标准进行跨境电商网络市场细分，在细分的基础上定位目标市场，从而顺利地开展跨境电商网络营销活动。

拓展实训

跨境电商网络市场细分

【实训目的】

1. 能够对跨境电商主流平台品类中的一种产品进行跨境电商网络市场细分。
2. 定位跨境电商主流平台一种产品的目标地区市场和特定细分市场。
3. 根据定位的目标市场制订相应的营销计划。

【实训内容】

针对主流跨境电商平台上主营产品的一个品类，选择该品类中的一种产品进行跨境电商网络市场细分，列出跨境电商网络市场细分的依据并描述每个细分市场的特点等相关信息，再进行跨境电商网络目标市场的定位分析。

【实训步骤】

1. 组建 5~6 人的跨境电商网络市场分析团队，以速卖通平台为例，针对各个产品大类（女装服饰、手机配件、婴幼儿玩具、美容健康、办公用品等），分析产品特点。
2. 选择产品大类中的一个产品种类。
3. 选择适当的细分变量，对产品进行跨境电商网络市场细分，并描述各细分市场的特点，定位该产品的目标地区市场和特定细分市场。
4. 根据定位的目标市场制订相应的营销计划。
5. 分析调研结果，撰写总结报告，并完成表格。

产品大类	产品种类	产品特点	细分变量	目标地区市场	各细分市场的特点	特定细分市场	营销计划
总结							

复习思考题

一、名词解释

消费者市场、目标市场、AIO 架构、VALS 架构

二、简答题

1. 跨境电商网络市场产品定位与产品差异化之间有什么联系？
2. 跨境电商网络市场细分有哪些依据？

三、论述题

1. 跨境电商网络目标市场的定位策略有哪些？
2. 跨境电商网络目标市场定位的内容包括哪些方面？

第4章

跨境电商站内营销与推广

敦煌网运动户外卖家案例

Wendy 是敦煌网平台的资深卖家，深耕行业多年，在敦煌网户外品类经营方面拥有自己独特的运营心得。

在敦煌网大促活动中，Wendy 首先做的就是秒杀。秒杀产品的价格一般都是货真价实的 1~5 折的折扣，其直接把价格压低到 1 折，限量秒杀。秒杀当天的流量是平时流量的 10 倍。

秒杀是一个巨大的引流利器，有很多优势：首先，秒杀作为引流的模块，可以为店铺引入非常多的新买家流量；其次，库存积压的产品通过秒杀，可以得到有效的清理；最后，对于新品而言，可以帮助卖家率先抢占新品市场。爆品初期作为新品的时候，利润往往是最高的，通过秒杀可以在短时间内提升销量，从而提升产品排名。

通过秒杀，店铺获得了大量流量。流量过来之后，店铺是必须能承接、转化的。所以，Wendy 又通过以下两种方式来提升其他产品的转化。

① 设置店铺优惠。根据店铺成交客单价设置优惠券，提升关联产品的销量。

② 店铺开展限时限量折扣活动以主推部分产品。

通过上述一系列活动，Wendy 店铺在 2017 年 10 月到 11 月间，销售额增长 57%，订单量增长 72%。

案例来源：雨果网

阅读以上案例，请思考：
Wendy 独特的运营心得包括哪些方面？
答案要点：
1. 秒杀活动使店铺获得了大量流量。
2. 设置店铺优惠。根据店铺成交客单价设置优惠券，提升关联产品的销量。
3. 店铺开展限时限量折扣活动以主推部分产品。

4.1 跨境 B2B 网络营销平台

在跨境电商市场中，跨境 B2B 模式在整个跨境电商行业中的占位极其重要，扮演着支柱型产业的角色，且跨境 B2B 交易规模始终占据着整个跨境电商市场交易规模的 90%以上。B2B 平台的典型代表有阿里巴巴国际站、敦煌网、环球资源网。

▶▶ 4.1.1 阿里巴巴国际站平台营销与推广

1. 阿里巴巴国际站平台简介

阿里巴巴国际站成立于 1999 年，是阿里巴巴集团的第一个业务板块，现已成为全球领先的跨境贸易 B2B 电子商务平台。阿里巴巴国际站是帮助中小型企业拓展国际贸易出口营销推广服务的贸易平台，通过向海外买家展示、推广供应商的产品或服务，进而获得贸易商机和订单，它是出口企业拓展国际贸易普遍使用的网络平台之一。阿里巴巴国际站以数字化格局的技术与产品，重构跨境贸易全链路，精准匹配跨境贸易买卖双方业务需求，为客户提供数字化营销、交易、金融及供应链服务。

2019 年 1 月 18 日，阿里巴巴国际站发布了"新外贸操作系统"，如图 4-1 所示。这也是阿里巴巴赋能商业社会的最新承诺。阿里巴巴国际站通过数字化重构交易履约体系，旨在帮助商家在做跨境贸易时，像做内贸一样简单。阿里巴巴面对全球的消费者和商家群体，构建了一套以"数字化人货场"为内环、"数字化交易履约系统"为外环、"数字化信用体系"为纽带的三大全新矩阵布局。

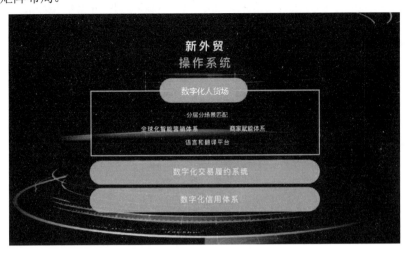

图 4-1　阿里巴巴国际站的新外贸操作系统功能

2. 阿里巴巴国际站营销——橱窗

（1）橱窗介绍

橱窗是阿里巴巴国际站的一个产品陈列板块。卖家将自己的主打产品设置为橱窗产品后，这些橱窗产品将在搜索结果页面中优先显示，同时将在企业网站首页的推广专区中重点展现。橱窗产品就是企业的主营产品，能比其他的产品得到更多曝光的机会。在排名系统里面，橱窗产品是优先排名的，只有信息质量高、客户喜好度高的产品才会排在前面。在橱窗的布局上，卖家一定要为每个橱窗设置不同的关键词，而每个橱窗产品都要覆盖最多的关键词。

橱窗产品在一定程度上可以定义为店铺主推产品。阿里巴巴国际站赋予橱窗产品搜索优先排名，即在同等匹配条件下，橱窗产品排在非橱窗产品前面，且卖家可以随时更换，自己掌握产品推广的主动权。

（2）橱窗操作

① 橱窗入口介绍。

入口一："My Alibaba"后台→"产品管理"→"管理橱窗产品"，如图 4-2 所示。

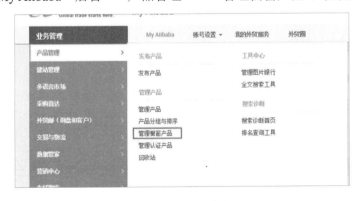

图 4-2　阿里巴巴橱窗入口一

入口二："My Alibaba"后台→"营销中心"→"橱窗"，如图4-3所示。

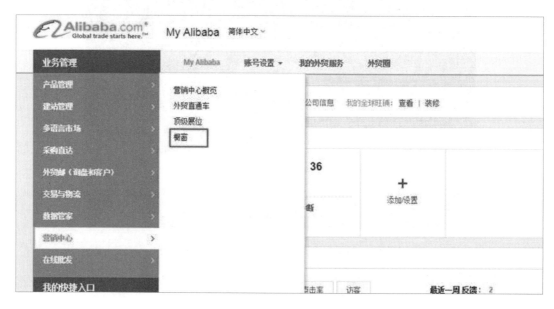

图4-3　阿里巴巴橱窗入口二

② 橱窗订单管理页面：只有主账号才有查看和开通橱窗的权限。

a. 待开通订单：查看未开通的橱窗订单，选择设置开通时间，如图4-4所示。

图4-4　待开通订单

注意：赠送的橱窗订单请务必在签约后90天内设置好开通时间，如未提前设置，系统将自动开通。

b. 待投放订单：已经设置开通时间，但还未开始服务，可以到"橱窗位设置"→"待投放订单"，提前进行橱窗产品的添加，如图4-5所示。

图 4-5　待投放订单

c. 服务中订单：目前正在服务中的橱窗订单，可以到"橱窗位设置"页面进行管理，也可通过服务结束时间及时了解订单到期时间，提前准备续签新订单或到"橱窗位设置"页面合理安排橱窗位排序，避免主推产品因橱窗位到期被下线，如图 4-6 所示。

图 4-6　服务中订单

d. 暂停服务订单：在原服务中的订单，由于某种原因暂时停止了服务，如需了解暂停原因或想要继续使用，请联系客户经理解决，如图 4-7 所示。如后台未找到"暂停服务订单"页面，表示您暂无暂停服务的橱窗订单。

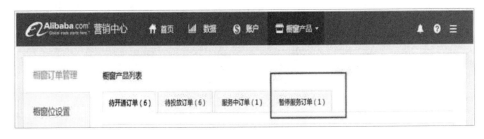

图 4-7　暂停服务订单

③ 自助开通橱窗：仅主账号有操作权限，如图 4-8 所示。

第一步：选择"橱窗订单管理"页面→"待开通订单"选项，查看需要开通的订单。

第二步：单击"开通"按钮，在下拉日期中选择开通日期，再单击"确认"按钮。

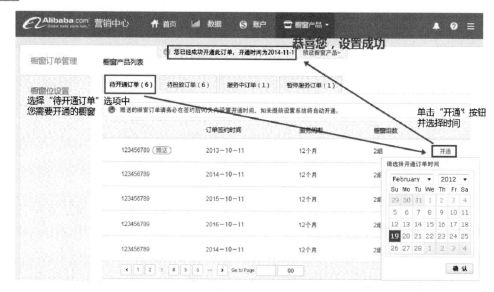

图 4-8　自助开通橱窗

（3）橱窗位设置页面介绍：只有管理员和制作员权限可以管理橱窗产品

① 待投放橱窗位：已经设置了开通时间的橱窗订单，在服务开始前，可以在"待投放橱窗位"页面，提前进行橱窗产品设置（此页面的橱窗产品，需要到开通时间才会展示在网站上），如图 4-9 所示。

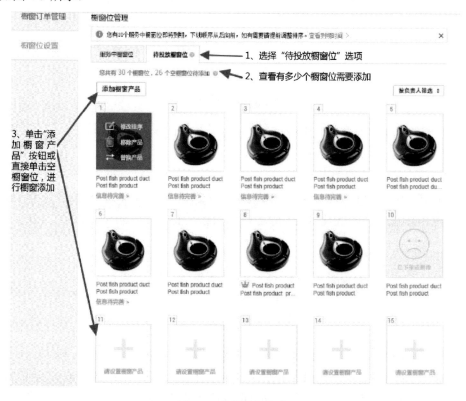

图 4-9　待投放橱窗位

进入"橱窗位设置"页面，选择"待投放橱窗位"选项，查看有多少个橱窗位需要添加，按提示数量准确添加；单击"添加橱窗产品"按钮，或直接单击空橱窗位进行橱窗产品添加。

② 服务中橱窗位：可对投放中的橱窗进行管理的各种操作，如图 4-10 所示。

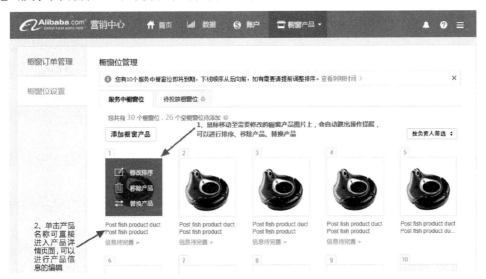

图 4-10 服务中橱窗位

鼠标移动至需要修改的橱窗产品图片上，可以进行排序、移除产品、替换产品；单击产品名称进入详情页面，可以进行产品信息的编辑。

③ 修改橱窗的展示顺序，如图 4-11 所示。

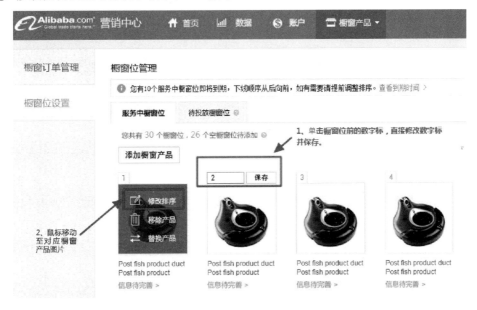

图 4-11 修改橱窗

④ 提升待完善的橱窗产品信息：系统根据各字段填写的内容对产品信息质量进行总体评估，如图 4-12 所示。

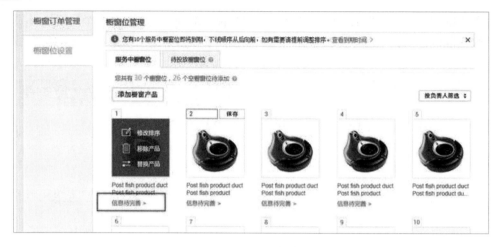

图 4-12　信息待完善页面

3.　阿里巴巴国际站营销——外贸直通车

（1）外贸直通车介绍

外贸直通车也称作 P4P（Pay For Performance），是阿里巴巴会员企业通过自主设置多维度关键词，免费展示产品信息，通过曝光大量产品来吸引潜在买家，并按照点击付费的网络推广方式。

（2）外贸直通车操作流程

外贸直通车的基本操作流程为：选品→选词→出价→完成。

第一步：选择想要推广的产品。

① 选择"营销中心"→"外贸直通车"→"工具"→"推广产品设置"选项，如图 4-13 所示。

图 4-13　推广产品设置

② 将"新增产品默认：暂不推广"，修改为"新增产品默认：加入推广"，这样后期发布的产品会自动加入推广，不用再手动添加产品了，如图 4-14 所示。

图 4-14　加入推广产品设置

③ 按类目逐个筛选，勾选要推广的产品，单击"加入推广"按钮，如图 4-15 所示。

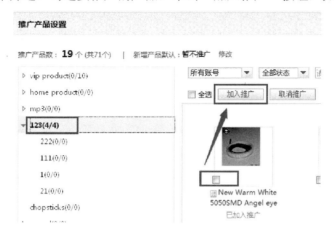

图 4-15　按类目加入推广

第二步：选择合适的关键词进行添加。

① 选择"工具"下面的"关键词工具"选项，如图 4-16 所示。

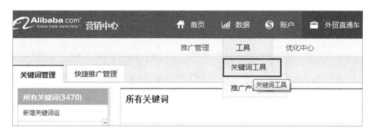

图 4-16　关键词工具

② 通过"系统推荐""搜索相关词""批量加词"中任何一种方式，选择想要推广的关键词，如图 4-17 所示。例如，使用"系统推荐"功能，从系统推荐的关键词中找到想要推广的词，在关键词前面的方框中打"√"，再单击"选择"按钮即可。

图 4-17　选择关键词

第三步：对关键词出价，竞争有力排名。

在出价页面对关键词进行价格调整，选择对应关键词的价格，对于3～5星关键词输入想要出的价格或直接点选想要排在第几名，然后单击"确定"按钮，如图4-18所示。

对于1～2星关键词可以选择一个同行均价，或者保持系统默认（底价+0.1），单击"确定"按钮，如图4-19所示。

图4-18　3～5星修改价格　　　　　　　　　图4-19　1～2星修改价格

第四步：单击页面右下角的"完成"按钮，出现"加词成功"，整个推广建立完成，如图4-20所示。

图4-20　加词成功

▶▶ 4.1.2 敦煌网平台营销与推广

1. 敦煌网简介

敦煌网创建于2004年，敦煌网CEO是创始人王树彤。B2B在线交易平台于2005年正式上线，致力于帮助我国中小型企业通过跨境电商平台走向全球市场。敦煌网是我国首家为中小型企业提供B2B网上交易服务的网站，为国外众多的中小采购商有效提供采购服务的全天候国际网上批发交易平台。敦煌网采取佣金制，只在买卖双方交易成功后收取费用。2019年2月20日起敦煌网对新注册的卖家开始收取平台使用费。

敦煌网开创了DHgate小额B2B交易平台，打造了外贸交易服务一体化平台DHport，为优质企业提供了直接对接海外市场需求的通路，率先为传统贸易线上化提供从金融、物流、支付、信保到关、检、税、汇等领域的一站式综合服务。

2. 敦煌网营销的步骤

第一步：登录敦煌网进入"我的 DHgate"，选择"推广营销"下拉菜单中的"促销活动"选项，进入"平台活动"列表页查看当前活动。选择自己感兴趣的活动，点"查看详情"查看活动详细信息，如图 4-21 所示。

图 4-21　敦煌网促销活动

第二步：查看完活动详细信息后，如果想要参加活动，单击"我要报名"按钮或在活动列表页开始报名，如图 4-22 所示。

图 4-22　我要报名

第三步：等待系统载入产品，系统会按照活动要求筛选产品，然后把符合活动要求的产品载入，如图 4-23 所示。

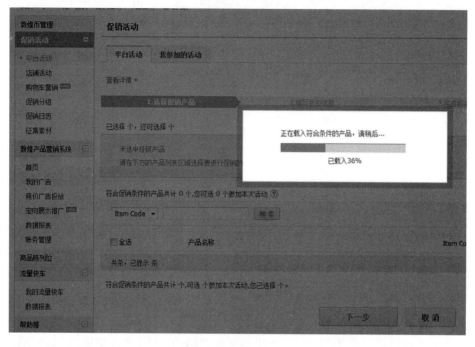

图 4-23　等待载入

第四步：选择要报名的产品，选择完后单击"下一步"按钮提交，如图 4-24 所示。

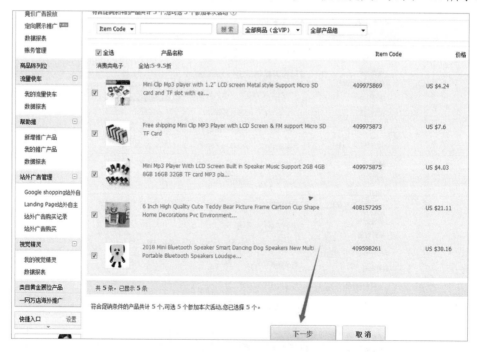

图 4-24　选择要报名的产品

第五步：设置产品折扣，设置完成后单击"提交"按钮提交折扣信息，完成报名，如图 4-25 所示。

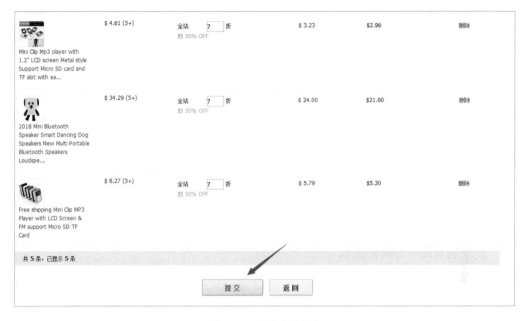

图 4-25　设置产品折扣

第六步：查看已报名的活动，如图 4-26 所示。

促销活动				
平台活动　我参加的活动				
活动名称	活动时间	产品数	全部状态 ▼	报名状态
7.24-7.31首页轮播第三针3C全品类综合促销	2018-07-24 16:00 — 2018-07-31 15:59	1	未开始	查看状态
7月投影促销活动	2018-07-17 00:00 — 2018-07-30 23:59	1	进行中	查看状态
7.10健康美容独立日促销活动	2018-07-10 16:00 — 2018-07-17 15:59	1	已结束	查看状态

图 4-26　查看已报名的活动

查看/管理报名产品的审核状态：当报名产品处于待审核状态时，可以取消报名该活动的产品。

4.2　跨境 B2C 网络营销平台

B2C 类跨境电商企业所面对的最终客户为个人消费者，即 B2C 类跨境电商企业以网上零售的方式，将产品售卖给个人消费者，并且 B2C 类跨境电商在我国整体跨境电商市场交易规模中的占比不断升高。未来，B2C 类跨境电商市场将迎来大规模增长。

▶▶ 4.2.1 全球速卖通平台营销与推广

1. 全球速卖通平台简介

全球速卖通（AliExpress），2010 年 4 月正式上线，是阿里巴巴旗下面向全球市场打造的跨境电商平台，也是帮助中小型企业接触终端批发零售商、小批量多批次快速销售、拓展利润空间，而全力打造的融合订单、支付、物流于一体的外贸在线交易平台。发展初期，速卖通主要以 C2C 为主，个人也可以注册开店，被广大卖家称为"国际版淘宝"。2014 年，阿里巴巴在美国上市，之后启动了国际化战略。速卖通开始"亮剑"跨境电商领域。在 2016 年收购东南亚电商平台 Lazada 之后，流量迅速上升，目前已经成为世界第三大跨境电商平台。速卖通适合跨境新人，尤其是产品特点符合新兴市场的卖家，产品有供应链优势、价格优势明显的卖家，最好是工厂直接销售。

除此之外，速卖通联合菜鸟设立海外仓，将货品送到消费者家门口。从海外仓出发，欧洲地区一半的市场可以实现包裹 72 小时内送达。

2. 全球速卖通平台营销活动

在速卖通平台上，有限时限量折扣、全店铺打折、全店铺满立减、店铺优惠券等营销活动。

（1）限时限量折扣

限时限量折扣主要是由卖家自主选择活动商品和活动时间，设置促销折扣及库存量的店铺营销工具。利用不同的折扣力度推新品、造爆品、清库存，非常好用。它的优点是可以在商品主图显示折扣标识，在买家搜索页面额外曝光，并能在买家购物车和收藏夹显示折扣提醒。

需要填写的内容有活动名称、活动开始时间、活动结束时间，这里的所有时间都是美国太平洋时间。促销时间建议持续一周，商品数量为 20 个左右。

操作步骤如下。

第一步：登录速卖通卖家中心，进入后台页面，选择"营销活动"选项，如图 4-27 所示。

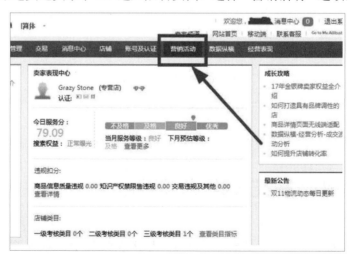

图 4-27 全球速卖通营销活动

第二步：选择"营销活动"中的"店铺活动"选项，进入活动选项页面，如图 4-28 所示。

图 4-28　店铺活动

第三步：在"限时限量折扣"选项下，单击"创建活动"按钮，如图 4-29 所示。

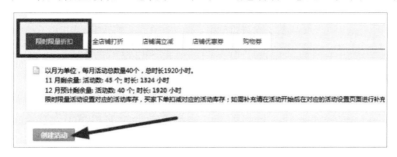

图 4-29　限时限量折扣创建活动

第四步：填写活动基本信息，包括活动名称和活动时间，填写完毕后单击"添加商品"按钮，如图 4-30 所示。

图 4-30　限时限量折扣的活动基本信息

第五步：选择商品，然后设置折扣率、活动库存及限购数量，如图 4-31 所示。

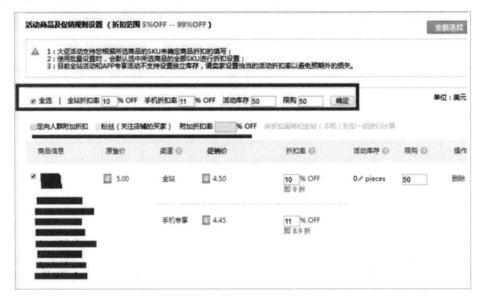

图 4-31　设置折扣率、活动库存及限购数量

第六步：填写完以上信息并确认无误之后，单击"保存"按钮。

（2）全店铺打折

全店铺打折是一款可根据商品分组对全店商品批量设置不同折扣的打折工具，这款工具可帮助卖家在短时间内快速提升流量和销量。根据不同分组的利润率设置不同的折扣力度，还能在买家购物车和收藏夹中进行有折扣提醒，让商品更易出单。

一键打折、全店商品打折，可以说是新店铺提升的利器。需要填写的内容是活动名称、活动开始时间、活动结束时间和各组的折扣。这里说的所有时间仍然都是美国太平洋时间。这里出现的"Other"组，包含所有未进入营销分组的商品。

操作步骤如下。

第一步：选择"营销活动"下面的"全店铺打折"选项，单击"营销分组设置"按钮，如果店铺已经设置好了，则跳过，如图 4-32 所示。

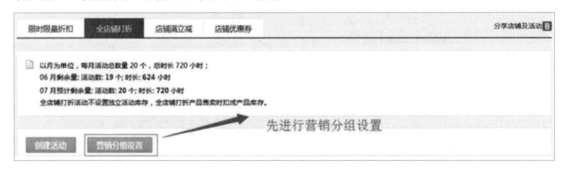

图 4-32　全店铺打折

第二步：在营销分组里按图 4-33 所示，单击"新建分组"按钮，然后命名好分组名称，单击"组内产品管理"按钮进行产品添加。

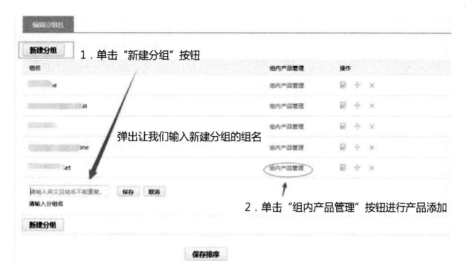

图 4-33　分组与管理

第三步：在"组内产品管理"中我们单击"添加产品"按钮，选择需要分到新建分组的产品，接着单击"确定"按钮就可以将其添加到新建分组中了，如图 4-34 所示。

图 4-34　添加产品

第四步：返回"营销活动"中的"全店铺打折"，单击"创建活动"按钮，如图 4-35 所示。

图 4-35　创建活动

第五步：将"活动基本信息"和"活动商品及促销规则"中的内容填写完整，这里需要注意的是时间只能是设置 24 小时之后的时间，如图 4-36 所示。

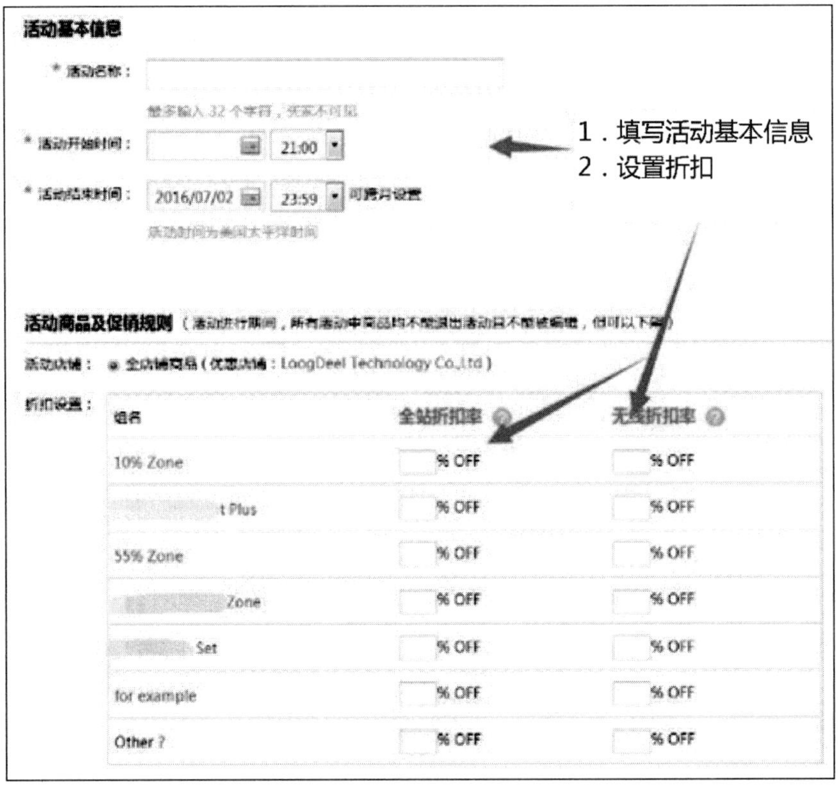

图 4-36 全店铺打折的活动基本信息

第六步：设置好的店铺营销活动将会展现在"全店铺打折"中，活动开始之前 12 小时系统才会进行活动锁定操作，所以在这 12 小时之前的时间内都可以对商品进行删除和信息修改。

（3）店铺满立减

店铺满立减是在卖家设置的商品本身单价的基础上，设置"订单满多少元，系统自动减多少元"的促销规则，可刺激买家消费更多的金额。而卖家可以在每款商品的下面，搭配一些关联商品，这样在买家想凑足满减金额时，可以起到一个推荐的便利作用。搜索页面可显示满立减标志，店铺首页也具有明显标识，吸引和刺激买家下单。

这个活动是提升客单价的利器，可以刺激买家购买更多的商品。这个规则是免费使用的，每月 10 个活动，总时长 720 小时。创建 24 小时后开始活动，从创建活动到活动开始前 12 小时，这段时间为"未开始"状态，此时是可以对商品进行编辑和下架的；活动开始前 12 小时就是"等待展示"阶段了，这 12 小时直到活动结束，都是不能对商品进行编辑和下架的。

操作步骤如下。

第一步：创建部分商品满减活动。登录"我的速卖通"，单击"营销中心"按钮。在"店铺活动"中选择"店铺满立减"选项，单击"创建活动"按钮。在"活动类型"中选择"商品满立减"选项。每月总共可创建 10 个活动,如图 4-37 所示。

图 4-37 店铺满立减

第二步:填写满立减活动的活动基本信息,如图 4-38 所示。

图 4-38 满立减活动的活动基本信息

在"活动名称"一栏内填写对应的活动名称,买家端不可见。在"活动开始时间"和"活动结束时间"内设置活动对应的开始时间、结束时间。同一个时间段内(从活动开始时间到活动结束时间)只能设置一个满立减活动(含全店铺满立减、商品满立减)。

第三步:设置活动商品及促销规则,如图 4-39 所示。

图 4-39 设置活动商品及促销规则

设置"活动类型":选择"商品满立减"选项,即设置活动的部分商品的满立减活动,订单金额包含商品价格(不包含运费),限时折扣商品按折后价参与。

设置"选择商品":针对"商品满立减"活动需要"添加商品",每次活动最多可以选择200件商品,选择添加商品页面如图4-40所示。

图 4-40　添加商品

日前,可以支持通过商品名称、商品分组、商品负责人、到期时间搜索对应的商品。选择商品后,商品数会在选择栏的右下角进行展示。

设置"满减条件":目前的满减条件支持类型"单层级满减"和"多梯度满减"。

选择"单层级满减"选项,需要设置单笔订单金额条件及立减条件,该类型的满减可以支持优惠累加的功能(即当促销规则为满100减10时,则满200减20、满300减30,依此类推,上不封顶),如图4-41所示。

图 4-41　单层级满减

选择"多梯度满减"选项，至少需要设置两个梯度的满立减优惠条件，最多可以设置三个梯度的满立减优惠条件，如图 4-42 所示。

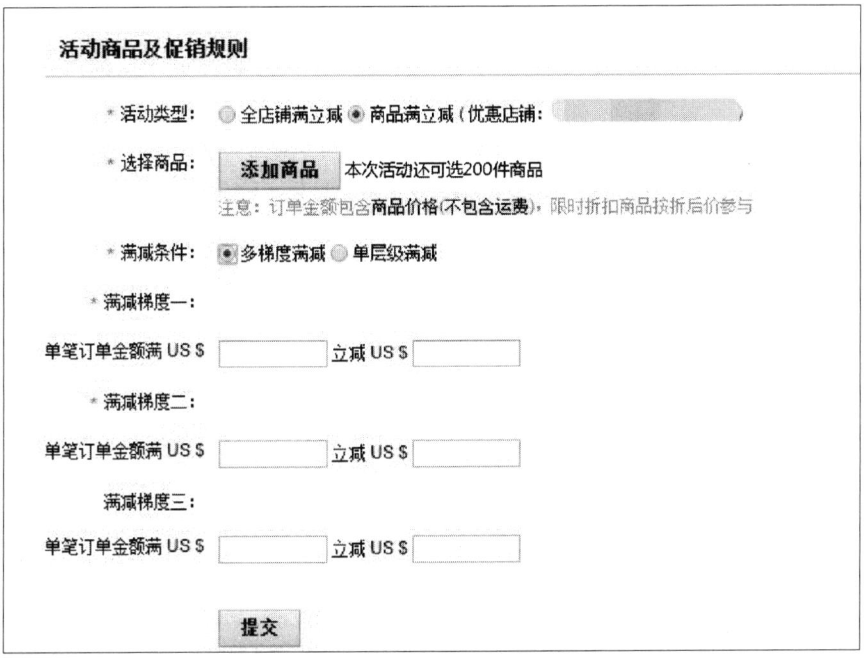

活动商品及促销规则

* 活动类型：　○ 全店铺满立减　● 商品满立减（优惠店铺：　　　　　　　）

* 选择商品：　　**添加商品**　本次活动还可选 200 件商品
　　　　　　　注意：订单金额包含**商品价格（不包含运费）**，限时折扣商品按折后价参与

* 满减条件：　● 多梯度满减　○ 单层级满减

* 满减梯度一：

单笔订单金额满 US $ ［　　　　　　］　立减 US $ ［　　　　　　］

* 满减梯度二：

单笔订单金额满 US $ ［　　　　　　］　立减 US $ ［　　　　　　］

满减梯度三：

单笔订单金额满 US $ ［　　　　　　］　立减 US $ ［　　　　　　］

提交

图 4-42　多梯度满减

多梯度满减是指不同优惠比例的阶段性满减活动，即设置时需要满足以下两个要求：第一个要求是后一个梯度的订单金额必须大于前一个梯度的订单金额；第二个要求是后一个梯度的优惠力度必须大于前一个梯度的优惠力度。

例如，满减梯度一设置的为满 100 美元立减 10 美元（即 9 折），则满减梯度二设置的单笔订单金额必须大于 100 美元，假设设置为 200 美元时，则设置对应的立减金额必须大于等于 21 美元（即最大为 8.95 折）。

第四步：确认提交活动。

（4）店铺优惠券

店铺优惠券是卖家自己设置优惠金额和使用条件，买家领取后在有效期内使用的优惠券，可以刺激新买家下单和回头客购买，提升购买率及客单价。同一个时间段内可设置多个店铺优惠券活动，满足不同购买力买家的需求，从而获得更多订单。平台邮件可直接将优惠券推荐给买家。

店铺优惠券可免费使用，每月 30 个活动。创建 48 小时后开始活动，从创建活动到活动开始前 24 小时，这段时间为"未开始"状态，此时是可以对商品进行编辑和下架的。活动开始前 24 小时就是"等待展示"阶段了，这 24 小时直到活动结束，都是不能对商品进行编辑和下架的。

店铺优惠券分为领取型优惠券、定向发放型优惠券、金币兑换优惠券、秒抢优惠券、聚人气优惠券 5 种形式。

以领取型为例，操作步骤如下。

第一步：登录"我的速卖通"，选择"营销活动"→"店铺活动"→"店铺优惠券"选项，如图 4-43 所示。领取型优惠券可以在各种渠道发放，买家获取后到店购买使用，这是卖家引流、转化、拉新的有效手段。

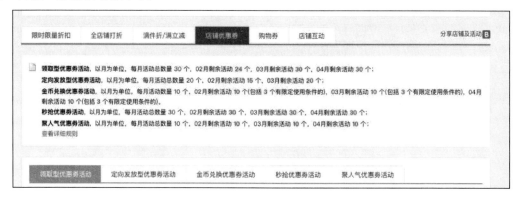

图 4-43 店铺优惠券

第二步：单击"添加优惠券"按钮，进行活动设置。

第三步：设置活动基本信息，如图 4-44 所示。

图 4-44 店铺优惠券的活动基本信息

① 可以根据不同会员等级设置优惠券。

② 优惠券使用范围可以选择全店商品，也可以圈选部分商品。

③ 优惠券活动时间为美国太平洋时间。

第四步：优惠券信息设置，如图 4-45 所示。

第五步：单击"确认创建"按钮，即完成活动创建。

定向发放型优惠券主要发放给曾在自己店铺消费过或曾将店铺商品加入购物车的消费人群，该优惠券的特点在于有的放矢，转化率很高，"直接发放型"和"二维码发放型"是定向发放型优惠券的主要形式。

金币兑换优惠券用于 AliExpress App 的无线金币频道。AliExpress 的无线金币频道是目前手机 App 上的高流量、高黏度频道。频道中包括了各类的游戏玩法和红包优惠，吸引着全球买家定期的回访和后续的转化。

秒抢优惠券：这种优惠券的特点是由平台发起、卖家参与的，优惠券不会在店铺中显示，只能在平台上领取，通过大金额的优惠活动来吸引买家。

聚人气优惠券：这种优惠券的特点是通过卖家传播获得新流量。同样，也是由平台发起、卖家参与的。

金币兑换优惠券、秒抢优惠券和聚人气优惠券这 3 种优惠券统称为互动型优惠券。

图 4-45 优惠券信息设置

4.2.2 亚马逊平台营销与推广

1. 亚马逊平台简介

亚马逊（Amazon），是美国最大的一家电子商务公司，成立于 1995 年，位于美国华盛顿州的西雅图。亚马逊是最早基于互联网进行网络电子商务的公司之一，其最初的定位是网络书店和网上销售音像制品，1997 年转型成为综合性网络零售商。亚马逊在推广跨境电商时采取的方式是收购或自建本土化网站进入国外市场；同时，在世界各地推出全球开店业务，目标直指全球范围内的采购和销售。在全球范围内，亚马逊是对卖家要求最高的跨境电商平台，它不仅要求卖家的产品质量必须有优势，而且还必须有品牌，手续也比速卖通等平台复杂。亚马逊鼓励消费者自主购物，将消费者对于售前客服的需求降至最低，这就要求卖家必须提供非常详细、准确的产品详情和图片。

亚马逊支持货到付款，并且拥有自己的付费会员群体 Amazon Prime。2018 年 5 月 11 日，亚马逊包年会员费从之前的 99 美元上调到 119 美元，Amazon Prime 享受免运费 2 日送达服务（个别商品除外），还能够通过亚马逊观看海量电影和电视剧并享受 Kindle（由亚马逊设计和销售的电子阅读器）电子书资源服务。根据 CIRP（Consumer Intelligence Research Partners）的统计，93% 的会员表示对服务质量感到满意，并打算继续使用该服务。这个庞大的会员群体主要为国外的高端消费者群体，他们是亚马逊最具有价值的消费者。

2. 亚马逊营销

（1）黄金购物车

亚马逊中的"Buy Box"是每一位卖家都想要抢占的黄金购物车，位于亚马逊产品详细信息页面右侧的部分，消费者可以将产品添加到购物车或立即购买，如图 4-46 所示。

图 4-46　黄金购物车

亚马逊上的每一种产品都有自己的产品详细信息页面，其中可能包含来自不同卖家的相同产品。对于亚马逊卖家而言，这意味着在亚马逊的产品页面上获得可见性是一项重大的挑战。当买家点击"Add to Car（添加到购物车）"按钮时，他们只会从一个卖家那里购买，并且是获得购物车的卖家。

黄金购物车主要有以下四点优势。

第一点：黄金购物车，买家可以最直观地看见，另外就是一个权威性的表现，就好像是亚马逊的一个标志。

第二点：大家都知道，黄金购物车是亚马逊对于卖家的肯定，所以不知不觉就产生了信任。

第三点：移动端有购物车就会更加有优势，现在很多都是移动端的消费者，所以购物车就显得更加重要了。

第四点：赢得购物车，能够获得更多的订单。

（2）亚马逊营销推广策略

① 做好产品的前期准备。亚马逊营销推广策略，第一步是需要在新品上架之后做好推广的前期准备，尤其是 Listing 的优化：标题、五点描述、关键词和图片这四个要素是一个都不能少的。

标题要突出重点，把主要关键词嵌入标题，避免多余、重复、累赘，如果产品是品牌商品，可以把品牌名称放在第一位；关于五点描述，一定要突出产品最重要的几个亮点，并在语句通顺的前提下尽量将关键词糅合在一起；图片的选取要恰当，主图要符合亚马逊平台的要求，也要做到醒目，让消费者能够通过图片了解产品的功能、特点等。

② 使用亚马逊 FBA 发货。亚马逊营销推广策略，第二步是使用亚马逊 FBA 发货。因为使用 FBA 发货，可以增加 Listing 的曝光，吸引更多的 Prime 流量。亚马逊还会针对送货速度来决定优先展示谁的 Listing。所以使用 FBA 发货，产品的关键词搜索权重会加大，能够提高 Listing 的排名，帮助获得黄金购物车，提高客户的信任度。

③ 确定推广的主要关键词。确定亚马逊营销推广的主要关键词，并在亚马逊站内做 SEO 排名优化。卖家可以通过在亚马逊上进行搜索获得相关关键词的推荐，或者查看同类产品的标题 Review、类目；使用关键词挖掘工具挖掘关键词，通过这些渠道挖掘出来的关键词可以借鉴。

④ 站内 PPC 付费广告推广。站内 PPC 付费广告作为站内排名第一的付费流量来源，一直都是亚马逊新品推广中迅速争取曝光量、累积关键词的有效途径。在新品上架后，根据关键词开始投放 PPC 广告，而当产品进入稳定期后，通过 PPC 广告带来的大量访问，不仅可以帮助卖家获得客观的利润，还能因为 PPC 带来的点击和订单，提升站内排名。

关键词的匹配程度、Listing 的匹配程度、Listing 的表现都会影响广告的效果，卖家一方面通过付费广告直接获取订单和流量，另一方面需要根据广告的表现来调整 Listing。

⑤ 合理利用 EDM 邮件营销。亚马逊 EDM 邮件营销是营销推广非常好用的一个手段，也是大卖家常用的手段。因为国外的客户都喜欢用邮件沟通，所以精准收集客户的邮箱，然后撰写一封高效的新品开发信，让潜在客户被邮件中的新品所吸引，才能最大限度发挥邮件营销的作用。当然，小卖家也要多学习掌握好发邮件的时间、标题、内容等技巧，这样才能更好地提高新品的曝光和销量。

⑥ 使用各大社交平台引流。亚马逊站外推广可使用的社交平台比较多，如大家所熟知的 YouTube、Twitter、Instagram、Pinterest、Reddit 和 LinkedIn 等平台。

知识拓展：

1. Listing

简单来说，Listing 就是一个产品页面，一件商品一个页面。亚马逊产品的 Listing 包含六大要素，即产品标题、产品图片、产品主要功能及特征、产品描述、产品评论、产品评级。

2. Review

Review 是指亚马逊的消费者对卖家产品的 Listing 做出的评价，不过 Review 的评价也不是消费者可以随便乱写的，因为 Review 只针对产品本身，与服务水平和发货时效、物流配送等方面的问题无关。亚马逊的任何消费者都可以对自己感兴趣的 Listing 发表 Review。

3. PPC

PPC 是英文 Pay Per Click 的缩写形式，中文意思就是点击付费广告。点击付费广告是大公司最常用的网络广告形式。

▶▶ 4.2.3 eBay 平台营销与推广

1. eBay 平台简介

eBay（中文名为电子湾、亿贝、易贝）是全球化的电商平台之一，是可以让全球民众在网上购买物品的线上拍卖及购物网站。eBay 于 1995 年 9 月 4 日由 Pierre Omidyar（皮埃尔·奥米迪亚）以 Auctionweb 的名称创立于美国加利福尼亚州圣荷西。Auctionweb 是 eBay 的前身。eBay 的创立最初是为了帮助创始人奥米迪亚的未婚妻交换皮礼士糖果盒。

eBay 操作比较简单，投入不大，适合有一定外贸资源的卖家入驻。

2. eBay 营销——打折工具

（1）操作步骤

第一步：登录卖家账号，进入 eBay 店铺的后台操作中心，我们可以看到在左侧栏的位置有打折工具，如图 4-47 所示。

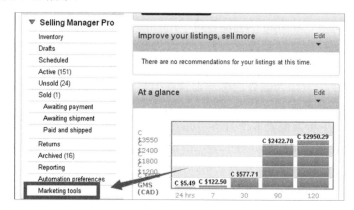

图 4-47　打折工具

第二步：选择"Marketing tools"选项之后，左侧栏有"Item Promotion"选项，在"Item Promotion"选项下面，选择"Markdown Manager"选项，单击"Creat Sale"按钮，开始创建活动，如图 4-48 所示。

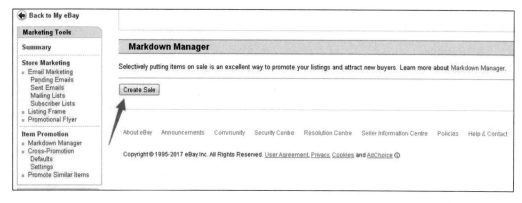

图 4-48　创建活动

第三步：开始设置活动标题和活动开始时间、结束时间，以及折扣力度，如图 4-49 所示。

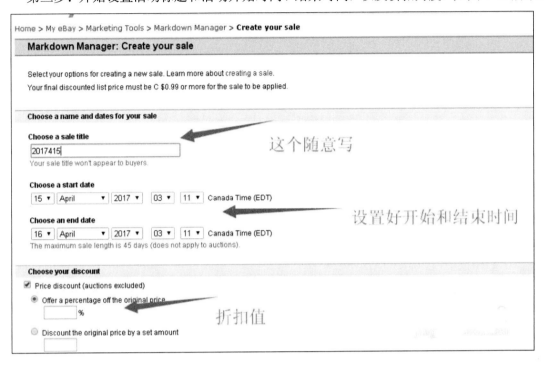

图 4-49 设置信息

设置促销折扣有两种方式：第一是"Off"百分比（例如 Off 设置为 60%，则商品的实际价格为售价×40%）；第二，设置具体折扣价格（例如折扣价格设置为 60 美元，则商品的实际价格为售价-60 美元）

第四步：添加产品。eBay 提供了 3 种模式：第一种是按照一个类目添加所有产品；第二种是所有固定价链接；第三种是包邮的拍卖链接。我们可以按图 4-50 所示的方法添加产品。

图 4-50 添加产品

第五步：当添加完产品之后，单击"Creat your sale"按钮进行确认，如图 4-51 所示。

图 4-51　确认

（2）eBay 自带捆绑促销工具

① 折扣促销，如图 4-52 所示。

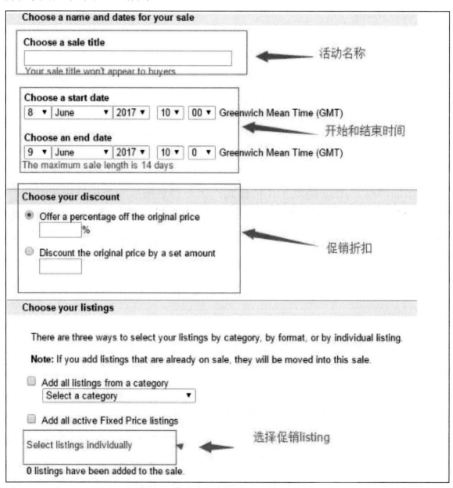

图 4-52　折扣促销

② 捆绑折扣，如图 4-53 所示。

图 4-53　捆绑促销

▶▶ 4.2.4　Wish 平台营销与推广

1. Wish 平台

Wish 是随着移动互联网的发展而诞生的，和其他电商平台最大的区别在于 Wish 是基于移动端 App 的运用，买家都是通过移动端浏览和购买商品的。Wish 于 2011 年 12 月创立于美国旧金山硅谷，起初是一个类似于蘑菇街的导购平台，公司的创始人是 Peter Szulczewski 和 Danny Zhang（张晟）。2013 年 5 月，Wish 在线交易平台正式上线，同年 6 月推出移动端 App，当年年经营收益就超过了 1 亿美元。

Wish 平台的卖家上传商品是免费的，只有在交易成功后需要向平台支付一定比例的佣金，整个过程非常简单。Wish 没有比较功能，因此价格在 Wish 平台上不是最敏感的，其规则与其他平台有很大的不同，后期流量主要取决于产品的优化和客服质量。

2. Wish 营销——ProductBoost

ProductBoost（简称 PB）是 Wish 平台推出的结合商业端数据与后台算法，增加产品曝光与流量的工具。简而言之，PB 就是让你的产品更多地被展示给潜在消费者。事实表明，参加 PB 的卖家，平均每个卖家都获得了 39% 的销售提升，在销售提升最高的一周，花费 1 美元可以获得 11.13 美元的销售额提升，提升效果非常明显。

操作步骤如下。

第一步：在菜单里选择"ProductBoost"下面的"创建活动"选项，如图4-54所示。

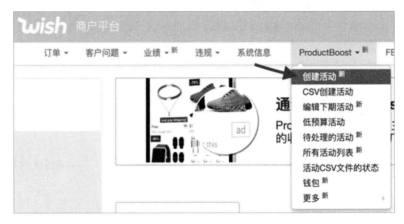

图4-54　创建活动

第二步：填写"活动基础"的信息，如图4-55所示。在这里可以编辑活动名称和活动的起止时间，活动页面自动选择"自动更新"，活动类型选择"智能版"或"常规版"。这里以选择"智能版"为例。

图4-55　创建"智能版"活动

第三步：选择参加推广的产品，卖家可以通过产品的ID/SKU或产品名称来编辑。一次活动最多可选择200个活动产品，如图4-56所示。

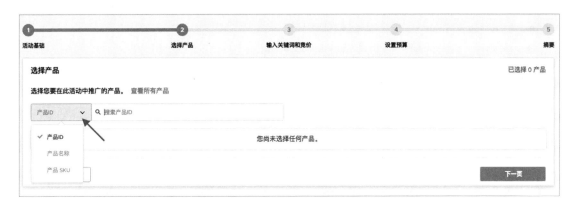

图 4-56　选择产品

第四步：根据产品的特性和卖家的预期设定本次活动的预算。系统会根据产品的特性自动建议最低预算，如图 4-57 所示。

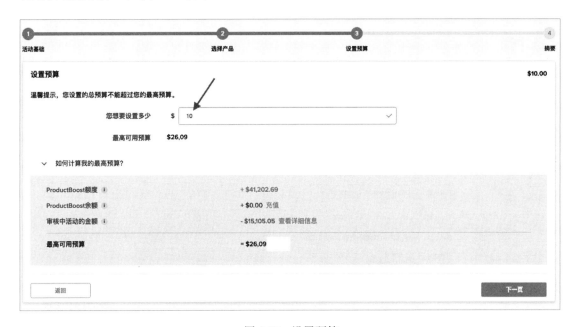

图 4-57　设置预算

第五步：在活动摘要页面再次确定本次活动的要素，即产品、活动时间、预算，确认无误后单击右下角的"保存活动"按钮，如图 4-58 所示。

如果活动类型选择"常规版"，在第三步中输入关键词和竞价，其他步骤同"智能版"的操作一样，如图 4-59 所示。

1
活动基础
2
选择产品
3
设置预算
4
摘要
摘要
查看活动详情。保存后，您的活动将被安排在04/07/2019开始。您可以在活动开始前对其编辑或取消。
活动名称 Ad_04/05/2019
开始日期 04/07/2019
截止日期 04/14/2019
自动更新 启用
活动类型 智能版
总预算 $15.00
产品
返回
保存活动

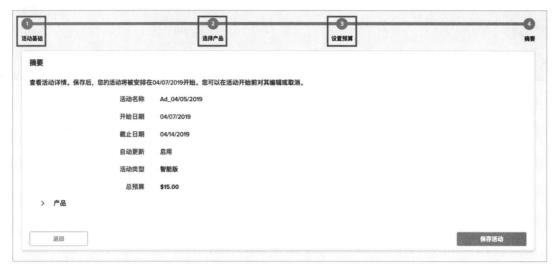

图 4-58 保存活动

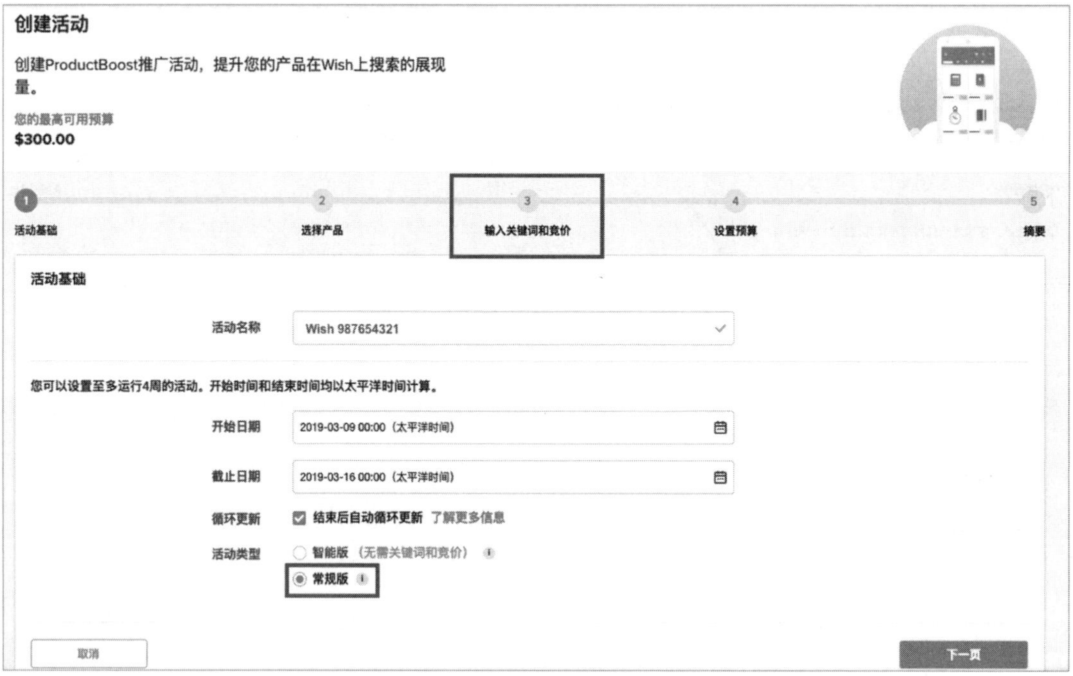

创建活动
创建ProductBoost推广活动，提升您的产品在Wish上搜索的展现量。
您的最高可用预算
$300.00
1
活动基础
2
选择产品
3
输入关键词和竞价
4
设置预算
5
摘要
活动基础
活动名称 Wish 987654321
您可以设置至多运行4周的活动。开始时间和结束时间均以太平洋时间计算。
开始日期 2019-03-09 00:00（太平洋时间）
截止日期 2019-03-16 00:00（太平洋时间）
循环更新 结束后自动循环更新 了解更多信息
活动类型 智能版（无需关键词和竞价）
常规版
取消
下一页

图 4-59 创建“常规版”活动

本章小结

本章主要阐述了 B2B 和 B2C 跨境电商网络平台操作，分别介绍了 B2B 阿里巴巴国际站、敦煌网和 B2C 全球速卖通、亚马逊、eBay 和 Wish 的平台营销工具与营销推广。

拓展实训

阿里巴巴国际站的外贸直通车操作

【实训目的】

能够独立完成阿里巴巴国际站的外贸直通车操作。

【实训内容】

1. 选择想要推广的产品。
2. 选择合适的关键词进行添加。
3. 对关键词出价，竞争有力排名。
4. 完成加词成功。

【实训步骤】

1. 营销中心→外贸直通车→推广产品设置→加入推广。
2. 勾选要推广的产品，选择加入推广。
3. 通过系统推荐，选择要推广的关键词。
4. 对关键词进行价格调整，单击对应关键词的价格。
5. 单击"完成"按钮，出现加词成功。

复习思考题

一、名词解释

B2B、P4P、B2C

二、简答题

1. 全球速卖通平台自主营销活动有哪些？
2. eBay 有哪些自带捆绑促销的推广工具？

三、论述题

你想选择一个跨境电商平台开立一个跨境电商店铺，请回答以下问题。

1. 请简要介绍你了解的跨境电商平台有哪些，说出它们的不同点。
2. 你会选择在哪个平台上开立你的店铺？请简要说明理由。
3. 你会选择什么主营产品？请说明为什么选择这个产品。

第5章

跨境电商站外营销与推广

章节目标

1. 熟悉社会化媒体营销的定义、搜索引擎营销的定义、电子邮件营销的定义。
2. 掌握社会化媒体营销的策略。
3. 了解搜索引擎的工作原理。
4. 掌握搜索引擎营销的常用手段。
5. 了解电子邮件营销的优势。
6. 知道其他站外营销推广方式。

学习重点及难点

学习重点：掌握多种站外营销方式。
学习难点：能够运用多种站外营销方式开展跨境电商网络营销活动。

引例

甲骨文——让市场营销人员受惠于全球成长最快速的社交媒体平台

为了让市场营销人员在全球成长最快速的社交媒体平台之一——微信（WeChat）上迅速有效地针对目标客户进行互动和维护关系，甲骨文 2017 年 9 月 27 日宣布，将 Oracle 营销云（Oracle Marketing Cloud）中的 Oracle Eloqua 与微信的公众平台（包括订阅号、服务号和小程序）接口进行集成。基于微信公众平台所提供的开放接口能力，甲骨文进行了进一步的整理和设计，从而能够让企业的市场营销人员在我国和世界其他国家利用 Oracle Eloqua 丰富的活动策划、实施和互动功能在微信的公众平台上与用户进行互动，从而打造互联网时代的个性化体验。

微信是我国的主流社交媒体平台，拥有数十亿名用户，并且已经有大量的品牌和企业进驻微信的生态圈，通过订阅号、服务号和小程序来与用户进行互动。新的整合能够让全球性组织和地区性企业更好地了解微信的生态体系，从而提高与用户互动的效率，塑造良好的品牌形象。市场营销人员可以借助此集成产品，在活动策划时将微信公众号纳入其传播渠道，并且在 Oracle Eloqua 的活动管理界面直接向目标受众（即公众号的关注者）发送相关的个性化消息。市场营销人员还可以在微信上使用 Oracle Eloqua 内置的报告和分析功能，来衡量活动是否成功。此外，甲骨文还将深化与面向企业用户的企业微信（Wechat@Work）的整合，进一步提升其在软件服务领域的实力。企业微信作为一款专注于企业内的协同沟通工具，继承了良好的使用体验和丰富的协同办公能力。此次整合将为用户带来巨大的价值和创新，助力其加速现代化商业进程。

案例来源：环球网

阅读以上案例，请思考：
Oracle 营销云与微信公众平台的接口集成能够在哪些方面帮助市场营销人员？
答案要点：
1. 高效地与用户互动：全球市场营销团队能够向一个或多个微信公众平台（包括订阅号和服务号）发送消息，实现与全球各地用户的有效互动。
2. 形成完善的用户体验闭环：市场营销人员可以通过微信平台提供的开放 API，形成更完善的用户洞察，从而对用户有更全面的理解，不仅可以提升企业与用户互动的效率，也能够帮助企业给用户提供更具个性化及差异化的内容和服务。
3. 更好地洞察互动的效果：市场营销人员在 Oracle Eloqua 中执行跨渠道营销活动时，能够更好地观察来自微信渠道的用户互动效果，并借此提升用户的体验。

5.1 搜索引擎营销

▶▶ 5.1.1 搜索引擎营销认知

1. 搜索引擎的定义

搜索引擎（Search Engine，SE）是指根据一定的策略，运用特定的计算机程序从互联网上搜集信息，在对信息进行组织和处理后，为用户提供检索服务，将用户检索的相关信息展示给用户的系统。百度和谷歌等是搜索引擎的代表。

搜索引擎的工作原理其实非常简单，很多人都误认为搜索引擎返回的结果是动态的，其实搜索引擎返回的结果是提前就已经抓取好的，然后经过了一系列算法筛选之后放入数据库，用户查询时就立即对索引数据库进行查找，准确地反馈用户搜索关键词时的查询结果，如图 5-1 所示。

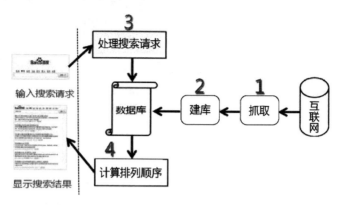

图 5-1　搜索引擎的工作原理

2. 搜索引擎营销的定义

搜索引擎营销（Search Engine Marketing，SEM）是目前应用最广泛、时效性最强的一种网络营销推广方式。它利用搜索引擎的特点，根据用户使用搜索引擎检索信息的机会，配合一系列技术和策略，将更多的企业信息呈现给目标客户，从而使其盈利。

搜索引擎营销的基本过程如下。

第一步：企业将信息发布在网站上，成为以网页形式存在的信息源。

第二步：搜索引擎将网站网页信息收录到索引数据库中。

第三步：用户利用关键词进行检索，检索结果中罗列相关的索引信息及其链接（URL）。

第四步：用户根据对检索结果的判断，选择有兴趣的信息，并点击 URL 进入信息源所在的网页。

3. 搜索引擎选择技巧

如果跨境电子商务企业想要开拓国际市场，那么搜索引擎排名将直接影响其营销的推广效果。很多企业多年的推广经验表明，选择大型的搜索引擎进行营销能够让企业获得更佳的推广效果。如果能够排到前几位，那么企业将比其他竞争对手更早一步吸引住目标客户，进一步扩大外销渠道，实现企业利益最大化。

（1）谷歌

谷歌公司成立于 1998 年 9 月 4 日，由拉里·佩奇和谢尔盖·布林共同创建，被公认为是全球最大的搜索引擎公司。这家位于美国的跨国科技企业，业务包括互联网搜索、云计算、广告技术等，同时开发并提供大量基于互联网的产品与服务，其主要利润来自 AdWords 等广告服务，如图 5-2 所示。

（2）Bing

Bing（中文名：微软必应）是微软公司于 2009 年 5 月 28 日推出的全新搜索引擎服务。为方便我国用户的使用习惯，Bing 的中文品牌名为"必应"。截至 2013 年 5 月，必应已成为北美地区第二大搜索引擎，如图 5-3 所示。

图 5-2　谷歌搜索引擎

图 5-3　Bing 搜索引擎

（3）百度

百度是全球最大的中文搜索引擎，2000 年 1 月由李彦宏、徐勇两个人创立于北京中关村，"百度"二字源于我国宋朝词人辛弃疾《青玉案》中的诗句："众里寻他千百度"，象征着百度对中文信息检索技术的执着追求，并于 2005 年 8 月 5 日在美国纳斯达克市场上市。公司秉承"以用户为导向"的理念，不断坚持技术创新，致力于为用户提供"简单，可依赖"的互联网搜索产品与服务，其中包括以网络搜索为主的功能性搜索，以贴吧为主的社区搜索，针对各区域、行业所需的垂直搜索，MP3 搜索，以及门户频道、IM 等，全面覆盖了中文网络世界内所有的搜索需求，如图 5-4 所示。

（4）Yandex

1997 年 9 月 23 日，俄罗斯搜索引擎 Yandex（俄语意为：语言目录）首次上线。Yandex 是俄罗斯重要的网络服务门户之一。Yandex 目前所提供的服务包括搜索、最新新闻、地图和百科、电子邮箱、电子商务、互联网广告及其他服务。Yandex 在俄罗斯本地搜索引擎的市场份额已远超俄罗斯 Google。同时，Yandex 也是欧洲第二大流行的搜索引擎，如图 5-5 所示。

图 5-4　百度搜索引擎

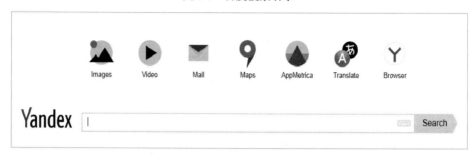

图 5-5　Yandex 搜索引擎

（5）NAVER

NAVER 是韩国知名的门户、搜索引擎网站，其 Logo 为一顶草帽，于 1999 年 6 月正式投入使用。它使用独有的搜索引擎，并且在韩文搜索服务中独占鳌头。除搜索之外，NAVER 提供了许多其他的服务，如韩文新闻、电子邮箱等。NAVER 还提供了本土化搜索服务，在用户进行搜索时，NAVER 会将搜索结果按照网站、新闻、博客、图片、购物等进行分类整理，过滤和拒绝了很多垃圾站点和垃圾信息，如图 5-6 所示。

图 5-6　NAVER 搜索引擎

4. 搜索引擎营销的推广手段

搜索引擎营销的推广手段主要有竞价排名、购买关键词广告、搜索引擎优化。

（1）竞价排名

竞价排名是指用户在网站付费后才能被搜索引擎收录，付费越高排名会越靠前。实质是用户为自己的网页购买关键词排名，搜索引擎按照点击计费的一种营销方式。用户可以通过调整每次点击付费的价格来控制自己在特定关键词搜索结果中的排名，并可以用相同的关键词捕捉不同类型的目标访问者。

（2）购买关键词广告

购买关键词广告是指在搜索引擎的搜索结果页面显示广告内容，实现高级定位投放，用户根据需要更换关键词，这就相当于在不同页面轮换投放广告。

（3）搜索引擎优化

搜索引擎优化（Search Engine Optimization，SEO），是在了解搜索引擎自然排名机制的基础上，对网站进行内部及外部的调整优化，改进网站在搜索引擎中的关键词自然排名，获得更多流量，从而达到网站销售及品牌建设的预期目标。搜索引擎优化包括网站内容优化、关键词优化、外部链接优化、内部链接优化、代码优化、图片优化、搜索引擎登录优化等。

5. 做好搜索引擎营销技巧

在跨境电商行业中，搜索引擎是跨境电商企业引入流量最重要的渠道，下面以 Google 为例，分析做好搜索引擎营销的技巧。

（1）及时更新网站，丰富页面内容

网站内容的质量和时效性是 Google 排名算法的重要参考因素，因此，保持网站的及时更新是维持和提升网站排名的有效方法。

此外，网站内容最好是原创的，且不要是纯文本的内容，要适当添加图片和视频，以提升用户体验度。

（2）提升网站打开的速度

网站加载速度也是 Google 排名算法的参考因素。如果网站的加载速度太慢，就很容易导致访问者跳转到其他网站，且现在越来越多的人使用移动端搜索，网站的加载速度就显得更加重要了。因此，在移动端最好将网站的加载速度降低到秒以下。

（3）注重链接的质量

对于已经有了良好排名的关键词，无须再过多地设置链接，以免网站因不合理的速度获得大量链接被 Google 监测到，而导致网站被禁。避免将多数链接全部指向同一篇文章，要为访问者提供有价值的、相关的内容信息。将链接建立在网站的各个页面上，以保持链接布局的丰富性和多样性。

（4）重视出站链接和链向自己网站的内链

卖家可以向在行业内的权威品牌提供出站链接，这样能保证网站内容的相关性，更容易得到 Google 的认同。要永远确保你的链接所指向的网页能够为访问者提供有价值的、相关的内容信息。例如，销售汽配类产品，可以与米其林的主页建立链接，但不能与哈佛大学的主页建立链接，因为哈佛大学网站的内容与销售的汽配类产品毫不相关。

所谓内链，就是网站内部页面之间的链接。做好网站内链，能够帮助搜索引擎更好地处理页面内容，此外，还能延长访问者的驻留时间，因为访问者能够在你的网站方便地访问到更多的内容。但是，创建内链同样不宜过多，适量即可。

（5）增加社交媒体曝光度

要重视其他社交媒体平台网站的权重，如 Facebook、Twitter 等网站，因为他们在 Google 有非常好的排名，通过这些社交媒体平台获取链接，能够提升网站的相关性。若你的网站有多人分享，那么在社交媒体上就能获得更多的曝光机会，进而帮助自己的网站获得更好的排名。

▶▶ 5.1.2　搜索引擎付费推广

Google AdWords 的中文含义是谷歌关键词广告，是一种通过使用 Google 关键词广告或 Google 遍布全球的内容联盟网络来推广网站的付费网络推广方式。企业可以选择包括文字、图片及视频广告在内的多种广告形式。Google AdWords 的目标是为各种规模的企业提供最有效的广告服务。

1. 关键词广告的原理

关键词广告是付费搜索引擎营销的一种形式，也可称为搜索引擎广告、付费搜索引擎关键词广告等。它属于 CPC 收费制，即按点击次数收取广告费。

关键词广告的原理是：当用户利用某一个关键词进行检索时，在检索结果页面会出现与该关键词相关的广告内容。由于关键词广告具有较高的定位，因此，其效果比一般网络广告的效果要好，其表现形式主要有以下几种。

（1）固定广告排名

固定广告排名是指当用户进行关键词检索时，企业按照预先支付给搜索引擎的固定排名广告费，在用户检索结果的相关固定位置出现企业的网站。

（2）竞价广告排名

竞价广告排名是一种按点击付费的网络推广方式。用少量的投入就可以给企业带来大量潜在的客户，有效提升企业销售额和品牌知名度。竞价广告排名按照给企业带来的潜在客户访问数量计费，企业可以灵活控制网络推广投入，以便获得最大回报。

一般来说，市场占有率高、企业广告资源丰富的搜索引擎服务商采用竞价广告排名模式；市场占有率低、企业广告资源匮乏的搜索引擎服务商采用固定广告排名模式。

2. Google AdWords 注册和选择广告系列类型

（1）注册

首先创建一个账号，如图 5-7 所示。

图中"帐号"全为"账号"，下同

图 5-7　创建 Google 账号

在 Google 中通过搜索进入 Google AdWords 页面后，单击"START NOW"按钮立即试用，如图 5-8 所示。

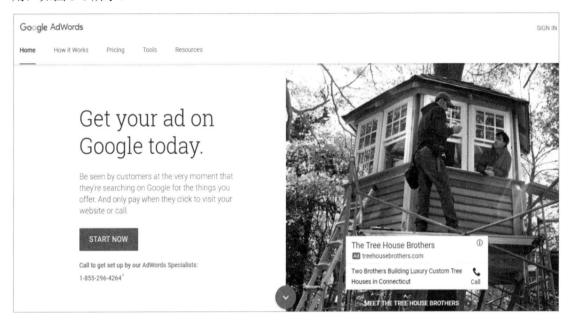

图 5-8　Google Adwords 首页

（2）选择广告系列类型

要投放 AdWords 广告，可以根据自己的广告目标选择要制作的广告系列类型，如图 5-9 所示。

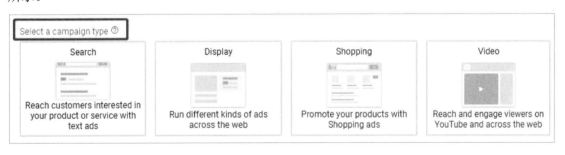

图 5-9　广告系列类型

如果选择"Search"类型，系统会给出以下四种具体方式：Website visits，Phone calls，Store visits 和 App downloads，如图 5-10 所示。

如果选择"Display"类型，这里又有了变化。在展示广告系列类型中，又有多个细分类别，所以除了选择展示这个大类，还需要选择细分类别，如图 5-11 所示。

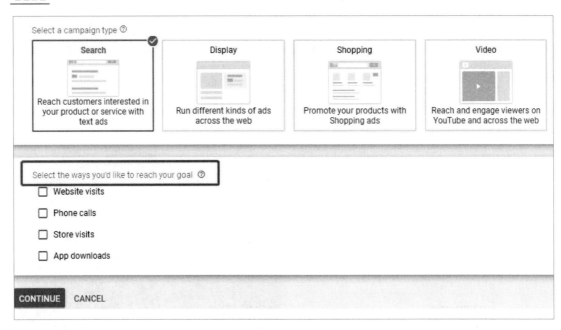

图 5-10　"Search"类型

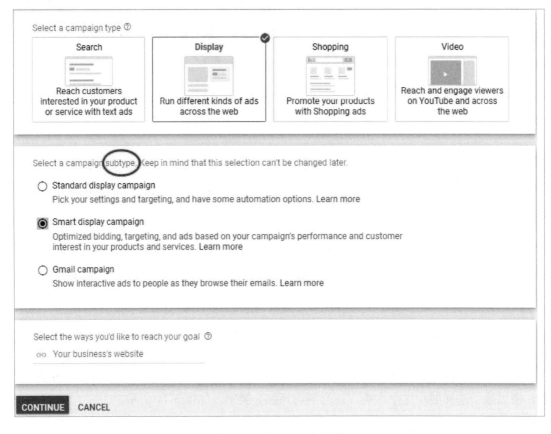

图 5-11　"Display"类型

如果选择"Shopping"类型，系统就会要求填写"linked account"。我们可以把它理解为一个商品的数据源，如果设置了已连接账户，那么就可以对其中的商品在谷歌上打广告，如图 5-12 所示。

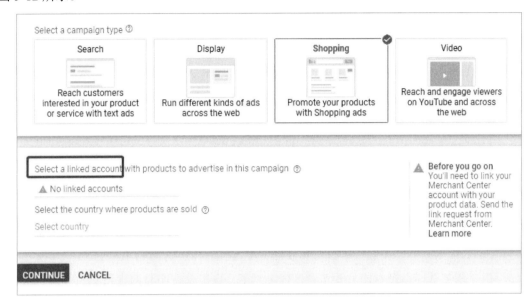

图 5-12 "Shopping" 类型

如果选择 "Video" 类型，这里没有更多需要选择的，直接单击 "CONTINUE" 按钮即可，如图 5-13 所示。

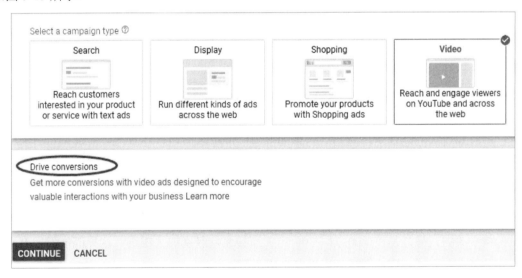

图 5-13 "Video" 类型

▶▶ 5.1.3 搜索引擎优化推广

1. 搜索引擎优化的原理

搜索引擎优化是根据搜索引擎对网页的检索特点，让网站建设各项基本要素适合搜索引擎的检索原则并使之对用户更友好，从而尽可能多地获得搜索引擎的收录，并在搜索引擎的自然检索结果中排名靠前，最终达到网站推广及品牌建设的目标。

2. 搜索引擎优化的策略

（1）关键词优化

关键词就是用户输入搜索框中的文字，也就是用户命令搜索引擎寻找的东西，关键词形式多样，可以是中文、英文或中英文混合体，可以是一个字、两个字、三个字甚至是一句话。按照不同的搜索目的，关键词大致可以分为导航类关键词、交易类关键词和信息类关键词等几种不同的类别。

① 导航类关键词是指用户在搜索特定网站时，他知道自己想去访问哪个网站，只是自己不记得网址或懒得输入网址，所以在搜索引擎中直接输入品牌名称或特定的品牌相关词。通常这类关键词搜索结果中排在第一的就是用户想访问的官方网站。

② 交易类关键词是指用户带有明显购买意图的搜索，如"苹果手机价格""哪款笔记本电脑最好"等。很显然交易类关键词的商业价值最大，因为用户已经开始进入商品分析过程，正在寻找最合适的卖家，离交易只有一步之遥。

③ 信息类关键词是没有明显购买意图的关键词，也不含有明显网站指向的搜索，如"手机图片""减肥方法"等，这类信息类关键词搜索数量最多、变化形式也最多。

（2）研究关键词的意义

从关键词的定义上不难看出研究关键词如此重要，研究关键词的意义主要体现在以下四个方面。

① 确保目标关键词有人搜索。网站的核心关键词并不是想当然设定的，必须经过关键词研究才能确保这个关键词确实有人搜索，没有人搜索的关键词对网站来说没有任何价值。因此，企业网站要确定合适的关键词，首先要做的是研究，这些关键词有没有被用户搜索过或搜索次数有没有达到一定的数量级。

② 降低优化难度。选择关键词的前提是找到有搜索量的关键词，但这并不意味着要选择最热门、搜索次数最多的关键词，原因是这种关键词竞争力度太大，很难在搜索页面中排在首页，同时也不能确保搜索这些热门关键词的用户都是我们的目标客户。如搜索"房地产"这个关键词的用户会有很多，企业要想在"房地产"这个关键词上排在首页，估计没有 80 万～100 万元的推广费用是很难做到的，而且也不能确保搜索"房地产"这个关键词的用户都是想买房的。

因此，对中小型企业或个人站长来说，要想把网页做到首页，就必须降低关键词的热度，网站的核心关键词最好是在 100 万～300 万人次搜索量级别的关键词，这样既能保证有人搜索，也能保证在关键词优化的过程中难度不是太大。

③ 提炼有效流量。流量与排名都不是其目的，有效的流量带来转化才是目的，要想提高有效流量，就必须考虑关键词的选取，如搜索"房地产价格"这个关键词的用户很明显会比搜索"房地产"这个关键词的用户更有倾向购买房子，当然也不能把关键词设置得太具体或太专业，这样有效流量是提高了，但是这样的关键词基本上没有人搜索。

④ 发现新的机会。网络营销和推广是一个不断改进的过程，对于关键词研究也是一样的，因为每个人的思维都会有局限，而且也不能在一开始就把关键词选择得非常准确，"实践是检

验真理的唯一标准"，同样实践也是检验关键词是否正确的唯一标准，SEO 人员在查询搜索引擎提供的关键词扩展工具或分析网站流量时，有可能发现更好的、更有效的关键词。

（3）选取关键词的标准和原则

选择恰当的关键词是 SEO 最具技巧性的环节之一。只有选择正确的关键词，才能保证企业的搜索效果。选择关键词时需要遵循以下原则。

① 关键词的相关性。SEO 选择目标关键词的原则首先是必须与网站内容有相关性。SEO 早期曾经流行在页面上设置甚至堆积搜索次数，现在这样的做法早已过时，网站需要的不仅仅是流量，更是有效流量，可以带来订单的流量，靠欺骗性的关键词带来访客除了消耗带宽，没有其他作用，对网站毫无意义，这样的排名和流量不是资产，而是负担。

当然，这不一定适用于所有网站，对一些网站来说，只要有流量，就有一定的价值，网站并不依靠本身的转化盈利，如新闻门户或纯粹依靠广告盈利的信息类网站。很多门户类网站包罗万象，内容相关性判断也比较模糊。

② 关键词要选搜索次数多、竞争小的词。在做关键词优化时，最好的关键词是搜索次数最多、竞争程度最小的那些词，这样既保证 SEO 代价最低，又保证流量最大。但现实不会这么理想，大部分搜索次数多的关键词，也是竞争比较激烈的关键词。不过，通过大量细致的关键词挖掘、扩展，列出搜索次数及竞争程度数据，还是可以找到搜索次数相对多、竞争相对小的关键词。

研究搜索次数比较直接、简单的方法是使用谷歌关键词工具。虽然确定一个词的竞争强度比较复杂，需要参考的数据较多，而且带有比较大的不确定性，但根据搜索次数和竞争程度可以大致判断出关键词效能，在投入相同的情况下，效能高的关键词获得好排名的可能性较高，可以带来更多的流量。

③ 关键词要有商业价值。购买意图强烈、商业价值较高的关键词应该是优化时最先考虑的，无论内容规划，还是内部链接安排，都要予以侧重，不同的关键词有不同的商业价值，就算长度相同，也会造成不同的转化率。

例如，搜索"液晶电视原理"这个关键词的用户购买意图就比较低，商业价值也低，而搜索"液晶电视图片"这个关键词的用户商业价值有所提高，搜索"液晶电视价格"这个关键词的用户的购买意图则大大提高了，已经进入产品比较选择阶段，而搜索"液晶电视促销"这个关键词或"液晶电视购买"这个关键词的用户商业价值进一步提高，一个大减价信息就可能促成用户做出最后的购买决策。在做关键词研究时，SEO 人员可以通过各种方式查询到大量搜索词，通过常识就能判断出不同关键词的购买可能性。

（4）网站结构和内容的优化

网站的内容是网站发展的基础，一个好的网站前提一定是能够持续地给用户提供丰富的、有价值的内容。同时这也是搜索引擎对网站的要求，一个网站成功与否，内容是关键所在。要想做好网站的内容首要先站在用户的角度去思考，先思考用户会搜索什么，然后根据用户的搜索需求去写作。一般网站内容的组成包括四个部分，分别是标题、引入、主体和结尾，同时要关注搜索引擎"喜欢"的内容。各大搜索引擎针对网站内容编辑都有相应的要求和说明。

内容是网站优化的基础。第一，内容要与网站主题协调，不要为了引流而加一些与网站无关的内容，这样只会降低网站的质量；第二，内容需要定期更新，长期稳定的更新才能使搜索引擎更有活力；第三，内容被转载的多少：在互联网中，内容被转载的越多，证明网站的价值与影响力也就越大，理性的转载是有好处的；第四，搜索引擎可以识别转载内容。目前，搜索引擎的技术已经完全可以识别转载的内容，即使深度加工，也逃不出搜索引擎的"眼睛"。因此，原创内容的编辑显得尤为重要。针对搜索引擎创作文章时，要考虑搜索引擎的工作原理，将关键词重复、有逻辑地合理插入内容中。同时，也要注意文章面对的人群等。

（5）内链和外链的优化

内链指的就是一个网站内部，页面与页面之间相互连接，主要泛指网站内部相互连接的页面。一般是通过关键词相互连接，或者是纯文本。外链顾名思义就是网站外部导入网站的链接。

内链建设得好可以提高搜索引擎蜘蛛对网站的索引效率。当网站内容进行更新的时候，可以通过内链的建设，让内容快速被收录，这对于网站关键词排名和权重提升是有帮助的。但是要特别注意的是，为了避免起到反作用，在进行网站内容更新的时候，我们一定要注意定期去清理死链和断链，这样让搜索引擎蜘蛛在网站爬行的时候，不至于留下不好的印象。

外链建设得好其实是可以给网站进行引流的，特别是在一些权重高、比较热门的网站上发布外链，可以快速增加网站的浏览量。对于新建的网站，建设质量度高的网站是非常有必要的。外链的发布一定要记住不仅仅只是数量多就好，质量更关键。质量度高的一条外链，能抵得上随便发布的十几条甚至几十条质量度低的外链，所以为了节省时间和增加效率，外链发布的平台也要特别的关注。

网站 SEO 优化，内链和外链是相辅相成的，好的外链有效地将流量带到网站，而内链留住用户，两者缺一不可。假如只是做了外链，将流量引到网站，而网站没有什么内容，也就是内链建设得有问题，那么对网站本身来说也是有弊端的。

在进行网站优化的过程中，切忌厚此薄彼。除了内链和外链，友情链接、反链等都是可以有效帮助网站提高优化效果的。无论选择哪种优化手段，都是需要一定的时间才能将企业排名及关键词排名提升。

知识拓展：

什么是搜索引擎蜘蛛

搜索引擎蜘蛛是网络爬虫（又被称为网页蜘蛛，网络机器人）按照一定的规则，自动地抓取互联网信息的程序或脚本。互联网可以理解成一张巨大的"蜘蛛网"，搜索引擎蜘蛛是类似实质的"机器人"。搜索引擎蜘蛛的主要任务就是在巨大的"蜘蛛网"（互联网）中浏览信息，然后把这些信息都抓取到搜索引擎的服务器上，再建立索引库。就好比机器人浏览我们的网站，然后把内容保存到自己的电脑上。

5.2　社会化媒体营销

社会化媒体营销（Social Media Marketing，SMM）是以多对多沟通交流为目的、大众创造的信息为内容、互联网技术应用方式的新型大众媒体，它旨在帮助人们建立社会化网络的互联网应用服务。社会化媒体营销是随着网络社区化而兴起的营销方式。

▶▶ 5.2.1　社会化媒体营销认知

1. 社会化媒体营销的定义

社会化媒体营销是利用社会化网络，例如在线社区、博客、百科或其他互联网协作平台和媒体来传播和发布资讯，从而形成营销、销售、公共关系处理和客户关系服务维护及开拓的一种方式。一般社会化媒体营销工具包括论坛、微博、博客、SNS 社区、图片和视频分享等。

2. 社会化媒体营销的优势

通过社会化媒体营销，可以帮助企业提升品牌关注度、美誉度和忠诚度，并且还可以配合与辅助搜索引擎推广，为企业创造更多的利润。因此，综合来看社会化媒体营销的价值体现在以下四个方面。

（1）企业的信息传递与发布的平台

企业可以通过媒体发布相关信息，进行产品或服务的介绍。例如，发布最新的市场活动，最近的产品更新等。通过社会化媒体，企业得到了免费宣传的机会，通过持续的信息更新，不断筛选、激发潜在用户。

（2）树立品牌形象，提升品牌知名度

在企业通过社会化媒体发布信息后，用户会进行评价或是转发相应的信息。在评价和转发信息的过程中，企业媒体负责人可以通过一定的方式对企业的正面形象进行塑造、传播，对负面信息进行处理，给用户树立一个正向、积极的形象。通过宣传，制造"口碑效应"，树立企业品牌，凸显企业的核心竞争力。

（3）为企业网站引入流量

企业在社会化媒体发布信息时，如果媒体平台允许，则可以直接添加链接，从而直接为企业带来流量；如果媒体平台不允许，则可以通过信息传播品牌，再加上用户的讨论，进而引导用户搜索，间接带来流量。企业运用社会化媒体，直接或间接为企业带来流量，激发潜在客户。

（4）为企业创造收入

企业通过社会化媒体的运营，聚合粉丝资源，运用粉丝的力量，为企业创造巨大的价值。在快销界，有很多社会化媒体运营很好的企业，如手机圈的果粉、锤粉、米粉等，每一次企业新产品发布时，他们会自发的举行各种活动，做各种宣传，甚至自发的为企业筹集资金、联系场地等。这些活动不仅为企业进行了正面的宣传，还为企业创造了高额的利润。

3. 社交平台的选择

想要做好社会化媒体营销，首先要选择好社交平台，要根据产品的品类和特点，选择更适合、更容易维护的社交平台。如今社交平台的数量和种类已经非常多了，跨境电子商务企业要根据自己的需求，选择真正适合自己的社会化媒体营销推广平台。

跨境电子商务企业在选择社交媒体平台之前，要先分析一下自己产品的特点、目标国家客户的消费习惯及客户活跃的一些社交平台等。一些转化率低的社会化媒体影响往往存在两种问题：一是选择的社交网站不适合，二是运作的方法或策略不到位。

对于跨境电子商务的人而言，因为客户来自不同的国家和地区，所涉及的社交平台比较多，所以做出的文化营销方案需要覆盖好几个平台。但是，这并不意味着所有能够涉猎的平台都要去做，应该选择一个或几个合适的平台。因为我们的资源都是有限的，不能只求数量而不求质量。只有找到合适的社交平台，才能在提高流量和转化率的基础上，节省营销推广的成本。

（1）LinkedIn

LinkedIn，成立于 2002 年 12 月并于 2003 年启动，总部位于美国加利福尼亚州山景城（Mountain View）。公司于 2011 年 5 月 20 日在美国上市。2014 年 2 月 25 日，LindedIn 简体中文版网站正式上线，并宣布中文名为"领英"。LinkedIn 的 CEO 及创始人是雷德·霍夫曼（Reid Hoffman）。LinkedIn 是一个面向职场的社交平台，网站的目的是让注册用户维护他们在商业交往中认识并信任的联系人，俗称"人脉"。用户可以邀请他认识的人成为"关系"（Connections）圈的人。截至 2020 年 5 月，领英的用户总量已经达到 6.9 亿名以上，在我国拥有超过 5000 万名用户。

（2）Twitter

Twitter（推特）是一家美国社交网络及微博客服务的公司，致力于服务公众对话。它可以让用户更新不超过 140 个字符的消息（除中文、日文和韩文外已提高上限至 280 个字符），这些消息也被称作"推文（Tweet）"，Twitter 被称为"互联网的短信服务"。这个服务是由杰克·多西（Jack Dorsey）在 2006 年 3 月与合伙人共同创办并在当年 7 月启动的。Twitter 在全世界都非常流行，截至 2020 年第三季度，Twitter 的可货币化日活跃用户达 1.87 亿名。Twitter 是提供当下全球实时事件和热议话题讨论的平台。在 Twitter 上，从突发事件、娱乐讯息、体育消息、政治新闻到日常资讯、实时评论对话全方位地展示了故事的每一面。在这里，用户可以加入开放的实时对话，或观看活动直播。

知识拓展：

Twitter 创造了一个新的指标——mDAUs（monetized Daily Active Users），可货币化日活跃用户，这个数字只包括每天使用 Twitter 网站或应用访问该服务的用户。

（3）Pinterest

Pinterest 由美国加州帕罗奥多的一个名为 Cold Brew Labs 的团队创办于 2010 年。该项目的创意来自创始人 Ben Silbermann 为他的女朋友寻找订婚戒指之时。他发现了很多中意的戒指，但又需要反复比较，于是他就开发了 Pinterest，把这些戒指的照片随手贴在同一个页面上。

Pinterest 堪称图片版的 Twitter，网友可以将感兴趣的图片在 Pinterest 上进行保存，其他网友可以关注，也可以转发图片。索尼等许多公司也在 Pinterest 建立了主页，用图片营销旗下的产品和服务。

（4）VK

VK（全称为 VKontakte）是俄罗斯知名在线社交网络服务网站，支持 70 多种语言，其用户主要来自俄语体系国家。VK 在俄罗斯、乌克兰、阿塞拜疆、哈萨克斯坦、摩尔多瓦、白俄罗斯、以色列等国较为活跃。

作为 VK 的会员，可以向好友的手机发送加入邀请，如果好友接受邀请，不需要注册就可以加入 VK。VK 允许用户公开或私下留言、创建社团、公共页面和活动，也可以分享和标记图像、音乐和视频、基于浏览器的游戏等功能。

与大多数的社交网络相同，该网站的核心功能是基于个人信息和共享照片，状态更新及与朋友的联系。VK 也有用于管理网络社团和名人的网页工具。该网站允许用户上传、搜索新闻媒体内容，如视频和音乐。VK 具有先进的搜索引擎，能有效搜索到较为复杂且深远的好友，以及实时性新闻等。

（5）Tumblr

Tumblr（汤博乐）成立于 2007 年，是目前全球最大的轻博客网站，也是轻博客网站的始祖。

"汤博乐"一词源于 Tumblr 的音译，在我国偶尔也被网友戏称为"汤不热"。"汤博乐"这个中文名字不仅在发音上刚好跟 Tumblr 英文发音一致，而且含义上更加丰富。"汤博乐"一词，其中"汤"字为助音字，虽有美食之本义，但此处象征着美好的东西；"博"字不仅有博大精深之含义，而且也代指轻博客和社交网络；"乐"字表示快乐。Tumblr 是一种介于传统博客和微博之间的全新媒体形态，既注重表达，又注重社交，而且注重个性化设置，成为当前最受年轻人欢迎的社交网站之一。

4. 社会化营销媒体策略

（1）免费模式

互联网的盈利模式中有一个最受用户推崇的模式，那就是免费模式。人们喜欢免费的东西和促销活动。通过这样的活动来获取用户的参与，试销新产品，获得用户反馈，收集市场的样本。

（2）抓住意见领袖

无权威，但是有意见领袖。各个细分的区域都有用户自己的意见领袖，如 3C、互联网、美食、旅游等领域。品牌如果想更快、更有效的推广产品，能不能成功的圈定重要的意见领袖，并引导意见领袖去讨论，传播产品是至关重要的一环。通过这些意见领袖，社交媒体圈中有影响力的群体进行传播将更加有效及时地获得互联网用户的共鸣，尤其对产品的信誉将会有无以复加的好处。

（3）优秀的内容

在互联网上原创的内容不多，大量复制品充斥着互联网，因此保护知识产权难度更大。"内容为王"非常适用于目前互联网的现状。为此诞生了"Content Marketing（内容营销）"这个细分的领域。在社交媒体的环境下营销人员必须做出真正优秀的内容，真正的与消费者产生共鸣，或内容令消费者感到震惊。社交媒体中用户自发的传播，是基于用户喜欢你的内容，如视频或图片，用户愿意通过转帖来和好朋友分享他们的感受。粗制滥造的营销内容，没人会去分享。

（4）重视内心的情感

真正想调动用户参与社交媒体活动的传播，需要我们能够把握住用户的情感密码器，以及与其沟通的方式，深层次地走入用户的内心，积极塑造品牌的影响力。我们需要创造有吸引力的内容及有共鸣的情感链条。

▶▶ 5.2.2 LinkedIn 营销

1. 领英（LinkedIn）营销介绍

LinkedIn 是一家面向商业用户的社交网络（SNS）服务网站，成立于 2002 年 12 月并于 2003 年启动。

LinkedIn 提供"高效""安全"并且"有商务价值"的社交服务。LinkedIn 专注于商务功能，并且提供付费服务，这极大地体现了它的确具备提供高质量商务社交服务的能力，LinkedIn 是非常适合白领使用的一款 SNS 工具，尤其是有国际业务的企业员工或自由职业者，其页面如图 5-14 所示。

图 5-14　LinkedIn 页面

2. 领英（LinkedIn）的功能

领英的主要功能可以分为四项：社交、职业、企业展示和广告。

① 社交是领英最主要的功能，也是领英创办的初衷。通过社交功能，领英的用户可以在平台上进行商务交流，构建自己的人脉圈。

② 职业是在社交功能中拓展出来的重要功能。领英的用户可以通过展示自己的教育及职业背景，在人脉圈中获得业内的肯定，并可以进行求职。

③ 企业展示是针对企业用户推出的功能，企业用户可以在领英上创建企业账号，并可以进行企业形象展示、业务介绍的商务活动。

④ 广告是领英的非核心功能，用户可通过设置预算和出价控制推广活动成本，并且自助下单。

3. 领英的推广

（1）通过 LinkedIn+Google 搜索组合找到目标用户

登录领英后，输入产品名称，然后选组群 Groups 进行搜索。例如搜索 led light，如果显示的是"View"，可以单击按钮进行查看；如果显示的是"Join"，就单击按钮加入组群，等待审核通过即可。这里我们单击第三个"View"按钮，如图 5-15 所示。

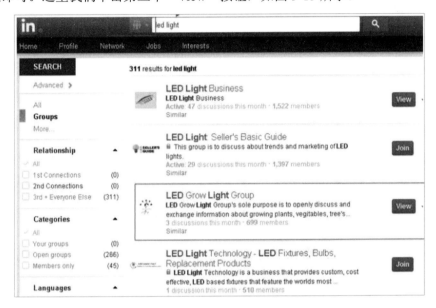

图 5-15　LinkedIn Groups

进入之后可以看到很多做 LED 的商家的人物头像，单击进入查看第一个人的介绍，如图 5-16 所示。

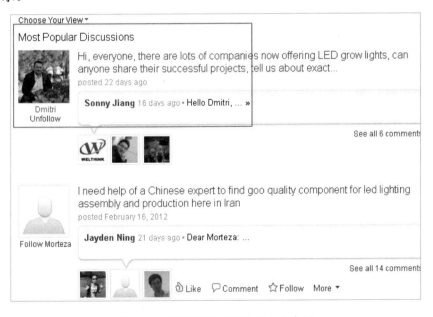

图 5-16　查看 LED 的商家的人物介绍

通常单击"Company Website"按钮会直接跳转到他们公司的网站，大家也可以往下看他是否写了网址。假如这个用户写了网址，但是有时候会遇到打不开网址的情况，那么我们就用 Google 搜索他的其他信息，我们使用这个命令："E-mail" prolite-group.com，如图 5-17 所示。

图 5-17　谷歌搜索

有的用户会留有公司信息，打开网址后发现网站上没有留电子邮件地址。但是没有关系，只要熟悉 Google 的搜索方法，通常电子邮件地址都可以搜索出来，如图 5-18 所示。

图 5-18　用户页面

输入命令："E-mail" Rob Huston ledcanada.com，如图 5-19 所示。

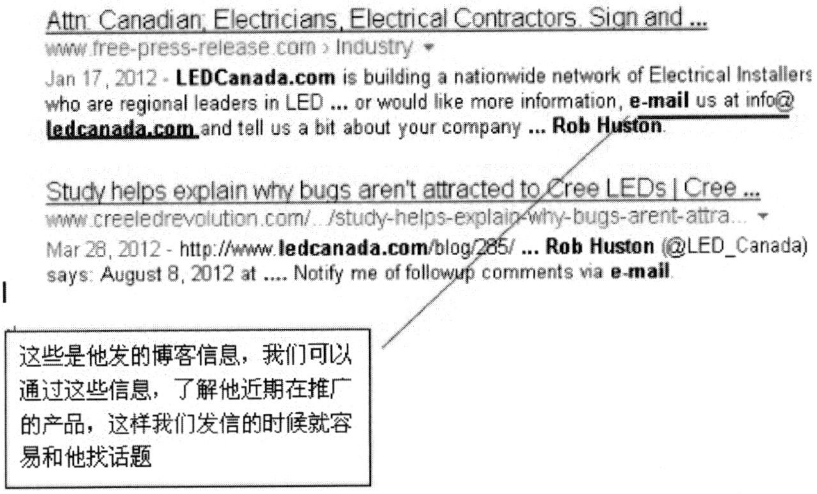

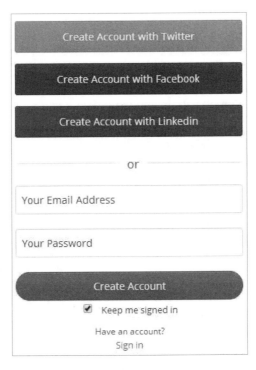

图 5-19　查找信息

（2）添加 LinkedIn 会员为好友

在 LinkedIn 会员页面，选择添加会员为好友，并进一步搜索 E-mail 等更多信息。

（3）Buffer 平台

Buffer 平台是一个可以同时管理多个社交平台并且设定发帖时间等功能的第三方平台，如图 5-20 所示。

图 5-20　Buffer 平台登录

可以通过 Buffer 的数据分析，了解用户喜欢的帖文类型，并不断地进行数据分析。此外，

Buffer 不仅可以管理 LinkedIn，也可以管理 Twitter、Facebook、Google+和 Pinterest，如图 5-21 所示。

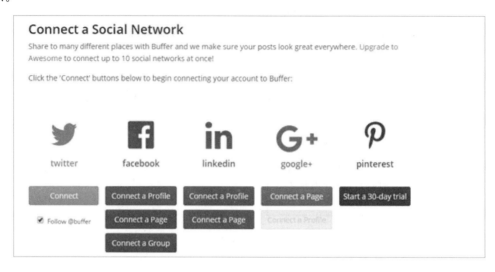

图 5-21　管理社交平台

▶▶ 5.2.3　Pinterest 营销

1. Pinterest 介绍

Pinterest（品趣思）是一个创意组合词，Pinterest 由 Pin（拼）和 Interest（兴趣）组成，意为把自己感兴趣的东西（图片）用图钉钉在钉板（Pinboard）上。Pinterest 是全球最大的图片分享网站，它采用瀑布流的形式展现图片，用户无须翻页，图片会不断自动地加载在页面底端，让用户不断地发现新图片。此外，用户也可以按主题分类添加和管理自己收藏的图片，并与好友分享。Pinterest 登录页面，如图 5-22 所示。

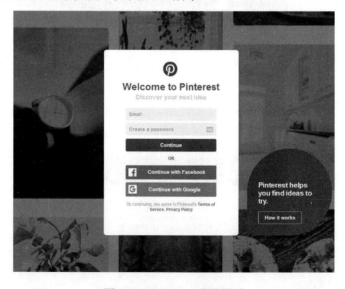

图 5-22　P interest 登录页面

2. Pinterest 推广技巧

目前，在欧美市场上，许多卖家都利用 Pinterest 做引流。据统计，注册 Pinterest 的用户 68% 以上是女性，并且大多是年轻女性，所以要做好社会化媒体营销，除了要选好合适的社交平台，还要找到合适的消费者群体。

跨境电子商务卖家要做好 Pinterest 社会化媒体营销，就要利用自己获得的数据、自己店铺的品类、用户的行为及平台的渠道去制定相应的策略。

（1）找到用户感兴趣的主题做主题

Pinterest 中有各种各样的主题分类，跨境电子商务卖家可以在 Pinterest 中找到一些相关的主题，观察在这个主题中有哪些图片是最受人关注的，从而将其作为选品的参考。一些有心的卖家会根据图片的受欢迎程度，将最受欢迎的图片做主题页面来吸引用户的眼球。有的卖家在做了专题之后，就将 Pinterest 上比较受欢迎的产品进行打折，其他店铺没有折扣，这样能获得更多的流量。

（2）利用网络红人进行广泛传播

相对其他社交平台，Pinterest 平台最大的好处就是图片上有链接，用户只要单击了图片就可以直接进入店铺，这在引流上可以发挥很大的作用。因此，如果图片被更多的人分享，那么店铺的点击率也会升高，潜在的客户也就会更多。例如，有一个跨境电子商务卖家是这样做的：他找到一些网络红人，由这些网络红人定期发布他的产品图片到其主页上，每周发十几张图片。一年后，他的店铺就实现了每天 1000 多个订单的目标。

（3）结合强关系的社交平台

虽然利用 Pinterest 可以为跨境电子商务卖家带来大量的兴趣类流量，但是 Pinterest 与用户建立的关系是一种弱关系，如果用户没有成功沉淀为老用户，可能很快就流失了。因此，卖家还需要结合强关系的社交平台去做营销。在获得了新用户的流量之后，卖家要进行相应的转化，如在店铺中做相关的专题页面，通过强关系的社交平台将弱关系的社交平台的流量沉淀下来。

（4）注重精细化发展

Pinterest 大多数流量都来自移动端，因为相对于 PC 端，移动端在分享女性消费品方面更加便捷和迅速。从中我们也可以看出，未来跨境电子商务的很多订单可能更多地出现在移动端，这也给跨境电子商务卖家提供了一个大的发展方向。

3. Pinterest 的常用工具

（1）Pinterest group

Pinterest group 工具可以挖掘出很多行业中大的群组。输入关键词的时候，这个工具会根据你的关键词筛选出相关的 Pinterest group。

输入关键词，如图 5-23 所示，这样关键词 Pins 的数量、合作方、Followers 的数量，都可以展示出来。选择要加入的相关群组，进行有针对性的营销活动。

Title			Category	Pins	Collaborators	Followers
Blogging Pros Group Board	👤	description	other	29005	527	10836
Let's Pin Each Other	👤	description	science_nature	12035	526	5492
Blogging Boost Official Board	👤	description	technology	48293	495	12717

图 5-23　Pinterest group 工具

（2）Pinterest Anaytics

这个工具是 Pinterest 官方自带的，它可以很好地分析出帖子的浏览量、点击率和存储量，非常方便，如图 5-24 所示。

图 5-24　Pinterest Anaytics 工具

5.3　电子邮件营销

电子邮件营销是互联网营销中历史最悠久的一种营销方式，相较于欧美发达国家比较成熟的许可式电子邮件营销方式，我国开展电子邮件营销起步比较晚，还经历了一段长时间的无序发展，因此电子邮件营销在国内没有得到很好的发展。但随着跨境电子商务的兴起，特别是在 B2B 领域，电子邮件营销凭借广泛、高效、低本等优点逐渐成为重要的营销手段。

▶▶ 5.3.1　电子邮件营销认知

1. 电子邮件营销介绍

电子邮件营销（E-mail Direct Marketing，EDM）是指企业通过给潜在客户或老客户发送电子邮件广告，传递价值信息的一种网络营销手段。随着网络的普及、网上电子商务的快速发展及物流体系的完善，电子邮件营销为线下消费者提供了一种新的网上消费环境，实现了与目标客户的高效快速沟通。

2. 电子邮件营销的特点及注意事项

（1）电子邮件营销的特点

① 精准直效：可以精确筛选发送对象，将特定的推广信息投递到特定的目标社群。

② 个性化定制：根据社群的差异，制定个性化的内容，让客户根据用户的需求提供最有价值的信息。

③ 信息丰富、全面：文本、图片、动画、音频、视频和超链接都可以在 EDM 中体现出来。

④ 具备追踪分析能力：根据用户的行为，统计打开邮件次数、分析点击次数，获取销售线索。

⑤ 操作简单：电子邮件营销的操作比较简单，而且具有一定的操作流程和方法。一般业务人员在经过短期培训以后是比较容易上手的，没有太大的专业门槛，是一种比较适合在跨境电商业务活动中推广的营销方式。

（2）电子邮件营销的注意事项

① 标题：务必吸引人，但前提是要表述清楚内容同时不要过长。

② 页面内容：重要的内容必须使用文字，哪怕是使用了图片也要给出文字标识。

③ 图片的使用：建议每个图片设定一个固定的宽度和高度及 Alt 属性文字提示标识，同时，注意不要使用背景图片。

④ 一致性：如果你定期向客户发送 EDM，那么请注意使用统一的风格，主要是开头和结尾的风格统一。如果是有期刊号的，那么请将期刊号和时间也一并加入。

3. 电子邮件营销相关指标

（1）打开率

打开率是指有多少人（以百分比的形式）打开了你发送的邮件。这个参数变得越来越不重要了。电子邮件打开率是通过在邮件中放置一个卫星图片来追踪的，但是许多邮件服务上都会拦截图片，使图片无法显示，因此客户可能打开了你发的邮件，但系统不会记录他打开过，除非他主动使邮件中的图片显示出来，有报告称，标准的打开率报告根据收件人列表质量不同最多可能要降低35%。

（2）点击率

点击率是指点击数除以邮件打开数（注意不是发信总数）得到的百分比。不同的公司以不同的方式来衡量点击率。那么，每打开一次邮件，是所有的点击都计算还是只计算一次呢？对于这个问题，还没有统一的答案。这个参数非常重要，因为邮件营销的全部目的就是吸引客户访问你的着陆页或网站。

（3）送达率

送达率是指到达客户收件箱（相对于进入垃圾邮件箱或是"收件人不详"的黑洞）的邮件数除以邮件发送总数得到的百分比。如何使邮件成功进入收件箱是一个相当复杂的过程。

（4）退信数

退信数是指因"无法送达"而退还给你的邮件数，造成退信的原因有：邮件地址输入错误、邮件收件箱已满或其他原因。

4. 电子邮件营销的前提

（1）许可/双重许可

收件人列表有三种："许可式"是指收件人选择加入你的列表并允许你给他们发信；"双重许可"是指收件人给了你两次许可（通常通过电子邮件中的确认链接）。除此之外，所有的列表都被认为是潜在客户列表。在这三种列表中，每一种都有各自的价值。

（2）CAN-SPAM

CAN-SPAM 是美国 2003 年通过的一部联邦法律。它规定了发送邮件时必须遵守的一系列条款，违反了这些条款，你就会被纳入垃圾邮件发送者的行列，并面临潜在的处罚。

（3）退订/反订阅

退订/反订阅是指收件人从你的收件人列表中自行退出的能力，其中有两种方式：完全退订和针对某一列表退订。完全退订是指收件人要求退出你所有的收件人列表，不再接收由你发出的任何邮件；针对某一列表的退订是指收件人要求退出你的某个收件人列表，不再接收由你发出这个列表的任何邮件。例如，他们不愿意接收特惠信息，但是又想接收每周新闻的信息。

▶▶ 5.3.2 电子邮件营销的业务流程

1. 设计电子邮件营销活动方案

在实施任何营销方案之前都要进行方案设计，从而确定本次营销活动的目标、计划、针对人群、管理控制方法。并且还要将目标划分为长期目标和短期目标，分阶段使目标具有可执行性。在每个分期目标中设置完成截止时间和负责人，以保证目标可以按计划实施。

2. 获取目标受众电子邮件地址

在设置好各项计划目标以后，就要获取本次电子邮件营销所使用到的电子邮件地址。电子邮件地址可以通过以下三种途径获取。

（1）从线下渠道获取

线下渠道有很多，例如国际展会、调查问卷、企业黄页及其他公开渠道。线下获得电子邮件地址的方式在早期 B2B 的外贸活动中曾占据很重要的地位，但由于受到各种时空条件的限制，并不作为现代电子邮件营销中电子邮件地址的主要获取方式，因此下文中，主要讨论的都是线上获取目标受众电子邮件地址的方式。

（2）从客户的注册信息中获取

目前，大部分跨境电商平台都会要求客户使用电子邮箱注册 ID，并且还要通过向客户的电子邮箱发送邮件的方式来激活账号，因此向客户的注册邮箱发送营销邮件无疑是比较有针对性的。

（3）目标论坛获取

在本行业各式论坛上活跃的用户是具有较高反馈效率的潜在用户，可以通过许诺发送目录、图片或优惠券的方式鼓励潜在用户留下电子邮件地址。这种方式获得的电子邮件地址带有许可式营销的意义，电子邮件营销受众若是主动接收邮件的，则营销反馈率较高。

3. 选择适当的活动软件

在进行营销活动时一定要慎重选择邮件服务商。尽管目前国内的邮件服务商都可以发送跨国邮件，但是在获取目标受众电子邮件地址的实际工作中会发现某些邮件服务商的服务会更优一些，特别是在今天移动电商发展迅速的时代，某些邮件服务商的客户端的服务更加个性化、功能更强大。另外，考虑给予目标受众更加专业化和商业化的印象，尽量选择商务用途邮件服务商或国外的邮件服务商。

4. 做好内容模板

在选择平台后还应该进行邮件模板设计，邮件模板设计应该根据目标进行。由于邮件病毒泛滥，相对于图文附件式的邮件，纯文本的邮件更容易被目标受众接收并打开。在收件人设置方面，为提高邮件的反馈率，减少客户对群发邮件的反感，收件人不宜罗列过多，可以使用暗送功能。

5. 电子邮件营销过程管理

电子邮件营销应该有计划地进行，邮件可以按某一个时间间隔发送也可以在特殊时间节点发送。营销活动进行过程中注意统计用户接收邮件并打开的概率，总结不同营销方式的开件率的差别。

6. 反馈监控

一项营销活动结束以后，还应该进行反馈监控。注意收集用户对于此次营销活动的反馈意见，并整理出来为以后的活动做参考。

▶▶ 5.3.3 电子邮件营销策略

1. 电子邮件营销技巧

电子邮件营销能够有效地帮助用户增加网站的流量、提升在线交易的转化率。

上一小节讲到电子邮件地址可以通过三种途径获取：从线下渠道获取、从客户的注册信息中获取和目标论坛获取。

无论采用何种方式去获取目标用户的电子邮件地址，最本质的要求是网站的日访问量需要达到一定的量，这样才能提高转化率。

（1）邮件主题的确定

邮件的主题要简洁明了、够新颖，要有高度的概括性、权威性及诱惑性。

（2）邮件内容的准备

做电子邮件营销推广时，要想达到电子邮件营销推广的目的，邮件的内容必须对目标用户产生一定的价值或能够吸引其兴趣，才能达到预想的营销效果。

电子商务网站的邮件内容应该涵盖如下几条：账号长久未登录提示信息、促销信息、优惠券信息、最新产品信息、购买产品使用提示信息等，将这些对目标用户确实有用的信息发送给用户，才会让用户体会到卖家的电子商务网站时时刻刻在其身旁，卖家的电子商务网站确实值得信赖。

（3）关于发送邮件的其他事宜

邮件发送完成之后我们需要对其进行统计，新建一个 Excel 表格，把邮件的发送时间、发送数量、反馈数量等记录下来，用于分析邮件推广的效果，以便为下一步的营销推广找出路。

除此之外，还应该考虑到目标用户的习性、邮件服务器等。如果电商网站对目标用户发送的邮件太过于频繁，则会让用户感到厌倦。要时刻记住营销推广的是服务，产品只是表达服务的一种方式。

2. 电子邮件营销中注意的事项

（1）不要在未经用户允许的情况下发送电子邮件

这种在不尊重用户权利的情况下，强制性的将邮件发送到用户的邮箱，违背了邮件营销的基本概念。一方面降低了自己电子商务网站的品牌美誉度，另一方面有可能被加入黑名单或被过滤掉，从而将潜在用户拱手让与他人。对于如何才能获得用户允许，一般包含线上与线下两大类，线上的方式有注册、订阅、促销活动等；线下的方式有名片交换、展会等。

（2）邮件的内容要注意精挑细选

邮件内容的可读性决定着用户是否愿意再花费一部分时间去继续阅读自己感兴趣的内容，可以说邮件的内容决定着邮件营销的成功与否，那么作为邮件发送者就应该将大部分心思放在整理邮件的内容上。

邮件的内容一定要是千挑万选的，对用户来说一定是重要的，内容可以涉及商品打折、免费服务的相关信息。当一名注册会员付款购买完一款笔记本电脑时，作为邮件发送的内容最好包含：电脑使用秘诀、电脑保养说明、如何健康上网等。

总之，要时刻地站在用户的角度，思考他们在购买相关产品后的使用困惑，提前帮助他们解决可能遇到的问题，这才是电子邮件营销所要实现的最佳效果。

（3）及时回复邮件的评论

一封营销类型的电子邮件发送完毕，我们最期待的便是获得一定的用户反应率，在一定程度上表现为进入网站的点击率，或者是邮件的回复率。

对于用户的回复，作为电商网站的管理者而言一定要及时的回复用户的疑问或难题。一个潜在的用户在给你发送了一封关于产品的咨询后，一定在迫不及待地等待着回复，如果两三天后仍得不到答复，可能此时他已经成为竞争对手的用户了。

（4）邮件格式切勿混淆、凌乱

虽说电子邮件的格式并没有形成统一的风格体系，但是作为一封商业性质营销的电子邮件，必须形成一定的特有格式，至少要包括称呼、邮件正文、发件人签名、信息来源、退订按钮等。

（5）用户的订阅及退订邮件要简单易行

一封营销类型的电邮，在其顶部或底部，拥有着简单有效的订阅及退订按钮，此按钮的存在能够让用户拥有选择订阅及退订的权利。简单有效的按钮能够对用户的体验起到重要的作用，相反，复杂的按钮则会让用户更加反感。

（6）每封邮件的底部要有邮件列表来源的版权说明

邮件底部的内容来源的权威性指明了发送邮件信息的所有单位，用户通过查看此信息能够清晰地知道信息的来源，从而验证信息的权威性及真实性。

此类消息的存在在一定程度上明示了邮件版权所有，对于电子商务网站的品牌效应的形成起着至关重要的作用，此处的信息来源版权声明中，其一要有简单的网站概述，其二要有网站的网址。

总之，信息来源的版权声明注重的是怎样方便邮件阅读者记忆与访问，这里用户可以自行的思考及解决。

（7）邮件发送频率要恰到好处

每日一封的发送频率会使得用户邮件箱内尽是网站的邮件，这样对于电商网站来说，确实很有成效，但是我们必须考虑用户的心理接受能力。

频繁的邮件来往会使用户对发送者产生厌倦，轻者将所有邮件删除，重者将发送者加入黑名单，邮件发送频率值得发送者深入考虑。

所以，邮件发送的频率不宜过高、也不宜过低，也不要波动太大，一定要注意邮件发送的周期频率。笔者觉得邮件周期频率确定为一个月2～3封邮件即可，具体可以根据大多数邮件订阅者的总体习性确定，再者电商网站是否有值得阅读的内容也是可以值得作为参考的标准之一。

5.4 其他站外营销推广方式

▶▶ 5.4.1 社群营销

1. 社群、社群经济与社群营销

社群是某个亚文化人群的集合,具有小众和圈层化的特征。做品牌的是一个群体,做销售的也是一个群体,做定位的可能又是一个群体,这些群体有一些共同的特征,甚至是价值观。

社群是在自媒体时代兴起的,有共同需求、兴趣、爱好和亚文化特征的人聚集起来的群体。

社群现在特指互联网社群,是一群有共同价值观和亚文化特征的群体,基于信任和共识,被某类互联网产品满足需求的群体。由用户自己主导的商业形态,可以获得高价值,降低交易成本。

社群经济的主要特征是区隔性和兴趣性。也就是说,社群经济与粉丝经济是不同的,一个是中心化的,一个是去中心化的。社群经济不仅仅是企业主导,还蕴含了多元化的商业和产品,是以互联网为载体的跨时间、空间和地域的生态系统。

社群营销是在网络社群营销及社会化媒体营销的基础上发展起来的用户连接及交流更为紧密的网络营销方式。网络社群营销主要通过连接、沟通等方式实现用户价值,营销方式人性化,不仅受用户欢迎,还可能使其成为继续传播者。

> **知识拓展:**
>
> 社区与社群之间虽然是一字之差,却有不同的意义。社区是人与物之间的链接,通过共同居住在一个地方或一个环境里,看重的是物理空间的链接,而社群主要针对的是人与人之间的链接,是有本质上的区别的,一堆人天天聚在一起就叫社群吗?不是的,是需要人们有共同的爱好,筛选出这样的群体聚合在一起,这个才是社群的真正意义。
>
> 总结:
> 社区强调的是人与人在物理空间里的联系。
> 社群强调的是人与人在虚拟空间里的关系。

2. 社群分类

目前,社群形态分为五大类别,分别是产品型社群、兴趣型社群、品牌型社群、知识型社群和工具型社群。

（1）产品型社群

产品型社群是互联网社会组织结构的新模式，是家庭、企业之外的另一种联系方式。主要有以下几个重要的思维特征：第一，中间利润为零，利润递延；第二，功能成为必需，情感成为刚需；第三，个人异端化，组织社群化。产品型社群想要成功需要两个前提条件：情怀和势能。产品型社群代表：小米。

（2）兴趣型社群

兴趣型社群是源于大家共同的兴趣和爱好的一个群体。群体之间交流的话题涉及兴趣和知识。兴趣型社群是较为常见的。例如手机、汽车、运动、摄影等。兴趣型社群形成的关键是"同好"。大家在社群中有收获、有分享。基于同好，社群中会出现大量的铁杆拥护者。兴趣类社群代表：大众点评。

（3）品牌型社群

品牌型社群是产品型社群的一种延伸，以用户对产品的情感利益为联系纽带。用户基于对产品的特殊感情和认知，认为品牌能体现自身的体验价值和形象价值。用户认为这种品牌价值符合他们的人生观和价值观，从心理上得到契合，从而产生心理上的共鸣。品牌型社群代表：车友会。

（4）知识型社群

知识型社群是兴趣型社群的一种延伸，社群成员乐于分享自己的经验知识和成果。社群成员之间相互交流和学习，并从中得到彼此的肯定和尊重。知识型社群最能发挥内隐知识的传递和知识创新。由于社群成员在社群活动中自动自发地交换意见和观念，因此社群成员经常会出现思想上的激烈碰撞。知识型社群代表：逻辑思维、知乎。

（5）工具型社群

社交软件 App 有社交平台、即时语音、即时文字、直播类等。各种社群软件和社群应用为人们进行社群交流提供了基础性工具，从社群渗透到社群成员个体的工作生活中。社交工具日常应用让社群成员在现实社群和网络社群两种状态下相互交叉。工具型社群具有应用性、场景性和灵活性，可以完全服务于用户特定的场景沟通需求。工具型社群代表：微信、微博、头条、陌陌、探探、钉钉。

3. 社群营销策略

如今，私域流量大行其道，社群运营越发被提上日程。但受到微商粗放式运营的影响，很多人对于社群运营的印象还停留在信息轰炸、朋友圈刷屏等阶段，殊不知好的社群运营才是当今时代的流量"解药"。如何进行精细化的社群运营，需要从认知、输出、交互、裂变、转化五个阶段入手，从而达成"流量"通往"留量"的道路。

（1）认知：用户标签的梳理

当今，你对用户的认知再也不能像微商那样，例如这一位用户是"宝妈"，那一位用户是"外企员工"，另外一位用户是"大学生"，这种认知过于粗放、模糊，且毫无意义。

对于用户的标签也需要精细化梳理，更好的认知你的用户群体，才能摸透他们的深层需求和潜在欲望，并对标签大致相同的用户进行同策略的运营，这是精细化梳理的必要性。

微信社会中，大数据技术的应用，让品牌主能更加直观地了解用户的数据微粒，用户的爱好和品位能从其抖音点赞、淘宝浏览记录看出来，用户的消费阶层能从其各个电商平台的消费数据看出来，但也仅此而已。大数据时代是基于数据剖析得出来的用户画像，但冷冰冰的数据如果缺少人为的沟通参与，还是不够精准的。

你对用户的标签需要细化到像素级别，例如"自己在家带孩子、有闲暇时间的宝妈""每个月生活费控制在 2000 元以内、消费力一般但是喜欢潮牌的大学生""频繁出国办公、喜欢去免税店购买奢侈品的外企员工"等。

在社群之中，你跟用户的沟通得出的信息是大数据无法做到的，用户的消费反馈也是如此。在数据上，用户的消费反馈往往是基于好评得现金、优惠券等，数据下的颗粒不一定可靠，也没有温度，说到底数据只具有参考意义。

数据辅助下的人性化运营才是出路。基于社群运营，你足够了解用户，能够获得他们的信任和喜爱，能在他们的圈子"一呼百应"，达成一个小圈层的 KOL，那么这个社群将极具长久的消费潜力，同时，大多数社群运营不是单个式的，可能是十个甚至上百个。社群营销的经验和模式完全是可复制的，这为更广阔的消费市场开发提供了依据。

（2）输出：持续、有吸引力的优质内容

通过群内分享、朋友圈图文、公众号等形式持续产出具有吸引力的内容，并以此达成沟通是社群营销保持黏性的必要手段。

这种内容输出要避免停留在长篇累牍、自说自话的地步上，应该以沟通为前提，以实用、趣味性为核心，需要吸引社群内的用户关注到你，而不是看一眼就关掉，从此躺在聊天列表被关闭新消息提醒。

用户感兴趣的、趣味性段子、搞笑抖音视频、社会时事、明星热点、股票、育婴心经，针对用户画像所对应的各个领域去进行内容推送，并积极与用户沟通、引导用户反馈，制造话题量和社群热度。

（3）交互：深耕垂直细分领域

在梳理用户的颗粒化画像后，如果产品不是针对细分领域，那社群营销也要往垂直化方向走下去。营销早已过了粗放式增长的时代，大投放、广推送早已过时，面对营销信息，一方面是人们会自觉抵触和抗拒，另一方面是营销没触及他们的圈层喜好。

社群营销是一个精细化的社区，不同的圈层位于不同的社区，你找到他们的兴趣洼地，并以此为方向去展开"软营销"，控制推送频率、把握社群气氛，都是需要人为去感知并操纵的，及时根据社群的反馈进行调整也是必要的。

（4）裂变：小程序式碎片化应用

如今，我们处在一个信息爆炸的时代，人的注意力越发碎片化，上班之外的闲暇时间，被直播、抖音、Vlog、B 站、手游、微博、端游、饭局、KTV 等占据地满满当当的，你很难抽出时间去观看长时间的信息媒介。

数据显示，在互联网时代，消费者的注意力不超过 8 秒钟。所以抖音、快手等短视频应用风靡寰宇，做社群营销也是如此，讲究一个"耗时短"，不要占据用户太长时间，以"快"来产生转化，碎片化的内容和应用就相当有必要。

碎片化应用对应的就是小程序，它是新生态下达成裂变的唯一方式。做好内容和小程序的联结，让用户将信息以小程序的载体裂变传播到其他社群，就能源源不断的达成流量截获和转化。

（5）转化：持续占领用户心智

社群的转化从来都不是一个急于求成的过程，社群最大的好处在于能够潜移默化的占领用户心智，并持续性的达成转化和复购，在群体的从众行为中，几个人下单会扩散成几十个人下单，最终形成几百个人下单的场景。

在如今冲动式消费越发稀少的情况下，聪明的用户学会了"观望"，特别是在社群之中，"先看下其他人的使用心得和体验，再下单购买也不迟"是大部分人的心理状态。

在社群之中进行的沟通，反复以隐晦的方式提醒用户，告诉他们"产品的亮点"，反复提及后，消费者心中对产品的熟知度慢慢被培养出来，那么用户就开始逐渐被转化，在后续其他社群成员在群里分享的产品体验时，又是一次次的"重复提醒"，更加能润物细无声地影响消费者的决策。

社群流量的广阔天地，精细化运营大有作为。从认知到输出，到交互，到裂变，再到转化，这是社群营销的精细化运营之道，也是从"流量"过渡到"留量"的必经之路。

▶▶ 5.4.2　网络直播和短视频营销

1. 网络直播和短视频营销迅速发展的背景

随着市场环境的不断变化，营销行业同样迎来了新的变革。新营销越来越强调对消费者的直接运营，重视商品和消费者关系的建立和维系，而直播与短视频作为新的营销方式与工具，不仅聚合了人、货、内容、场景等多重因素，还实现了内容赋能传播，社交促进销售等意外收获。品牌营销需要新的增长点，短视频、直播营销无疑走在了行业前列，前者通过策略与创意的融合精准高效的传播品牌主张，后者即能加深消费者对品牌和产品的理解，又能实现与消费者的充分沟通，"短视频+直播"的相互配合，已经成为越来越多的企业与品牌的营销标配。

直播电商发展初期，在直播间总能看到以"全网最低价""大牌超低价""限时秒杀"为噱头的商品促销，这类商品大多确实可以因"刷脸"频繁而变得耳熟能详，但也只有在直播渠道中以极其明显的价格优势才能受到消费者的关注，消费者也仅是因为"占便宜"这个消费动机而购买商品。这种情况下，商品及其背后的品牌价值无法被顺利传达，消费者与品牌之间的联系更是不堪一击，更无品牌忠诚度可言。

通过"短视频+直播"的组合拳，则可以解决这些问题，使品牌达到品效平衡。品牌首先可以通过短视频"种草"使消费者形成产品认知，这类"种草"短视频可以理解为导购模式，很大程度上是由内容质量决定了其能产生的流量多少，而消费者的情感认同、社交分享、多样化内容等要点，则是激发需求和提高转化率的关键，前期的沉淀越多，消费者决策的速度就越快、转化率就越高。短视频通过内容的不断深挖和角度各异的展示刺激，弥补了直播的"不够深入"的不足，更好地为直播带货中的产品折扣销售做了内容铺垫。相关数据显示，短视频"种草"对"90 后""00 后"尤其见效，越年轻的消费者对 KOL 的"种草"信赖度越高。

2. 网络直播和短视频营销发展的策略

品牌可以通过整合营销，率先在小红书、抖音、B 站、微博、微信等多场景平台，以产品试用、开箱、好物分享、日常妆容分享、剧情植入、Vlog 植入等多内容维度，进行短视频"种草"的投放，最终通过直播带货的方式收获市场与口碑，实现组合联动的全平台整合营销。

在整个链条前段的"种草"环节，需要品牌清晰梳理自身卖点，针对短视频平台用户特点发布"种草"内容，根据对应的人的需求和原动力，进行精准"撩拨"。例如，不同 KOL 正在向精细化运营、内容深度垂直的领域发展，头部 KOL 并非万能，"KOX"的整合"种草"投放存在明显的营销优势。在内容方面，可以分为三类：大咖同款、借势"种草"及营销造势，前两者可以借力打力的是消费者拥有了有想象的空间，后者则更适合大品牌利用自身影响力的跨界融合。而在整个链条后段的直播环节，则又是一次对人、货、场的梳理。人即主播，可以通过专业的货品解读、导购能力，或是与粉丝之间的信任有效地推动粉丝消费和决策；货则是直播中商品的组合策略，如"有品牌/商品高成熟度+利益刺激"的组合即意味着大概率的市场爆款与成功的直播转化；场则是不同的直播平台，由于各直播平台所备考的平台能力各有差异，因而每个卖场的基因不同，品牌需要基于不同诉求选择更为适合自己的"直播卖场"。

随着短视频与直播在未来营销中继续扮演增长中轴线的角色，各类营销形式、手段、资源将持续融合，也将推动"内容—流量—转化"过程中各个环节的丰富与延展，同时随着公域、私域、异业能力的加入，渗透用户转化的全链条，最终实现流量效率与价值的最大化。

知识拓展：

KOL、KOC、"KOX"

1. KOL（Key Opinion Leader）：关键意见领袖
2. KOC（Key Opinion Consumer）：关键意见消费者
3. "KOX"（KOL+KOC）整合种草：不同账号有序组合引爆品牌

这种营销模式，适用于前期已经做好品牌教育、新锐品牌或小众品牌正式上线之后的营销手段。按照"测""埋""挖""播""爆"和"晒"6 个执行阶段实现营销目的。

▶▶ 5.4.3 软文营销

1. 软文营销的含义

软文营销，就是指通过特定的概念诉求、以摆事实讲道理的方式使消费者走进企业设定的"思维圈"，以强有力的针对性心理攻击迅速实现产品销售的文字模式和口头传播。例如新闻，第三方评论，访谈，采访，口碑。

软文是基于特定产品的概念诉求与问题分析，对消费者进行有针对性的心理引导的一种文字模式，从本质上来说，它是企业软性渗透的商业策略在广告形式上的实现，通常借助文字表述与舆论传播使消费者认同某种概念、观点和分析思路，从而达到企业品牌宣传、产品销售的目的。

2. 软文营销策略

（1）提前做好软文营销计划

软文营销是广告目标软文化的具体表现，而广告又是品牌目标和销售目标广告化的产物，最终要达到的是建设形象与获取利润的目的，因此，软文营销也应遵循计划、组织、实施、修正的操作规律。了解我们的用户是谁，目标是什么，投放的时间和篇数，预计阅读量和浏览量，用户对软文的评价等问题。

（2）给软文拟一个"漂亮"的标题

就整篇软文推广而言，标题就像"脸面"一样，代表着文章的核心内容。当然，仅仅吸引目光是不够的，标题还应该让用户动心，并产生"让我瞧瞧"的欲望。

（3）抓住时事热点，以热门事件和流行词为话题

时事热点就是指那些具有时效性、最新鲜、最热门的新闻。软文的成功发布需要依靠天时、地利。

"天时"主要表现在企业发布软文时对发布契机的把握和对当时新闻热点的巧妙跟随。当新闻媒体在连续报道某个重要话题时，企业要快速做出应变，撰写并发布与此话题相关的软文。"地利"主要是指软文发布的版面位置。软文写作时要学会使用网络流行词，如"给力""浮云"等，这样能使用户在阅读时产生"亲近"感。

（4）广告内容自然植入，切勿令用户反感

一篇高质量的软文能够让用户读起来感受不到广告的存在，读完之后用户还会觉得受益匪浅，认为文章为他提供了不少帮助。作者在写软文之前就要想好广告的内容和目的。如果软文的写作能力不是很强的话，最好把文章中的软文部分放在开头第二段。如果作者没有好的写作技巧，切勿将软文中的广告放在最后，因为文章内容如果不够吸引人，用户可能读不完就已经关闭了网页。

（5）软文内容契合用户口味，精准定位受众

软文写作的目的，绝不是简单地为企业品牌或产品做广告。要想真正发挥软文的营销价值，需要认真调研目标用户的兴趣爱好和习惯特征等，从而了解用户的口味和需求，精准定位目标受众。只有这样才能写出满足用户需求的内容，为用户提供一定的价值，进而引起受众的关注，促使其进行阅读和传播。

▶▶ 5.4.4　大数据营销

1. 大数据营销的定义

大数据营销是指通过互联网收集大量的行为数据，首先帮助广告主找出目标受众，以此对广告投放的内容、时间、形式等进行预判与调配，并最终完成广告投放的营销过程。

随着数字生活空间的普及，全球的信息总量正呈现暴发式增长。基于这个趋势之上的，是大数据、云计算等新概念和新范式的广泛兴起，它们无疑正引领着新一轮的互联网风潮。

2. 大数据营销的特点

（1）多平台化数据收集

大数据营销的数据来源通常是多样化的，多平台化数据收集能对消费者行为的刻画更加全面而准确。多平台化数据收集包含互联网、移动互联网、广电网、智能电视，未来还有户外智能屏等数据。

（2）强调时效性

在网络时代，消费者的消费行为和购买方式极易在短时间内发生变化。在消费者需求点最高时及时进行营销就显得非常重要。全球领先的大数据营销企业 AdTime 对此提出了时间营销策略，它可以通过技术手段充分了解消费者的需求，并及时响应每一个消费者当前的需求，让他在决定购买的"黄金时间"内及时接收到商品广告。

（3）个性化营销

在网络时代，广告主的营销理念已从"媒体导向"转向了"受众导向"。以往的营销活动须以媒体为导向，选择知名度高、浏览量大的媒体进行投放。如今，广告主完全以受众为导向进行广告营销，因为大数据技术可让他们知晓目标受众身处何方，关注着什么位置的什么屏幕。大数据技术可以做到当不同用户关注同一个媒体的相同界面时，广告内容有所不同，大数据营销实现了对消费者的个性化营销。

（4）性价比高

和传统广告"一半的广告费被浪费掉"相比，大数据营销在最大程度上让广告主的投放做到有的放矢，并可根据实时性的效果反馈，及时对投放策略进行调整。

（5）关联性

大数据营销的一个重要特点在于消费者关注的广告与广告之间的关联性，由于大数据在采集过程中可快速得知目标受众关注的内容，以及可知晓消费者身在何处，这些有价值的信息可以让广告的投放过程产生前所未有的关联性。即消费者所看到的上一条广告可以与下一条广告进行深度互动。

3. 大数据营销的意义

（1）利用大数据改进企业广告投放策略

当前，越来越多的企业在大数据思维指导下进行广告投放，广告能通过对人群的定向，投放给准确的目标消费者。特别是互联网广告现在能够做到向不同的人发布最合适的广告，同时谁看了广告、看了多少次广告，都可以通过数据化的形式来了解、监测，以使得企业更好地评测广告效果，从而也使得企业的广告投放策略更加有效。

（2）基于大数据的精准推广策略

没有目标消费者的精准定位，盲目推广是很多企业开展营销推广没有效果或效果甚微的主要原因。大数据时代一个重要的特点是：一方面，能够实时全面地收集、分析消费者的相关信息数据，从而根据其不同的偏好、兴趣及购买习惯等特征有针对性、准确地向他们推销最适合他们的产品或服务；另一方面，可以通过适时、动态地更新及丰富消费者的数据信息，并利用数据挖掘等技术及早预测消费者下一步或更深层次的需求，从而进一步加大推广力度，最终达到极大增加企业利润的目标。

（3）规模个性化产品策略的实施

传统市场营销产品策略的现状是同样包装、同等质量的产品卖给所有的企业客户，或同一个品牌，若干不同包装、不同质量层次的产品卖给若干相对大群客户，这使得很多企业的很多产品越来越失去对消费者的吸引力，越来越不能满足消费者的个性化需求。

近年来，随着科技和互联网的发展，社会的生产制造向生产"智"造转变，同时大数据通过相关性分析，将消费者和产品进行有机串联，对消费者的产品偏好、消费者的关系偏好进行个性化定位，进而反馈给企业的品牌、产品研发部门，并推出与消费者个性相匹配的产品。

（4）大数据使得营销渠道效能的潜力得以充分挖掘

以前的市场营销的渠道大多采取代理制，或者是购销制，企业与代理商或经销商之间存在一种利益博弈的关系，相互之间的信息常常是不共享的，也经常会发生利益冲突。在大数据环境下，企业只有与各方合作者一起建立起大数据营销系统平台，才能集中体现大数据、物联网、云计算、移动电子商务的优势，从而不断拓展企业营销渠道的外延与内涵。通过营销渠道各方协调一致增强消费者对产品品牌、服务的良好体验，进而引发消费者更加强烈的购买欲，促进消费者与企业品牌的亲和度更加紧密，提升企业的利润空间。

（5）利用企业大数据集成系统制定科学的价格体系策略

现在，很多企业都构建了基于大数据技术的营销平台，实现了海量、不同类型的数据的收集，并跨越多种不同的系统，例如，不同的渠道平台（网络销售平台，以及实体批发、零售平台）；不同的消费者需求；不同的细分市场及不同的但可以区隔的市场区域。这样就可以帮助企业迅速收集消费者的海量数据，分析、洞察和预测消费者的偏好、消费者价格接受度；分析各种渠道形式的测试销售数据；以及消费者对企业所规划的各种产品组合的价格段的反应。使之能够利用大数据技术以了解客户行为和反馈，深刻理解消费者的需求、关注客户行为，进而高效分析信息并做出预测，不断调整产品的功能方向，验证产品的商业价值，制定科学的价格策略。

大数据对于人们来说有利有弊，能够让人们更快速地找到自己想要的东西，但是也会有数据被泄露的风险，因此大数据的安全仍然是人们要重视的。

本章小结

本章主要介绍了跨境电商网络营销站外营销推广方式，主要有搜索引擎营销、包括搜索引擎内涵、搜索引擎付费推广、搜索引擎优化推广；社会化媒体营销，包括社会化媒体营销内涵、LinkedIn 营销和 Pinterest 营销；电子邮件营销及其他站外营销推广方式，包括社群营销、网络直播和短视频营销、软文营销和大数据营销等。

拓展实训

搜索引擎营销和社群营销

【实训目的1】

掌握搜索引擎营销的方法。

【实训内容】

组建5~6人的跨境搜索引擎营销团队,分别调研4家国内出口电子商务公司:有棵树、百事泰、跨境通、傲基电子商务。

【实训步骤】

1. 登录有棵树、百事泰、跨境通宝、傲基电商的网站,了解公司的产品和服务是针对哪些用户群体的。

2. 调研目标群体经常会使用什么搜索引擎。

3. 了解目标群体的搜索习惯。

4. 分析目标群体最关注产品的哪些特征。

【实训目的2】

掌握社群营销的方法。

【实训内容】

组建5~6人的跨境社群营销团队,分别查找与旅游、化妆品、服饰和母婴用品推荐相关的"网红"。

【实训步骤】

1. 每个团队查找一个产品类别的"网红"各三个,了解并深入调查每个"网红"的社群运作模式。

2. 在速卖通App首页,进入"网红"专栏,查看"网红"推荐的博文,并进行模仿撰写,写一篇产品的推荐博文。

复习思考题

一、名词解释

搜索引擎营销、社会化媒体营销、电子邮件营销、社群营销、网络直播和短视频营销、软文营销和大数据营销

二、简答题

1．什么是社会化媒体营销？

2．跨境电子商务进口企业应该如何做社群营销？

3．软文营销的技巧有哪些？

4．LinkedIn 营销的推广策略有哪些？

三、论述题

1．以国内知名跨境 B2C 平台小红书为例，利用搜索引擎优化工具对其进行搜索引擎优化分析，撰写分析报告，内容主要包括以下几方面：网站基本情况分析、网站页面分析、链接分析及关键词研究优化等。

2．如何使用电子邮件营销获得更大的投资回报，结合以上电子邮件营销的技巧，设计一封有创意的电子邮件。

第6章

跨境电商网络营销客户服务与纠纷处理

VIPKID 客服的 Udesk 系统

VIPKID 是一家在线青少儿英语教育公司，专注于 3～15 岁在线青少儿英语教育，通过一对一在线视频的方式，帮助同学们学习和掌握英文。VIPKID 的教师主要集中在海外，对于线上的沟通要求很高。外籍教师在教学过程中如果遇到问题，就需要客服快速反馈，并需要通过信息、文档等方式及时解决问题。

客服需求的主要场景是在线及时处理客户的课程咨询、故障报修、服务投诉等；企业高度重视客户服务的响应效率、在线体验、对话质量及满意度。

第一，VIPKID 线上授课、咨询、投诉主要通过自有 App 及网页形式。Udesk 为 VIPKID

提供了 App 客服接入方案，并实现了网页在线咨询功能，满足了大家对课程的咨询。该解决方案使用了 Udesk 提供的客服 IM 工具，实现了跨国界、无延迟的沟通体验。

第二，Udesk 为 VIPKID 在韩国市场提供多语种自定义配置的功能，支持英语、韩语等多种语言的客户服务；在菲律宾市场，Udesk 提供的在线服务用于面试教师，成为在线面试的工具，先后面试了数万名应聘者。

第三，VIPKID 作为青少儿英语教育公司，对客户满意度及评价尤为重视，Udesk 客服系统通过 IM 监控报表模块提供了实时监控座席状态、客户队列等功能；同时提供了丰富的会话全过程满意度调查、结果统计等功能。

全渠道接入，实现了伴随式客户服务，访客、教师、学生等多种角色对产品和服务的多样化需求。分类受理，咨询报修第一时间受理并解决。稳定的客服保障，最大程度确保峰值体验，能够处理每分钟上百次请求，同时容纳上万名海外教师同时在线。实现海外市场无缝接入，为中韩学员、北美教师提供了实时交流平台；高效、及时支持了业务的快速发展战略。因为多语言系统的保障，便于招募韩国客服人员，实现了韩国业务的客服本地化。科学合理分配客服资源，提升客户参评率，精准数据导向，提高了客服管理部门效率，完成了满意度提升的目标。

案例来源：网络品牌案例

阅读以上案例，请思考：
分析跨境电商客服工作的复杂性。

答案要点：
语言不通，客户在沟通过程中容易出现缺乏耐心、不愿听卖家解释的现象；客服在遇到客户质疑或提起纠纷的时候，如果没有妥善处理，损失的不仅是产品和邮费，还会使纠纷率上升，影响好评率和评论。

6.1 跨境电子商务客服认知

做好客户关系维护能够帮助店铺吸引更多的回头客、降低运营成本、提高客单利润，帮助店铺实现可持续运营。但是，在交易过程中，难免会产生差评和纠纷，此时就需要卖家想办法解决纠纷，减少自身损失。因此，熟练掌握沟通技巧及解决纠纷的方法是卖家的必修课。

▶▶ 6.1.1 跨境电子商务客服工具

1. 平台即时聊天工具

阿里巴巴为境内电商（淘宝网、天猫、1688）提供可即时聊天的工具——阿里旺旺。同样，阿里巴巴也为跨境电子商务（阿里巴巴国际站、速卖通）提供了阿里旺旺国际版（TradeManager），提供在线沟通、联系人管理、消息管理、登录记录查询等基本功能，如图 6-1 所示。

图 6-1 阿里旺旺国际版

2. 站内信或订单留言

以速卖通为例，在未达成交易之前，买家一般通过站内信与卖家建立联系，咨询产品问题，如图 6-2、6-3 所示。在成功下单付款之后，买卖双方就可以通过订单留言来相互沟通，如图 6-4 所示。订单留言和站内信是速卖通平台鼓励买卖双方沟通的渠道。买卖双方关于订单的沟通都可以在订单留言里完成，一方面，可减少买卖双方沟通渠道的选择，避免错过重要信息；另一方面，订单留言是纠纷判责中参考证据的重要组成部分，可保证订单沟通信息的完整。当订单发生纠纷时，站内信和订单留言沟通记录的截图都可以成为有效的证据。

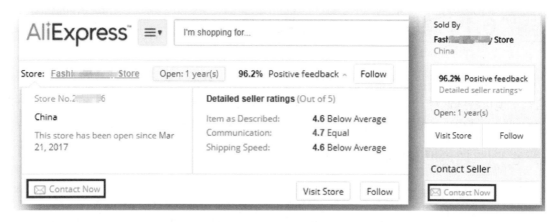

图 6-2 速卖通站内信入口

图 6-3　速卖通站内信编辑页面

图 6-4　速卖通订单留言编辑页面

　　亚马逊没有专门的聊天工具软件，当买家想对购买的产品进行咨询时，需要先在产品详情页找到卖家。单击"Sold by"卖家名称下面的"Ask a question"按钮向卖家咨询，如图 6-5所示。

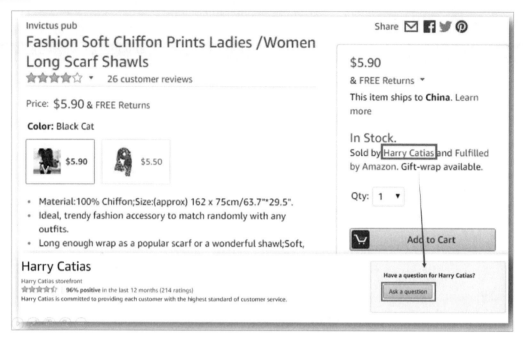

图 6-5　亚马逊平台客户留言

Wish 平台在卖家后台设有"客户问题"版块，分为"未处理""已回复"和"已关闭"三种状态，如图 6-6 所示。卖家（商户）需在 48 小时内回复客户问题。超过时间后，Wish 客服将介入并以客户（用户）利益为先解决问题。

图 6-6　Wish 平台"客户问题"详情

卖家可以单击"查看"按钮，在跳转页面中查看有关客户问题的所有信息。这是买家发送给卖家的关于订单或产品的消息。卖家可以回复买家的客户问题，并在解决后将客户问题关闭。

3. 其他即时通信工具

当企业普通客户成长为重点客户时，为了与客户保持及时、畅通的联系，卖家必定会用到邮件、短信、电话或其他社交工具。

即时通信（Instant Message，IM）是指能够即时发送和接收互联网消息的业务。在跨境电商业务中，选择合适的即时性沟通工具可以让网上磋商效率得以提高。但应当针对不同目标市场客户群的使用习惯，以及不同跨境电商平台的站内信息反馈功能来选择不同的工具。

国外主流的基于互联网常用的即时通信软件包括以下几种，如表 6-1 所示。

表 6-1　国外主流的即时通信软件

序　号	即时通信软件	特　点	注 意 事 项
1	Skype	Skype 是全球免费的语音沟通软件。以较高的声音质量和网络电话为特点，配套多国翻译组件，支持视频聊天、多人语音会议、多人聊天、传送文件、文字聊天等功能	使用前需先到 Skype 官网购买充值卡
2	MSN	MSN 英文全称是 Microsoft Service Network，是最早的在线聊天工具之一，并且有对应的邮箱，其在世界各国的地位如同 QQ 在国内的地位。在高峰期曾一度占有全球超 60%以上的市场份额	有些地区需要绑定 Skype 才能使用
3	Viber	Viber 是一种智能手机使用的跨平台网络电话及即时通信软件。其使用与微信较为相似，较为快捷。客户下载软件后，用手机号注册，可同步到自己的通讯录并和国外用同类软件的客户进行交流	有流量及 Wifi 就可以免费使用
4	腾讯 QQ	腾讯 QQ 是腾讯公司开发的一款基于 Internet 的即时通信（IM）软件，功能强大。支持在线聊天、视频电话、共享文件、网络硬盘、自定义面板、QQ 邮箱等多种功能	主要被国内客户使用，一部分国外客户也在使用

此外，KIK、WhatsApp、SKOUT 等也是国外客户常用的即时通信软件，上述软件都有相应的手机 App，下载到手机上就可以和客户随时随地联系了。

▶▶ 6.1.2　跨境电商客服的职能

跨境电商客户服务的工作范畴包括四个方面，即解答客户咨询、处理产品售后问题、促进产品销售和监控管理产品运营。

1. 解答客户的咨询

跨境零售电商的商业本质是零售业的分支。而基于零售行业的特点，客户必然会对卖家提出大量关于产品和服务方面的咨询，所以客服人员接待咨询工作主要分为以下两大类。

① 产品方面。通常售前咨询的客户都是潜在客户，他们还处于了解产品的过程之中，此时，客服人员能及时、专业、有针对性的回答客户的问题就显得十分重要了。否则，在竞争激烈的大环境下，客户可能选择立刻离开，改选其他产品。可见，这个阶段的客服人员应十分熟悉本企业的产品，包括产品的质量、规格、使用情况、产品特点等。此外，客服人员应具有

较强的理解能力，有针对性的回答客户的问题，若答非所问或泛泛而谈，会导致客户感觉客服不专业而离开。

目前，我国跨境出口电子商务行业主要涉及的产品特点如下。

一是产品种类繁多。我国跨境出口电子商务行业相关产品种类从 3C、玩具，到服装、配饰、家居、运动等，涉及的品类不断丰富，基本已经覆盖国内所有的日用消费品。

二是国外产品规格与国内差异较大。例如服装尺码方面，有国际、美国、欧洲等尺码标准，与我国标准存在差异；电气设备的标准规范方面，欧洲地区、日本、美国电器产品电压都与国内标规不同，如最简单的电源插头都有巨大差异。

综合以上两个问题，跨境电商客服在解决客户关于产品的问题时也面临着更大的困难，而不管问题多么复杂，客服人员都应该为客户提供完美的解答和可行的解决方案，这也增加了国内卖家对客服人员培训的挑战。

② 服务方面。服务实现更加复杂其实是跨境电商行业的另一个特点。当跨境电商面临国际物流运输、海关申报清关、运输时间及产品安全性等问题时，其处理过程更加复杂。而当国外客户收到产品后，在使用产品的过程中遇到了问题也需要客服人员具备优秀的售后服务能力，为国外客户提供有效的解决方案，进而降低售后服务成本，为国外客户提供优良的购物体验。

2. 处理产品售后问题

在国内电商交易中，大多数买家在下单前都会与客服人员进行沟通，咨询产品库存、产品是否可以提供折扣或赠品等问题。而在跨境电商中，买家往往是默默下单并及时付款，卖家要做的是在产品描述页面上借助文字、图片、视频等对产品进行详细的介绍，并说明能够提供的售前和售后服务。而这些内容都将成为卖家向买家做出的不可改变、不可撤销的承诺。

在跨境电商交易中，当买家联系卖家时往往是因为产品在运输过程中出现了问题，或者是其他服务方面出现了重大问题，而这些问题是买家自己无法解决的，因此在跨境电商交易中，一旦买家联系客服，通常就是买家投诉。跨境电商的客服人员最主要的日常工作就是解决各种售后问题。

3. 促进产品销售

在跨境电商中，如果客服人员能够充分发挥主动性，主动促成订单交易，将为企业和团队带来巨大的能量，以阿里巴巴跨境电商平台为例，其在成立之初的定位是"面向欧美市场的小额批发网站"，但随着系统的不断完善，逐渐成长为一个完善的跨境电商 B2C 零售平台，订单以面向欧美地区、俄罗斯、巴西等国家和地区的零售型产品为主。不可否认的是，仍然有不少国外买家习惯在开通的电商平台上寻找种类多样、质优价廉的中国产品。也就是说，现在的跨境电商交易中小额的国外批发采购客户占有很大的比例。

这些买家的购买模式通常是先挑选几个中国卖家的店铺采购小额的样品，待确认样品的质量、款式及卖家的服务水平之后，这些买家会尝试订购单笔大额订单，随后逐渐与中国卖家发展为稳定的采购批发供应关系，而这些买家与中国卖家的接触往往通过客服人员进行，因此优秀的客服人员需要具备营销意识和技巧，能够将零散买家中的潜在批发买家发展为实际的、稳定的长期客户。这就是客服人员促进产品销售的职能。

4. 监控管理运营

由于跨境电商具有跨国交易、订单零碎的特点，因此在产品开发、采购、包装、仓储、物流、海关清关等环节容易出现混乱的情况。尤其是由于环节众多，出现问题后企业和团队无法确认责任到位，长此以往，问题无法被发现并得到有效的解决，将会随时给团队带来损失，因此对于一个企业来说，必须建立一套完整的问题发现和解决机制，以便在出现问题之后客服人员能及时有效地进行处理。

在跨境电商中客服人员能够直接接触广大客户，直接聆听客户提出的问题，是团队最先发现某些问题的接触点。因此，跨境电商团队中的客服人员必须发挥监控管理运营的职能，定期将客户提出的问题进行分类总结，并及时向销售、采购、仓储、物流等各部分的主要负责人反馈，为这些部门的决策者进行运营策略调整和工作流程优化提供第一手重要的参考依据。

6.2 客户服务技巧

做好客户服务工作，可以提升买家购物体验、提高转化率，是促进客户进行二次购买的有效途径。这就要求客服人员要掌握提高买家满意度的技能，并能有效地进行二次营销。

6.2.1 买家满意度的提升

买家满意度是指买家通过对一个产品的可感知效果与他的期望值相比，所形成的愉悦或失望的感觉状态。较高的买家满意度将会为店铺带来更多的重复购买，吸引买家更快下单，同还能间接提高产品的排序，增加产品的曝光度，帮助卖家享受更好的资源，如更多的橱窗推荐位、图片银行空间、动态多图数量等。

在交易过程中，影响买家满意度的重要因素主要有产品质量、物流速度、物流服务、交易沟通、售后服务等。因此，卖家可考虑从以下几个角度着手提升买家满意度，改善交易过程中买家的购物体验。

1. 产品描述尽可能详细、完整

通常来说，买家希望从产品描述中了解的产品信息包括多个方面，因此，卖家的产品描述中要尽可能地包含买家需要的相关信息，这需要做好两个方面的工作：一是标题内容要详细，尽可能包含售后服务、质量保证等信息；二是可以将产品的信用保证、产品材料、认证标识及支付方式包括退换货政策，都在产品的详细描述页面显示出来。产品详细信息介绍及物流、售后服务等各方面的说明，不仅让买家对产品有了全面的认知，物流、支付方式的介绍和售后保障的介绍，更是增强了产品的吸引力。

2. 快速及时地回复询盘

回复询盘应礼貌、简洁、清晰、直截了当，同时要避免过多的沟通次数导致丢失商机。关于询盘技巧详见下一节内容的介绍。

3. 与买家保持良好沟通

交易中买卖双方的沟通是非常有必要的，特别是如果买家对卖家的某件产品感兴趣时，就会多问一些问题以便更清楚地了解产品。当卖家遇到买家咨询时应积极回应，同时留意是否是因为产品描述没有说清楚等原因才造成买家对产品有疑问，并在随后要修改、编辑产品页面。

如果在与买家的沟通中出现误会或争执，卖家一定要冷静地寻找原因。一般来说，问题可能是因为产品描述有歧义、多人操作店铺账号但没有对客户要求及时备案等细节造成的。而卖家与买家进行耐心沟通后，多数情况下可以消除误会并增进买家对产品的了解。

4. 为买家提供优质的物流体验

物流体验包括发货速度、物流运送时间、货物完整度与送货员的服务态度等重要内容。提供优质的物流体验，卖家可以从以下几个方面入手。

（1）选择合适的物流

不同的国际快递的服务重点会有所区别，且不同国家和地区的买家对物流的要求也不同。物流方式应与产品的价格匹配，卖家要注重物流时效的稳定性。例如，在旺季的时候选择信用等级更高的物流方式，而在淡季的时候多尝试几家物流商，稳定性越好，越能赢得买家的信赖。

建立相应的理赔机制，物流方式要考虑物流商的承运能力，在保证物流配送安全、稳妥的前提下，要避免产生不必要的售后问题和损失。所以，卖家要对物流商的全环节操作的专业度进行详细的了解。拥有专业、稳定的物流团队能够帮助卖家在拓展海外市场或是入驻电商平台时提供有效的经验，让卖家少走弯路，因此各种服务的细节决定了这家物流商是否值得依赖。

（2）及时发货

买家都希望能尽快收到自己购买的物品。因此，当买家付款后卖家最好能在最短的时间内发货。发货后要及时填写物流单号，并第一时间联系买家，告知对方物流运送情况。

（3）做好物流跟踪

做好物流跟踪，并及时与买家联系确认货物的送达时间及反馈信息。

5. 为买家提供高质量的产品

卖家要在发货前检查货物的状态，尽可能避免出现产品描述与产品不符的情况，注重产品的包装专业整洁度，并可以随产品附赠礼品，给买家创造意外的惊喜，为买家提供良好的购物印象，有利于提高复购率。

6. 做好售后服务，及时处理纠纷

及时完美地结束交易后，继续跟进的优秀服务是让买家留下深刻印象的方式，具体包括

以下几个方面的内容。

① 承诺的售后服务一定要兑现。

② 买家收到货物后，可以联系买家做一次确认。

③ 做好定期客户维护，卖家可在节假日定期为买家送去祝福。

④ 如果买家对自己做出好评后，卖家不要忘记向买家表示感谢。

⑤ 当纠纷出现时，及时主动地沟通并努力清除误会，争取给出令买家满意的结果，并对不良的评价及时做出解释。

▶▶ 6.2.2　做好二次营销

不论是亚马逊、eBay 还是速卖通，在卖家的交易中，老客户都会占据一半甚至更多，卖家要想保持稳定增长的交易额，成长为大卖家，做好老客户的服务，即做好二次营销是非常关键的。

1. 寻找重点客户

一次简单的交易从客户下单到客户确认并给予好评后就结束了，但一个优秀的卖家仍有很多事情可以做。卖家通过对客户交易数据的整理，可以识别出那些有潜力、持续交易的客户，更有针对性地维系与他们的关系并推荐优质产品，从而使这些老客户持续稳定地下单。发现重点客户可以去做以下几点。

（1）分析客户评价

卖家可以通过分析客户购物之后的产品评价来判断客户的性格。例如，有的客户对产品的评价比较严格，会详细说明产品的质量、包装、物流等情况，这类客户一般对产品的要求较高，应对其提供较为完善的售后服务。

其次，还可以从客户的文字风格判断客户的性格。例如，客户使用的语言严谨精炼，可判断其可能是雷厉风行、不喜欢拖泥带水的性格。如果卖家能够摸清客户的性格，则可以依此积极调整自己的沟通方式，这样更利于发展客户。

（2）分析客户购买记录

很多有经验的卖家，都会对客户订单进行分类管理，根据每个客户的采购周期长短、评价情况、客户所处国家（地区）等维度来寻找重点客户，除了可以分析自己店铺中客户的购买记录，还可以从其他店铺中挖掘客户，重点关注其他店铺中购物 3 次以上或采购金额较大的客户，并对其进行分类管理。

对客户进行分类管理，既能帮助卖家抓住重点客户，也能减少卖家维系客户关系的成本，有经验的大卖家会在与客户联系的过程中，主动了解客户的背景、喜好和购买的产品，从中识别有购买潜力的大客户，为后期获取大订单打下基础。

2. 积极进行二次营销

卖家开展二次营销的机会主要表现在感恩节、圣诞节等一些重要的节日时，这是客户的购买高峰期，还可以做一些产品的特价销售。在每次有新的优质产品上线时，宣传最新产品、做一些让利于客户的促销活动，抓住这些重要的时间点，运用一些促销方式对于刺激客户的二次购买有极好的效果。稳定持续的二次购买率，能让卖家获得老客户稳定的交易量，从而更好地增加交易量。

3. 注意沟通时间点

由于时差的缘故，在卖家日常工作的时间（北京时间上午 8 点钟到下午 5 点钟）段内，会发现大部分国外客户的即时通信系统都处于离线状态。当然，即使国外客户不在线，卖家也可以通过留言联系客户。不过，建议卖家应尽量选择客户在线的时候与其沟通，这意味着卖家应该在合适的时间联系国外客户，因为这个时候沟通效果更好。

4. 主动联系客户

有了明确的重点客户识别之后，卖家要做的就是把重点客户的购买力更好地掌控住。此外，在与客户沟通的过程中，文章要尽量避免长篇幅到底，要合理分段、分层，同时要将重要的信息放在正文的前面。

5. 态度不卑不亢

虽然卖家始终要将客户放在第一位，但是过分的谦卑会使卖家失去主动权，特别是在谈判中，会处于被动地位。不要让客户有高高在上的感觉，更不能让客户感觉我们在求他下单。做买卖双方是平等的，卖家需要客户，客户同样需要好的卖家，没有卖家的支持，他们也很难买到自己想要的产品。

6.3 客户沟通模板

用英文与客户沟通最重要的是要做到以下几点：一是清楚，即用词必须准确，内容主旨清晰；二是简洁，用简短的语句表达清楚意思，尽量避免使用过于复杂的词汇；三是礼貌，英文书写要有一定的礼貌用语。

以下提供一些常用的写作案例，供卖家参考。

▶▶ 6.3.1 售前沟通

售前沟通主要是为客户解答关于产品的信息（如价格、数量、库存、规格型号及用途）、运费、运输等方面的问题，促使客户尽快下单。

1. 客户光顾店铺查看产品

Hello, my dear friend,

Thank you for visiting our store, you can find what you want from our store. If we don't have the item, please tell us and we will spare no effort to find it. Please feel free to buy anything!

Good luck.

译文：您好，我亲爱的朋友。感谢光临我的商店，您可以从我的商店找到所需要的产品。如果没有您需要的，您可以告诉我们，我们可以帮您找。请放心购物！祝您好运。

2. 客户询问产品价格和库存

Dear ×,

Thank you for your inquiry. Yes, we have this item in stock. How many do you want? Right now, we only have × color and × style left. Because they are hot selling items, the product has a high risk of selling out soon. Can you please place your order as soon as possible?

Thank you!

译文：亲爱的×，谢谢您的咨询。是的，您现在浏览的产品有货。您要多少件？现在我们只有×款和×颜色。因为这款产品非常畅销，很快将售完。您可以尽快下单吗？谢谢！

3. 批量购买询问价格

Dear friend,

Thanks for your inquiry. We cherish this chance to do business with you very much. The order of a single sample product costs × USD with free shipping included. If you order ×× pieces in one order, we can offer you the bulk price of × USD/piece with free shipping. I look forward to your reply.

Best Regards!

译文：亲爱的朋友，感谢您的询问，我们很希望跟您交易。一个样品的运费需要×美元，如果您订购××件产品，我们可以为您提供批发价格×美元/件。期待着您的答复。谢谢。

提示：请填写产品的价格，购买件数和优惠价格。

4. 鼓励客户提高订单金额和订单数量，提醒买家尽快确认订单

Dear friends,

Thank you for your order, if you confirm the order as soon as possible, I will send some gifts to you. Good news: recently there are a lot of activities in our store. If the value of goods you buy count to a certain amount, we will give you a satisfied discount.

译文：亲爱的朋友，谢谢您的惠顾，如果您尽快确认订单，我们将会赠送礼物。好消息：店铺最近有很多活动，如果您购买的货物价值数到一定等级，我们会给您一个满意的折扣。

5. 核对基本信息

Dear friends,

Thank you for your order. In order to ensure the accuracy of your order, please confirm the following basic information:

1. Check your receipt address is correct;

2. Product name or number;

3. Color;

4. Quantity;

5. Transportation way.

After you confirm the correct order, we will arrange the shipment at the first time.

Thank you very much!

译文：亲爱的朋友，非常感谢您的订单，为了确保您订单的准确性，请确认以下基本信息：1. 请检查您的收件地址是否正确；2. 产品名称或编号；3. 颜色；4. 数量；5. 运输方式。您确认信息正确后，我们将在第一时间安排发货。

非常感谢！

6. 下单但未付款对策

Dear Friend,

We have got your order of ×. But it seems that the order is still unpaid. If there's anything I can help with the price, size, etc., please feel free to contact me. After the payment is confirmed, I will process the order and ship it out as soon as possible. Thanks!

Best Regards!

译文：亲爱的朋友，我们已收到您的订单×（产品名称和数量等）。但订单似乎未付款。如果在价格和尺寸上有什么能帮助的，请随时与我联系。当付款完成后，我将立即备货并发货。谢谢！最好的问候！

7. 货物断货对策

Dear friend,

We are very sorry that item you ordered is out of stock at the moment. I will contact the factory to see when it will be available again. I would like to recommend some other items of similar styles. Hope you like them too. You can click on the following link to check them out ××(link:_____). If there's anything I can help with, please feel free to contact us.

Thanks! Best Regards!

译文：亲爱的朋友，真是对不起，您订购的产品目前缺货，我会与工厂联系确认什么时候能供货，并随时告知您。以下链接提供的产品也很不错，您可以看看。有什么我可以帮忙的，请告知，并与我们联系。谢谢！

提示：请在横线处添加同类产品的链接。

8. 客户未付款对策

Dear friend,

We've reset the price for you. We have given you a(an) ×% discount on the original shipping price. Since the price we offer is lower than the market price and as you know shipping cost is really high, our profit margin for this product is very limited. Hope you are happy with it and you are welcome to contact me if there's anything else I can help with.

Best Regards!

译文：亲爱的朋友，我们已经为您重置价格并给您原价×%的折扣。如您所知，运输成本非常高，我们提供的价格比市场价格低，我们从这个产品中赚取不了多少利润。希望您满意，随时与我联系。最好的祝福！

提示：请填写运费折扣。

9. 提供折扣

Dear friend,

Thank you for your message. Well, if you buy both of the ×××× items, we can offer you a(an) ×% discount, once we confirm your payment, we will ship out the items for you in time.

Please feel free to contact us if you have any further questions.

Thanks & Best regards!

译文：亲爱的朋友，感谢您给我信息。目前我们正在进行促销，如果您购买了××××个产品，我们可以给您×%的折扣。一旦我们确认您的付款，我们将及时为您发货。如果您有任何问题，请随时与我们联系。谢谢，并致以最诚挚的问候！

提示：请填写希望买家购买的件数和您所能提供的折扣。

10. 客户议价

Dear friend,

Thank you for taking interests in our item. I am afraid we can't offer you that low price you bargained as the price we offer has been carefully calculated and our profit margin is already very limited. However, we can offer you a(an) ×% discount if you purchase more than × pieces in one order. If you have any further questions, please let me know.

Thanks & Best regards!

译文：亲爱的朋友，谢谢您对我们的产品感兴趣，但很抱歉我们不能给您更低的价格了。事实上，我们的报价是经过精心计算且合理的，我们的利润已经很有限了，但如果您一次购买超过×件，我们将给您×%的折扣。有任何问题请联系我，谢谢！

提示：请填写希望买家购买的件数和您所能提供的折扣。

11. 客户要求免运费对策

Dear friend，

Sorry, free shipping is not available for orders sent to ××. But we can give you a(an) ×% discount of the shipping cost.

译文：亲爱的朋友，很抱歉，到××是不免运费的，但是我们可以给您×%的运费折扣。

提示：请填写地区和运费折扣。

12. 客户希望提供样品，而公司不支持样品

Dear ×,

Thank you for your inquiry. I am happy to contact you.

Regarding your request, I am very sorry to inform you that we are not able to offer free samples. To check out our products we recommend ordering just one unit of the product (the price may be a little bit higher than ordering by lot). Otherwise, you can order the full quantity. We can assure the quality because every piece of our product examined by our working staff. We believe that the trustworthiness is the key to do business.

If you have any further questions, please feel free to contact me.

Best Regards.

译文：亲爱的×，谢谢您的询问，我很高兴与您联系。

关于您的要求，我很抱歉，我们无法提供免费样品。为了检验我们的产品，我们建议您第一次可以只订购一个产品的一个单位（价格可能比批量订购稍高）。不然，您可以订购全部数量。我们可以保证产品的质量，因为我们的每一件产品都经过我们的工作人员仔细检查了。我们相信诚信是成功经营的关键。如果您有任何问题，请随时联系我。

祝好。

13. 没有好评，客户对于你的产品表示怀疑

Dear friend,

I am very glad to receive your message. Although I haven't got a high score on AliExpress, I've been doing business on eBay for many years and I am quite confident about my products. Besides, since offers Buyer Protection service which means the payment won't be released to us until you are satisfied with the product and agree to release the money. We sincerely look forward to establishing long business relationship with you.

Best Regards.

译文：亲爱的朋友，我很高兴收到您的邮件。虽然我在速卖通平台没有得到高分评价，但我在 eBay 平台做业务多年，我对我的产品很有信心。此外，速卖通平台提供第三方担保支付服务，这意味着货款将不会直接发放给卖方，直到您对产品质量和交易都非常满意。希望能够与您长期合作。

最好的祝福。

14. 客户询问是否有直销航运

Dear friend,

We offer drop shipping service. You can simply specify the shipping address and we will drive the order to you designated address.

译文：亲爱的朋友，我们提供送货服务。您只需指定收货地址，我们就会把订单送到您指定的地址。

▶▶ 6.3.2 售中沟通

售中沟通主要是发货确认、物流问题，告知客户产品的物流信息，以便让客户掌握产品动向。

1. 客户下单后发确认单

Dear buyer,

Your payment for item ××has been received. The product has been arranged with care. You may trace it on the following website after × days. We will tell you the tacking number. If you have any questions, let me know. Thanks!

Best Regards.

译文：亲爱的顾客，您的订单编号为××的款项已收到。货物已经准备好了。您可以在×天后在以下网站上追踪物流信息。我们将告知您货运单号。如果您有任何问题，请随时联系我。谢谢！

最真诚的祝福。

提示：请填写订单编号和发货天数。

2. 已发货并告知客户

Dear ×,

Thank you for shopping with us. We have shipped out your order (order ID: ××) on Feb. 10th by EMS. The tracking number is ××. It will take 5-10 workdays to reach your destination, but please check the tracking information for updated information. Thank you for your patience!

If you have any further questions, please feel free to contact me.

Best Regards.

译文：亲爱的×，感谢您在我们店铺购物。

我们已经将您的订单（ID：××）于 2 月 10 日由 EMS 打包发货了，货运单号是××。包裹将需要 5～10 个工作日到达您的目的地，请检查跟踪物流信息的更新。谢谢您的耐心等待！

如果您有任何问题，请随时联系我。

致以最亲切的问候。

提示：请填写订单编号和货运单号。

3. 订单发货

Dear friend,

The item ×× you ordered has already been shipped out and the tacking number is ××. The shipping status is as follows: ××. You will get it soon.

Thanks for your support! Best Regards!

译文：亲爱的朋友，订单编号为××的货物已经发货，货运单号是××，运输方式是××。订单状态是××，您会很快收到货物的。感谢您的支持和理解！最好的祝福！

提示：请填写订单编号、货运单号、运输方式和订单状态。

4. 通知客户查看物流情况

Dear ×,

The goods you need had been set to you. It's on the way, now pay attention to the delivery and sign as soon as possible. If you have any questions, please contact me.

译文：亲爱的×，您所购买的商品已经发货了。现在在路上，请注意收货并尽快签收。如果您有任何问题，请随时联系我们。

5. 海关问题

Dear friends,

We received notice of Logistics Company, now your customs for large periodically inspected strictly, in order to make the goods sent to you, we suggest that the delay in shipment, wish you consent to agree. Please let me know as soon as possible.

Thanks.

译文：亲爱的朋友，我们接到物流公司的通知，现在贵国的海关对大量邮包进行定期的严格检查，为了使货物安全地送达贵处，我们建议延迟发货，希望征得您的同意。希望尽快得到您的回复。谢谢。

6. 订单超重导致无法使用小包免邮的回复

Dear ×,

Unfortunately, free shipping for this item is unavailable. I am sorry for the confusion. Free Shipping is only for packages weighing less than 2kg，which can be shipped by via China Post Air Mail. However, the item you would like to purchase weighs more than 2kg. You can choose another express carrier, such as UPS or DHL (which will include shipping fees, and which are also much faster). You can also place the order separately, making sure each order weighs less than 2kg, to take advantage of free shipping.

If you have any further questions, please feel free to contact me.

Best Regards.

译文：亲爱的×，非常遗憾，您的这笔订单是不可以免运费的。只有重量小于 2kg 的包裹才可以包邮，通过中国邮政航空邮件发货。然而，您购买的这笔订单的重量超过 2kg。您可以选择另外的物流公司，如 UPS 或 DHL（包邮并且速度也很快）。您也可以把订单分开，确保每个订单的重量小于 2kg，就可以包邮了。

如果您有任何问题，请随时联系我。

最好的问候。

7. 因为物流风险，卖家无法向客户国家发货

Dear ×,

Thank you for your inquiry. I am sorry to inform you that our store is not available to provide shipping service to your country. However, if you plan to ship your orders to other countries please let me know. Hopefully we can accommodate to provide service for your country.

Sincerely!

译文：亲爱的×，谢谢您的询问。我很抱歉地通知您，我们无法提供到贵国的运输服务。但是，如果您计划将您的订单发送到其他国家，可以联系我们。希望我们能为您所在地区提供服务。

我真诚地感谢您的理解！

8. 物流信息缺失对策

My friend,

We sent the package out on ××, and we have contacted the shipping company the problem. We have got back the original package and resent it by UPS. New tracking number is ××. I apologize for the inconveniences and hopefully you can receive the items soon. If you have any problems, don't hesitate to tell me.

译文：亲爱的朋友，我们已经在×月×日发送包裹，根据您的反馈，我们已经联系货运公司并确认问题。我们将找回了原来的包裹并重新寄送，新的货运单号是××，我对此感到十分抱歉，希望您能尽快收到包裹。有任何疑问，请告诉我。

（此单在发出前，先找物流公司负责人询问清楚，有可能涉及假单或转单号）

提示：请填写发货日期和货运单号。

9. 物流遇到问题对策

Dear ×,

Thank you for your inquiry, I am happy to contact you. We would like to confirm that we sent the package on 16th. Oct. 2019. However, we were informed package did not arrive due to shipping problems with the delivery company. We have resent your order by EMS, the new tracking number is ××. It usually takes 7 days to arrive to your destination. We are very sorry for the inconvenience. Thank you for your patience.

If you have any further questions，please feel free to contact me.

Best Regards.

译文：亲爱的×，谢谢您的询问，我很高兴与您联系。我们在 2019 年 10 月 16 日寄的包裹，由于运输问题并没有送达。我们已通过 EMS 重新发送您的包裹，新的货运单号是××。到达您的目的地通常需要 7 天的时间。我们很抱歉给您带来不便，谢谢您的耐心等待。

如果您有任何其他的问题，请随时联系我。

最好的问候。

提示：请填写货运单号。

▶▶ 6.3.3　售后沟通

售后沟通主要是客户收到产品之后的一系列问题，包括退换货问题、买家确认收货及买卖双方互评。

1. 退换货问题对策

Dear friend,

I'm sorry for the inconveniences. If you are not satisfied with the products. You can return the goods back to us. Or we will give you a replacement or give you full return, we hope to do business with you for a long time. We will give you a big discount in your next order.

Best regards!

译文：亲爱的朋友，很抱歉给您带来了不便。如果对产品不满意，您可以把货物退回，我们将为您换货或全额退款。我们希望能和您长期合作。当您下次购买时，我们将给您最大的折扣。美好的祝福！

2. 询问是否收到货

Dear friend,

According to the status shown on EMS web site, your order has been received by you. If you have got the items, please confirm it on AliExpress.com. If not, please let me know. Thanks!

Best Regards.

译文：亲爱的朋友，EMS 网站显示您已收到货物。如果您已收到货物请到速卖通确认，如果没有收到货，请告知我。谢谢！最好的祝福。

提示：可根据您货物的实际情况进行更改。

3. 客户确认收货

Dear buyer,

I am very happy that you have received the order. Thanks for your support I hope that you are satisfied with the items and look forward to doing more business with you in the future.

By the way, it would be highly appreciated if you could leave us a positive feedback. Which will be a great encouragement for us. If there's anything I can help with, don't hesitate to tell me. Thanks!

译文：亲爱的顾客，我很高兴看到您已收到货，感谢您的支持。希望您满意，并期待着在将来与您有更多的合作。如果您可以给我们一个积极的反馈，我们会非常感激，因为这对我们来说是一个很大的鼓励。如果有什么我可以帮助的，不要犹豫请告诉我。谢谢！

4. 客户收货后投诉产品有损坏

Dear friend,

I am very sorry to hear about that since I did carefully check the order and the package to make sure everything was in good condition before shipping it out, suppose that the damage might have happened during the transportation. But I'm sorry for the inconvenience this has brought you. I guarantee that 1 will give you more discounts to make this up next time you buy from us. Thanks for your understanding.

Best Regards.

译文：亲爱的朋友，很抱歉看到发给您的货物有残损，我在发货时确实仔细检查了产品和包装，以确保一切都是良好的情况下才发货的。残损可能发生在运输过程中，我们为带给您的不便深表歉意。当您下次从我们这里购买时，我将会给您更多的折扣。感谢您的谅解。最好的问候。

提示：请根据投诉的实际情况进行更改。

5. 完成交易表示感谢，并希望客户能够再次光临的对策

Dear friend，

Thank you for your purchase, I have prepared you some gifts which will be set you along with the goods. Sincerely hope you like it, I will give you a discount if you purchase another products.

译文：亲爱的朋友，谢谢您的购买，我们为您准备了一些礼物。如果您下次购买其他产品时，我们会在打折的基础上，再送您一份小礼品，真诚地希望您能喜欢。

6. 提醒客户给自己留评价

Dear friend,

Thanks for your continuous support to our store, and we are striving to improve our selves in terms of service, quality, sourcing, etc. It would be highly appreciated if you could leave us a positive feedback, which will be a great encouragement for us. If there's anything I can help with, don't hesitate to tell me.

Best Regards.

译文：亲爱的朋友，感谢您继续支持我们，我们正在改善我们的服务、质量、采购等。如果您可以给我们一个积极的评价，我们将会非常感谢，因为这对我们来说是一个莫大的鼓励。如果有什么我们可以帮助您的，不要犹豫，请告诉我们。最好的祝福。

7. 收到客户好评

Dear friend,

Thank you for your positive comment. Your encouragement will keep us movement forward. We sincerely hope that we'll have more chances to serve you.

译文：亲爱的朋友，感谢您的积极评价。您的鼓励是我们前进的动力，我们真诚地希望能有更多的机会为您服务。

8. 向客户推荐新品对策

Dear friend,

As Christmas/New Year is coming, we found ╳ has a large potential market. Many customers are buying them for resale on eBay or in their retail stores because of its high profit margin. We have a large stock of ╳. Please click the following link to check them out ╳. If you order more than ╳ pieces in one order, you can enjoy a wholesale price of ╳. Thank you for your patronage.

译文：亲爱的朋友，随着圣诞节/新年的到来，我们发现╳产品拥有一个巨大的潜在市场。由于利润率高，许多客户都购买这些产品，然后在 eBay 平台上或自己的零售店转售。我们有大量畅销的╳产品。请单击下面链接查看它们。如果您一次订购╳件以上，我们可以给您批发价格。感谢您的惠顾。

提示：请填写产品名称、产品链接地址和购买件数。

6.4 信用评价管理

速卖通针对买卖双方都提供了信用评价制度，当一次交易完成后，交易双方均可以根据交易的满意程度给对方好评、中评或差评。其中，买家给予的每个好评将会使卖家的信用增加一分，中评不加分，差评则会扣掉一分。

随着交易数目的不断增加，买家满意度的不断提高，卖家获得的信用积分也会越来越多，这一点对于卖家来说尤为重要，来自买家的信用评价可以体现卖家的历史交易情况及买家的满意度等，而其他买家在购买时，通过卖家的信用评价就可以客观地了解该产品的交易情况并决定是否购买。

▶▶ 6.4.1 评价系统概述

全球速卖通平台的评价分为信用评价及卖家分项评分两类。

信用评价是指订单交易结束后对对方信用状况的评价。信用评价包括五分制评分和评论两部分，如图 6-7 所示。

图 6-7 信用评价

卖家分项评分是指买家在订单交易结束后以匿名的方式对卖家在交易中提供的产品描述（Item as Described）的准确性、沟通质量（Communication）及回应速度、物品运送时间合理性（Shipping Speed）三个方面服务做出的评价，是买家对卖家的单向评分。信用评价买卖双方均可以进行互评，但卖家分项评分只能由买家对卖家做出，如图 6-8 所示。

图 6-8　卖家分项评分

1. 回复买家的评价

卖家发货的订单在交易结束后 30 天内，买卖双方都可以对该项交易进行评价。卖家进入速卖通后台之后，可以查看交易评价，包括"等待我评价的订单""等待买家评价的订单"和"生效的评价"。对买家的评价做出积极及时的回复是保持与买家有效沟通的重要方法，这样有利于拉近与买家之间的心理距离，与买家形成良性联系，如图 6-9 所示。

图 6-9　回复买家评价

2. 导致差评的原因

（1）差评具体表现

① 产品图片与实物的差异。产品图片要美观，但不要误导买家，修图时要注意保持产品的真实感。

② 关于免邮产品，有时卖家会忽略一些国家的进口政策。例如，美国高于 500 美元申报价值的货物，就要按照重量收取进口关税；加拿大和澳大利亚则是高于 20 美元的货物要收取

关税；英国、德国等欧洲地区的国家货物的申报价值必须是在 20～25 美元，一旦超出将会有更多的关税产生。这样一来，一旦有关税产生，买家就必须支付关税后才能拿到货物。有一些比较极端的买家会因为需要支付额外的费用拒绝签收。

③ 信用卡账户有额外的扣款显示：AliExpress Charge。速卖通平台针对买家的支付不收取费用，但建议买家联系其开户行，询问是否需要支付手续费。

（2）差评应对策略

① 为了使图片更加美观，在产品图片上添加一些产品本身没有的效果，导致在上传产品图片后，与产品本身不符，这是卖家应该纠正的行为。可以多展示产品实物在颜色、形状上的细节，尽量让买家多看到不同角度的实物照片。

② 标题上写着"Free Shipping"，由于某些国家的进口政策，实际上仍然需要买家支付关税，由此造成买家付费，信用卡账户出现额外扣款，所以卖家在发商业快递时，要注意填写申报价值，要清楚是否还会产生关税，且要提前询问好关于关税的问题。

卖家如果收到了差评，认为买家给自己的评价不公平，那么在评价生效后 1 个月内，卖家可以自主引导买家修改评价，买家可对同一生效评价在生效后 1 个月内修改 1 次，如图 6-10 所示。

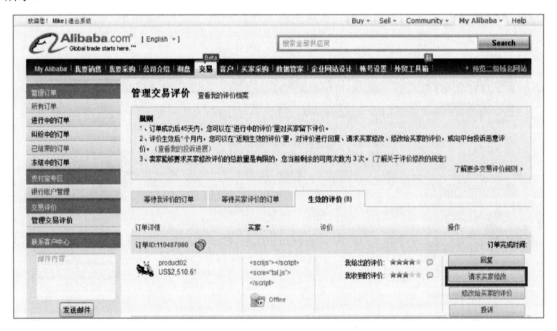

图 6-10　请求买家修改评价

3. 投诉违规评价

如果卖家认为自己收到的某条评价属于违规评价，在评价生效后 30 天内，卖家可以在系统里向平台提起 1 次投诉，要求平台移除该评价。平台收到投诉后，会根据卖家提交的理由和证据做出判断，以判定是否移除评价。卖家可以投诉的评价违规类型有以下四种。

① 买家的评论与交易无关，或使用了不当的语言，或披露了卖家的私人信息。

② 竞争对手恶意评价。

③ 买家利用中差评胁迫卖家给予额外的利益。

④ 其他（必须有充足的理由和证据以令平台接受）。

▶▶ 6.4.2　查看评价档案

评价档案体现了速卖通卖家的销售成绩，因此卖家要随时关注自己的评价档案，以发现自己销售过程中的不足，并及时改善，不断提高自己的经营能力。

1．评价档案的内容

会员的评价档案有评价摘要（Feedback Summary）、卖家分项评分（Detailed Seller Ratings）、评价历史（Feedback History）和评价记录（Feedback Record）四部分组成，如图 6-11 所示。

图 6-11　买家评价档案

（1）评价摘要（Feedback Summary）

评价摘要列出了会员公司名、近 6 个月好评率、近 6 个月评价数量、信用度和会员起始日期。

（2）卖家分项评分（Detailed Seller Ratings）

卖家分项评分列出了卖家最近 6 个月内的 3 项评价平均分、打分次数，及和同行业均分的比较百分比。

（3）评价历史（Feedback History）

评价历史列出了会员分别在过去 1 个月、3 个月、6 个月、12 个月及历史累计的时间跨度内的好评率、中评率、差评率、评价数量和平均星级等指标。其他会员可以点击相关数字链接，在评价记录中查看指定时间段内的好评、中评和差评记录。

（4）评价记录（Feedback Record）

评价记录包含两个标签页：买家对卖家做出的评价、卖家向买家反馈的评价。

2. 评价档案的指标

卖家评价档案的关键指标包括评价星级、评价数量、好评率和中评率和差评率、信用度、平均星级、卖家分项评分指标 6 项。

（1）评价星级（Star Rating）

评价星级是会员在评价一笔交易时给出的五星制评分，如图 6-12 所示。其中，5 星、4 星定义为好评；3 星定义为中评；2 星、1 星定义为差评。

图 6-12　星级评价的含义

（2）评价数量（Number of Ratings）

评价数量是一段时间内收到的会员生效评价的个数。

（3）好评率和中评率和差评率（Positive/Neutral/Negative）

好评率是一段时间内收到的会员好评百分比，计算公式如图 6-13 所示。中评率和差评率的计算公式类似。

$$好评率 =（5 星评价数量 + 4 星评价数量）/ 总评价数量$$

图 6-13　好评率计算公式

（4）信用度（Feedback Score）

信用度是历史以来会员所有评价得分的累计。

（5）平均星级（Average Rating）

平均星级是一段时间内收到的会员评价星级的平均值，计算公式如图 6-14 所示。

$$平均星级 = 所有评价的星级总分 / 评级数量$$

图 6-14　平均星级计算公式

（6）卖家分项评分指标（Detailed Seller Ratings Standards）

评分次数（Ratings）：评分次数是一段时间内该卖家在某分项得到的所有计分评分次数（一

个自然月内，同一个买家的多次评分只计一次评分）。

同行业卖家比较值（Higher/Lower than other sellers）：同行业卖家比较值是一段时间内，该卖家某一分项平均分和该卖家所在行业的平均分的比较值。

6.5　售后纠纷处理

在全球速卖通的交易过程中遇到纠纷，建议买家要积极联系卖家进行协商确认。在买家做出反馈时，卖家应该及时给予回应，主动与买家沟通协商，了解买家的具体问题，并向买家提供有效的帮助和妥善的解决办法。如果买卖双方无法实现有效的沟通和协商，后续纠纷将升级到平台，由平台介入处理。

▶▶ 6.5.1　纠纷提交和协商的基本流程

1．纠纷订单处理流程

在交易过程中，买家提起退款申请即交易进入纠纷阶段，需要与卖家协商解决。具体的处理流程，如图 6-15 所示。

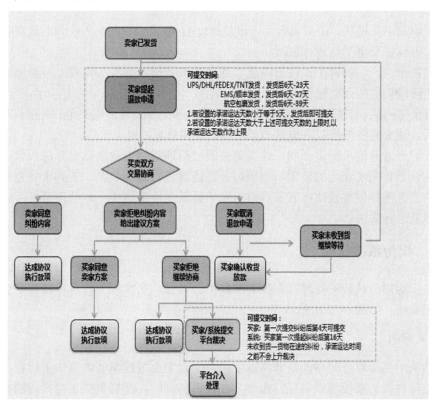

图 6-15　纠纷订单处理流程

2. 纠纷裁决

以速卖通平台为例，自买家第一次提起退款申请开始第 4 天至第 15 天，若买卖双方无法协商一致，买家可以提交至平台进行裁决。系统自买家第一次提起裁决申请开始截止到第 16 天，卖家未能与买家达成退款协议，买家未取消退款申请，也未提交至平台进行裁决，系统会自动提交至平台进行纠纷裁决，如图 6-16 所示。

图 6-16　投诉查询

若买家申请退款退货，在买家填写了退货地址的 30 天内，卖家未收到退货或收到的退货货不对版，可以提交至平台进行裁决。

纠纷裁决申请产生的两个工作日内速卖通会介入处理，参看买卖双方纠纷协商阶段及提交纠纷裁决阶段提供的证明进行裁决。

若现有证明充足，则直接给出裁决意见后，进入申诉期；若证明不足，则联系双方限期提供相应证明，速卖通将根据双方提供的证明给出裁决意见。

如果任何一方逾期未提供证明，速卖通按照已得证明给出裁决意见并进入申诉期。申诉期内若任何一方补充了充足的证明，则根据补充证明进行最终裁决，若其未补充有效证明，则根据裁决意见进行最终裁决；若买卖双方在申诉期内协商达成一致处理意见，速卖通会根据双方的意见进行裁决。

▶▶ 6.5.2　纠纷裁决状态

全球速卖通纠纷裁决的处理都在投诉举报平台进行，买卖双方都可以在该平台查看纠纷状态及做出响应，如图 6-17 所示。

1. 举证说明

纠纷裁决中买卖双方的举证是非常重要的，平台主要根据举证内容来进行裁决，要注意证明的收集与保管。谁投诉谁举证，投诉方在投诉的同时，需要提供支持投诉的有效证明，平台会限期要求举证，如不能提供，平台将关闭纠纷。

2. 限期举证

若投诉方举证充分，纠纷即成立，平台会要求卖家进行反举证，平台将以收集到的有效证明为依据进行裁决。卖家若认为裁决意见不符合实际情况，则可在申诉期内与买家进行协商或继续反举证。卖家如果无法与买家达成一致处理意见或提供反证，平台则按照裁决意见进行最后的裁决。

图 6-17　查看纠纷状态及内容

▶▶ 6.5.3　避免产生纠纷的技巧

在交易过程中，卖家应该尽量避免纠纷的产生。前文已经介绍了买家提起的纠纷主要有两大类："未收到货"和"货物与约定不符"，针对这两大类纠纷，卖家可以分别采取相应的措施来避免。

1. 未收到货

要有效避免因"未收到货"而引起的纠纷，卖家要做好物流选择和与买家有效沟通两个方面的工作。

（1）物流选择

国际物流往往存在很多不确定因素，如海关问题、关税问题、配送转运等。在整个物流运输过程中，这些复杂的情况很难被控制，不可避免地会出现包裹清关延误、配送超时甚至包裹丢失的情况，无法查到物流信息将会导致买家提起纠纷。

因此，卖家在选择物流方式的时候，应尽可能选择可提供实时查询货物追踪信息的物流公司。

（2）与买家有效沟通

卖家向买家提供物流跟踪信息，且物流方面出现问题时其要及时向买家提供包裹延误的具体情况，向买家说明承诺时间内未到达的原因，以获得买家谅解。

包裹因关税未付被扣关,向买家解释清楚自己已经在产品描述中注明买家缴税义务。这时,卖家如果能主动承担一些关税,不仅能避免物品被退回,还能让买家给予高分好评。

包裹无人签收而暂存于邮局,应及时提醒买家找到物品,并在有效期内领取。

2. 货物与约定不符

货物与约定不符产生的纠纷,卖家需要做好三个方面的工作:真实全面地描述产品、保证产品质量、杜绝假货。

描述产品时,务必基于事实,全面而细致地描述产品。例如,电子类产品需将产品功能给予全面说明,避免买家收到货后因无法合理使用而提起纠纷;服饰、鞋类使用尺码表要标明,以便买家参考,避免买家收到货后因尺寸不合适而提起纠纷等。

建议在产品描述中注明自己的货运方式、可送达地区、预期所需的运输时间。此外,卖家还要在产品描述中向买家解释海关清关、缴税、产品退回责任和承担方等问题。

保证产品质量。在发货前,卖家要对产品进行充分的检测,包括产品的外观是否完好,产品的功能是否正常,产品是否存在短装,产品邮寄时的包装是否抗压、抗摔及是否适合长途运输等。如果发现产品存在质量问题,应联系厂家或上游供应商进行更换,避免因退换货产生纠纷,因为在外贸交易中出现退换货会产生极高的运输成本。

杜绝假货,保护第三方知识产权。假如买家投诉卖家"销售假货",而卖家无法提供产品的授权证明,卖家将会被速卖通处罚。若买家提起纠纷投诉,卖家在遭受经济损失的同时也将受到平台相关规则的处罚。因此,对于涉及第三方知识产权,且无法提供授权证明的产品,务必不要在速卖通平台上进行销售。

▶▶ 6.5.4 解决纠纷需注意的问题

一旦产生纠纷,卖家要采取积极的态度去解决,尽量降低纠纷对自己造成的负面影响。因此,卖家需要做好以下几个方面的工作。

1. 沟通及时

纠纷具有较强的时效性,卖家如果不能及时做出回应,会逐渐形成对其不利的局面,当卖家收到买家的疑问或不良体验反映时,卖家一定要第一时间回复,与买家进行友好的协商。

因此,当买家迟迟未收到货物,卖家在承受范围内可以给买家重新发送货物或采取其他替代方案。若是买家对货物质量不满,卖家应与买家进行友好的协商,提前考虑好解决方案。这样可以让买家感觉自己受重视,卖家有解决问题的意愿,从而使纠纷解决有一个好的基础。

2. 保持礼貌

卖家应牢记以和为贵,就事论事,不意气用事,礼貌对待买家。不礼貌的态度,甚至会导致买家十分反感,不配合解决纠纷。

3. 态度专业

卖家与买家沟通要有专业的态度,英文表达力求完整正确,应对买家所在国的语言文化有一定的了解,并知晓海外买家的消费习惯及其国家的相关政策、法律规定。

和买家沟通时注意买家的心理变化，当买家不满意时，卖家应尽量引导买家朝着能保留订单的方向出发，同时也要满足买家一些其他的合理需求；当出现退款时，尽量引导买家达成部分退款，避免全额退款退货。卖家应努力做到"尽管货物不能让买家满意，但态度要让买家无可挑剔"。

4．将心比心

卖家应多站在买家的角度考虑，出现问题想办法解决，不只是考虑自己的利益。"己所不欲，勿施于人"，谁都不愿意无故承受损失。作为卖家，我们在一定的承受范围内尽量让买家减少损失，也会为自己赢得更多的机会。

5．保留证据

卖家对于交易过程中的有效信息都尽量保留下来，如果出现了纠纷，就可以作为证据来帮助平台公平地解决问题。

6.6　客户关系管理

最早提出客户关系管理概念的高德纳公司（Gartner Group Inc）认为：所谓的客户关系管理就是为企业提供全方位的客户视角，赋予企业更完善的客户交流能力和最大化的客户收益率所采取的方法。

客户关系管理的目的在于建立一个系统，使企业在客户服务、市场竞争、销售及售后支持等方面形成彼此协调的全新的关系，其最终目标是吸引新客户、留住老客户及将已有客户转为忠实客户，增加市场份额。

▶▶ 6.6.1　客户关系管理的含义

对客户关系管理的理解，可以从不同角度、不同层次来理解。

首先，客户关系管理是一种管理理念。它的核心思想是将企业的客户作为最重要的企业资源，通过对客户提供完善、周到的服务和对客户深入、细致的分析来满足客户的需求。在引入客户关系管理理念和技术时，不可避免地要对企业原来的管理进行改变，创新的思想将有利于企业员工接受变革，业务流程重组则提供了具体的思路和方法。互联网触发了企业组织架构、工作流程的重组及整个社会管理思想的变革。所以，客户关系管理首先是对传统管理理念的一种更新。

其次，客户关系管理是一种新型的管理机制。它实施于企业的市场营销、销售、服务与技术支持等与客户相关的领域，通过向企业的销售人员、客户服务人员提供全面的、个性化的客户资料，强化企业对客户的跟踪服务和信息分析的能力，使得企业与客户能够协同建立和维护一对一的关系，从而有利于企业提供更快捷和周到的优质服务，提高客户满意度，吸引和留住更多的客户，从而增加市场份额。另外，实施客户关系管理，企业通过信息共享和优化内部流程能够有效地降低企业的经营成本。

再次，客户关系管理也是一种管理技术。它是将市场营销的科学管理理念通过信息技术的手段，集成在软件上面，并得以在全球大规模地普及和应用。它将商业模式和数据挖掘、数据仓库、一对一营销、销售自动化及其他信息技术紧密结合在一起，为企业的销售、客户服务和决策支持等领域提供了一个业务自动化的解决方案。

综上所述，客户关系管理有三层含义：第一，体现为现代经营管理理念；第二，是创新的企业管理模式和运营机制；第三，是企业管理中信息技术、软硬件系统集成的管理方法和应用解决方案的总和。客户关系管理是指通过管理客户信息资源，提供客户贸易的产品和服务，与客户建立长期、稳定、相互信任、互惠互利的密切关系的动态过程和经营策略。

▶▶ 6.6.2 跨境电子商务环境下的客户关系管理

客户关系管理，是指为了企业和客户交流的便利，充分利用数据库和数据挖掘等先进技术，借助网络环境下的智能化信息处理技术，把大量客户资料加工成信息和知识，用来辅助企业的经营决策。

跨境电商环境下客户关系管理的产生和发展归功于网络技术的快速发展和普及。企业可以充分利用网络的销售和售后服务渠道，进行实时的、个性化的营销。互联网把客户和合作伙伴的关系管理提高到了一个新阶段。随着互联网的迅猛发展，企业正开始将目光越来越多地转向一些自助服务渠道，如 Web、电子邮件及聊天室。

企业无论是营销产品还是服务，均可通过电子沟通的方式管理与客户交互的每个细节。因此企业正在寻求那些能使客户的网上体验更具个性化的技术与工具。

在全球激烈竞争的市场环境下，客户对"产品和服务的种类、获得的时间、地点及方式"具有了完全支配的权利。随着竞争压力的不断加剧，企业必须以"互联网的速度"听到客户的心声并做出及时的回应，才能保持好与客户的关系。

我们可以看到在跨境电商背景下，客户关系管理主要的驱动因素包括以下三个方面。

第一，通过网络提升客户体验。

第二，实施自助系统来提升服务质量，从而能在增加客户满意度和客户忠诚度的同时，降低营销成本、销售成本及客户服务成本。

第三，协作型服务质量管理数据库建设要求整合各个渠道客户交互的每一个细节，其中包括电子化渠道或其他的一些传统渠道，将这些整合的信息汇总到一个集中的数据库，产生一个完整的客户观察数据库。

移动电子商务的发展绝不会是从电脑向手机客户端的简单转移，而将是以消费者使用习惯为轴心的产业模式重组。在移动电商时代，移动端客户忠诚度的培养将成为重要的盈利点，其构建最终破解了客户端同质化这一个难题。客户关系管理将系统上的客户资源管理、销售管理、客户服务管理、日常事务管理等功能迁移至手机，它既可以像一般的客户关系管理产品一样，让员工在公司的内网里进行操作，也可以让员工在外出时通过手机进行操作。移动端的客户关系管理主要实现了即使公司的领导经常出差在外，也能随时随地掌握公司内部信息，他们只需下载移动端软件，然后安装在手机上就可以直接使用了。登录时，账户名就用电脑申请的组织名和账户名就可以，这样公司的领导不仅可以随时查看信息，而且也可以通过手机给公司内部人员下达工作指示，同时也可以使用平台所提供的所有功能。

▶▶ 6.6.3　跨境电子商务客户关系管理的技巧

1. 信息的全面性、及时性、共享性

实施跨境电子商务的客户关系管理，首先要解决的是全面、及时地收集分散在各个国家的客户资料及各部门的资料，建立集中的信息数据仓库，实现数据的共享。片面的、滞后的客户数据会使企业无法提供有针对性的个性化服务，从而失去与客户建立良好关系的基础。

因此，良好的客户关系管理系统必须注重使客户信息得到全面、及时地收集、传递和充分地共享，使与客户的每一次接触和互动都能从对客户的全面了解开始，并且当客户改变与企业互动的途径和渠道时，不会因为信息缺乏而导致沟通不畅。

企业可运用大数据技术，通过设计页面浏览量、用户访问量和平均停留时间等指标，进行网站分析，重点关注会员客户的活跃率、服务及时率及客户满意度情况，跟踪客户访问记录，对购买行为进行分析，把握需求规律，逐步提升平台的客户黏合度，构建有序的商业生态环境。

2. 业务流程的优化调整和整合

要实现业务流程的自动化，跨境电子商务的客户关系管理需要通过对企业销售服务进行分析，研究企业现有的营销、销售特定的业务，发现问题并找出改进的方法，重新设计出一套规范的、有助于服务的业务流程，在规范的工作流程基础上，提高客户满意度。

3. 真正基于 Internet 平台

网络化是不可阻挡的发展趋势，客户会越来越依赖网络进行快速的查询、购买交流、学习，网络销售、网络服务、网络营销很快会成为客户对企业的基本要求。另外，企业员工也可方便地利用网络查询资料、获得技术支持和业务培训。因此，跨境电子商务客户关系管理的各项业务要真正做到基于 Internet 平台，才能保证客户关系管理的方便性和时效性。

依托互联网开展营销活动，企业就要强化互联网的"体验思维"。企业要建设页面友好的互动社区，通过 App、微信、微博、社交圈等平台，发布信息、回复帖子、推出软文、开展社交圈管理等，跟踪客户采购业务运行情况，建立在线互动体系，实施动态商机管理。

4. 与 ERP、SCM 功能的集成

企业资源计划（Enterprise Resource Planning，ERP），是美国高德纳咨询公司于 1990 年提出的一种供应链的管理思想。企业资源计划是指建立在信息技术基础上，以系统化的管理思想，为企业决策层及员工提供决策运行手段的管理平台。ERP 系统支持离散型、流程型等混合制造环境，应用范围从制造业扩展到了零售业、服务业、银行业、电信业、政府机关和学校等事业部门，通过融合数据库技术、图形用户页面、第四代查询语言、客户服务器结构、计算机辅助开发工具、可移植的开放系统等对企业资源进行了有效的集成。

供应链管理（Supply Chain Management，SCM），是一种集成的管理思想和方法，它执行供应链中从供应商到最终用户的物流的计划和控制等职能，主要通过信息手段，对供应的各

个环节中的各种物料、资金、信息等资源进行计划、调度、调配、控制与利用，形成用户、零售商、分销商、制造商、采购供应商的全部供应过程的功能整理。供应链是企业赖以生存的商业循环系统。

这是跨境电子商务客户关系管理系统实施过程中的难点，也是关键点。ERP 是对企业内部资金流、信息流与物流进行的一体化管理，而 SCM 主要是控制和协调物流在企业内部和上下游企业之间的业务流程和活动。在以客户为中心的管理模式下，只有将跨境电子商务客户关系管理与 ERP 及企业的前台客户关系管理系统结合，获取的客户信息和各种分析数据用于设计、生产，才能使企业及时把握商机，生产出符合市场需求的产品。ERP、SCM 的集成还提高了生产制造系统、物料供应品系统对市场变化的响应速度和质量，降低了企业经营的风险。

定义客户应包括供应链的下游企业，因此客户关系管理也是供应关系管理的重点。客户关系管理系统与 ERP、SCM 的集成才真正解决了企业供应链中的上下游供应链的管理，将客户、经销商、供应商、企业生产部门、销售部门全部整合到一起，实现企业对客户个性化需求的快速支持。

许多跨境电子商务公司的客户关系管理系统效果欠佳，其中一个重要的原因是忽视了人的因素，认为只要安装和使用了客户管理软件就能实现软件供应商承诺的美好前景。事实上，任何技术的应用中最关键的因素是人，技术只是对人的行为的促进和帮助。如果实际使用技术的人对技术不关心、不重视，那么技术再好也只能被闲置。在客户关系管理实施中，人的因素同样至关重要，主要集中在以下几点。

（1）以客户为中心

在实施客户关系管理工作中，对员工灌输以客户为中心的管理理念，尤其是让公司管理层到普通员工都了解认识到，客户是"企业最具有商业价值的资产"，与客户之间的接触都是了解客户的过程。客户有商业价值，既可能产生机会，也可能失去客户。更好促进客服人员的服务意识，需要企业相应的奖惩机制来引导管理理念的培养。

（2）业务流程变革

客户关系管理系统是对过程而非结果的自动化管理，它涉及业务流程的优化、调整、整合。客户关系管理系统与 ERP、SCM 的集成，更涉及大范围的业务流程变革。任何业务流程的变革和组织机构的调整，都可能带来利益的冲突、工作量增加、空闲时间减少、权利减少等，这都需要新的激励机制或新的薪酬机制来保证新业务流程的贯彻执行。新的激励机制或新的薪酬机制应起到减少抵触、鼓舞士气、增加员工坚持新业务流程信心的作用，使他们顺利度过客户关系管理实施之初的适应期。

（3）业务骨干的全程参与和企业最高管理层的全力支持

客户关系管理的实施不但需要客户关系管理软件供应商的技术人员，还需要市场营销、销售、服务、技术、生产采购、运输财务等部门的业务骨干参与。因为他们最熟悉企业的实际状况，可以准确指出现有业务流程中存在哪些不足，知道哪些设想的改进措施不符合企业的实际情况而不能采用。

员工培训是客户关系管理系统成功实施的必要条件，除了各种技能、业务环节应进行以客户服务的价值观的培训，还应向员工详细介绍新的企业文化、公司愿景、新的技术、他们在客户关系管理系统中充当的角色、客户对他们的要求等。甚至在考虑实施客户关系管理系统之前，企业就应该与员工进行沟通和交流，征求他们的意见和看法，消除他们的抵触情绪。

本章小结

随着跨境电子商务的兴起，一个全新的职业——跨境电子商务客服悄然兴起。跨境电子商务客服在店铺推广、产品销售及客户关系维护上起着不可替代的作用。

本章重点介绍了跨境电子商务客服的工作流程和跨境电子商务客服工具，以速卖通为例，探讨跨境电商如何做好客服工作，以及遇到纠纷时的处理技巧。

拓展实训

售后纠纷处理

【实训目的】

掌握退换货的工作流程，学会处理各种纠纷。

【实训内容】

两位同学一组分别扮演售后客服和客户，老师事先给每组设定不同的工作情境。每组同学根据具体的情境设计客服与客户的对话，并现场模拟表演。

【实训步骤】

1. 场景一：客户对产品的品质、真伪、使用效果、尺码等因素产生怀疑而导致的纠纷。
2. 场景二：客户对选择的物流方式、物流费用、物流时效、物流公司服务态度等方面产生怀疑而导致的纠纷。
3. 场景三：客户对客服服务态度、店铺售前或售后的各项服务产生怀疑而导致的纠纷。

复习思考题

一、名词解释

售前沟通、售中沟通、售后沟通、信用评价、客户关系管理

二、简答题

1．跨境电子商务客服的职能是什么？

2．简述跨境电子商务客服技巧。

3．跨境电子商务中使用英文与客户沟通的技巧有哪些？

4．评价档案的组成有哪些？

三、论述题

1．解决纠纷需注意的问题有哪些？

2．有客户在你的店铺中购买了一件产品，但是迟迟未做评价，请你用英文撰写一封站内信提醒对方做出好评，要求包含以下内容：（1）感谢客户购物支持；（2）引导客户做出好评；（3）如有问题，随时联系。

第7章

跨境电商网络营销数据分析

章节目标

1. 了解跨境电商网络营销数据分析的目的。
2. 掌握跨境电商网络营销数据指标。
3. 掌握跨境电商网络营销数据分析工具的使用方法和技巧。

学习重点及难点

学习重点：根据跨境电商目标市场的特点确定相应的营销组合策略。
学习难点：能够运用相应的方法和工具分析跨境店铺的数据。

引例

时趣大数据助力李宁精准跨界明星营销

李宁与韩国女团少女时代成员郑秀妍Jessica的跨界合作，让"LI-NING×Jessica"系列产品一经推出就备受追捧。在李宁首度宣布与Jessica合作当日，李宁官微创下自身官微互动记录，#型自西卡#也冲上热门话题榜冠军，参与互动的30%以上的网友都明确表示具有购买欲望。之后，"LI-NING×Jessica"跨界合作的新产品在李宁官方商城正式开始预售，瞬间就吸引了数以万计的用户纷纷下单。

李宁与Jessica跨界合作推出的新产品系列的成功是大数据下的产物，亦是基于社交媒体的数据收集、处理的一次精准营销。所谓大数据分析，是一种在多样或海量资料信息中快速收集和分析数据的能力，目的是精确预测用户潜在的各类需求。而"LI-NING×Jessica"系列的成功，使大数据分析对市场营销的巨大推动作用再次得到验证。

时趣数据中心通过采集、清洗、存储、计算并整合新浪微博海量数据及相关用户数据、关系数据等，积累了自己数量庞大的活跃用户数据、关系数据、微博数据、标签数据，并保持每日新增用户数据及微博数据。利用足够的用户数据，才能分析出用户的喜好与购买习惯，及时并且全面的了解用户的需求与想法，做到"比用户更了解用户自己"。因此在纵向上，时趣基于数据对当红艺人社交网络影响力进行了详细的分析与总体评价；横向上，时趣从性别、年龄、地域、兴趣标签、语义情感等几个维度上把 Jessica 粉丝的集中倾向属性和李宁新产品系列调性进行了综合匹配，确保了其推送信息可以精准抵达目标消费者，并且这个抵达过程速度极快，范围很广，单位抵达成本小得惊人。

当然，要做到"精准营销"就必须准确地了解用户的需求，因此，时趣不仅对大量历史数据进行了挖掘与分析，还建立了相应的预测响应机制，根据用户在社交媒体上的活动建立数据收集模型，通过模型完成数据的加工和分析，为品牌下一步的产品策划与营销提供更加有意义的数据参考。在"LI-NING × Jessica"相关话题中，Jessica 参与设计、Jessica 行程等相关内容被多次提及，根据这个数据信息，李宁建立了李宁首尔工作室。随即推出"型自首尔"（首尔工作室）系列，邀请 Jessica 亲自参与设计，并且李宁在其官方商城为"Jessica & Krystal 近距离接触"的活动造势，使新产品售卖热度继续升温。

总体来说，时趣已经具备通过大数据战略打破行业边界的能力，对庞大、复杂的用户数据进行挖掘、追踪、分析，对不同用户群体进行聚合，获得更为完整的用户或用户群体的模型，打造个性化、精准化、智能化的产品营销解决方案，以个性化营销和主动营销打破传统无差异的、被动的产品服务营销方式。

案例来源：网络品牌案例

阅读以上案例，请思考：

1. 大数据分析在李宁的"LI-NING×Jessica"系列产品推广过程中起到了哪些作用？
2. 如何评价李宁与 Jessica 这次合作的营销效果。

答案要点：

1. 基于大数据的人群洞察——找到品牌与消费者的最优连接者；匹配明星信息——确保信息精准抵达；建立预测响应机制——优化后续营销活动设计。
2. 李宁与 Jessica 的跨界合作推出的新产品系列的成功亦是大数据下的产物，是基于社交媒体的数据收集、处理的一次精准营销。

7.1 数据分析概述

数据分析的数学基础在 20 世纪早期就已确立，但直到计算机的出现才使得实际操作成为可能，并使得数据分析得以推广。通过数据分析，可以帮助企业发现做得好的方向、需要改进的地方，以及指出企业出现的问题。

▶▶ 7.1.1 数据分析的定义和目的

数据分析是指用适当的统计分析方法对收集来的大量数据进行分析，提取有用信息和形成结论而对数据加以详细研究和概括总结的过程。在实用中，数据分析可以帮助人们做出判断，以便采取适当的行动。数据大多比较枯燥、繁杂，但是贯穿了跨境电商企业、平台应用的方方面面。

数据分析的目的是把隐藏在杂乱无章的数据中的信息集中、萃取和提炼出来，以找出所研究对象的内在规律。在实际生活中，数据分析可帮助人们做出判断，以便采取适当的行动。

知识拓展：

数据分析有哪些重要价值

数据分析的价值体现在三个方面：一是帮助领导做出决策；二是预防风险；三是把握市场动向。

尽管互联网是大数据的一个主要来源，但目前一些传统的线下企业仍很难获得这些数据，有了数据，再辅以大数据技术深度挖掘，并以多种维度向决策者呈现业务运营情况和绩效表现，让企业管理层的决策从此有"据"可依。在大数据时代，企业有机会把用户信息、用户画像、线上线下全渠道销售，现代及传统零售渠道，以及其他相关数据全面结合，匹配正确的人、货、场关系，也可以依据特定地区的年龄分布情况及自身品牌的目标人群，实行精细化销售策略。

大数据营销在主动性和精准性方面，都有非常大的优势。不少企业通过收集海量的用户的信息，按用户的属性和兴趣、购买行为等维度，挖掘目标用户，然后进行分类，对个体用户进行营销信息推送。同时，大数据能够促进个性化营销快速发展。产品和服务更加定制化，用户市场并不是一个简单的划分，而是通过数据做到精细划分，企业所面临的是一个个用户，并非一群用户，个性化营销成为企业应对大数据时代的主体营销方式。

▶▶ 7.1.2 数据分析的作用

数据分析的作用主要包括以下几个方面。

1. 优化品类管理

品类管理指的是从日常零售运作中提炼出来较为系统化、精细化的终端零售管理方法。利用数据分析可以完成更好的决策，让产品和服务为用户创造更多的价值，最终使商家获得良好的商业效果。在制定品类管理策略时应综合考虑品类类别的水平、标准和销售目标，而不仅仅考虑单个产品，因为品类中的各个产品构成了连带关系，牵一发而动全身。

2. 精准营销

一直以来，营销的科学性正是因为运用了自然科学中的数据收集手段，严谨的记录、挖掘、分析用户的各项数据和行为轨迹，可以更精准地了解市场需求，在品牌定位、渠道铺设、媒介选择上做更有针对性的营销活动。在大数据技术的支持下，企业和平台可以在开放的网络资源中全渠道搜集用户的行为数据，结合企业、平台自身系统所存储的历史信息，制定出可量化、可执行的营销策略。

3. 跟踪产品推广效果，分析产品成长性

可以通过对产品的流量、成交量、转化率等指标进行记录与分析，得到产品成长情况，并基于此判断是否继续进行该产品的推广及预测推广的效益。

4. 分析需求，优化运营

跨境电商企业可以对用户搜索、浏览、评论等行为产生的大数据进行挖掘和匹配，分析消费者的整体需求，并有针对性地进行产品生产、改进和营销。

5. 识别目标客户、潜在客户

可以全面分析营销成果，提供客户的分布、消费的能力、发展的潜力等分析结果，识别最有价值的目标群体，并融入企业的营销战略规划当中。通过对客户或粉丝输出的内容和进行互动的记录做出分析，识别出其中的潜在客户，对潜在客户进行多个维度的画像，丰富客户不同维度的标签。系统通过设定的用户画像的规则，将会员和潜在客户进行关联分析，把客户与客服沟通数据进行处理，从而可以识别出目标人群，进一步做定向的营销推广。及时更新消费者的生命周期数据，保持信息新鲜有效，激活了社会化资产的价值。

知识拓展：

目标客户与潜在客户的解读

潜在客户，是指对某类产品或服务存在需求且具备购买能力的待开发客户，这类客户与企业存在着销售合作的机会。经过企业及销售人员的努力，可以把潜在客户转变为现实客户。

目标客户，即企业或商家提供产品或服务的对象。目标客户是市场营销工作的前端，只有确立了消费者群体中的某类目标客户，才能展开有效并具有针对性的营销事务。

---

6. 提升客户体验

客户在跨境电商购物流程中需求被满足的过程，涵盖了对移动终端中电商网站应用的产品体验和对购物全流程的体验。为了保障客户在浏览、比价、咨询、采集、下单、支付等一系列流程下的体验便捷愉悦，向企业提出了更高的服务能力的要求，需要将业务流程、客户操作、平台服务贯穿起来，设计一致性的、流畅的、简单易懂的流程和操作体验，并使每个环节上客户都有服务的支撑。提供符合客户场景化需求的服务，能吸引客户加入购物体验流程。通过页面跳转率、点击率、订单转化率等数据的记录和分析，设计出符合客户感知和使用的交互。

7.2 行业数据分析——以速卖通平台为例

数据纵横是速卖通基于平台海量数据打造的一款数据产品，卖家可以根据数据纵横提供的数据，为自己的店铺营销指导方向，以便做出正确的决策。速卖通数据纵横中的选品专家以行业为维度，提供行业下热卖产品和热门搜索关键词的数据，让卖家能够查看海量丰富的热卖产品资讯并多角度分析买家搜索关键词，卖家可以根据速卖通选品专家提供的内容调整产品，优化关键词设置。

▶▶ 7.2.1 选品专家

1. 速卖通平台——数据纵横选品专家指标说明

① 成交指数：指在所选行业、所选时间范围内，累计成交订单数经过数据处理后得到的对应指数。温馨提示：成交指数不等于成交量，指数越大，成交量越大。

② 购买率排名：指在所选行业、所选时间范围内购买率的排名。

③ 竞争指数：指在所选行业、所选时间范围内，产品词对应的竞争指数。指数越大，竞争力越激烈。

每个跨境电商卖家都想打造出几个爆款，因为爆款为店铺带来的免费流量是不可估量的，能够提升店铺的自然流量，从而带动其他产品的销售，并且可以在新品初期前抢占流量，提升销量，进而提升品牌形象。爆款的选品，一定要用数据去选择，科学选品，切勿用自己的感觉。

2. 打造爆款需要考虑以下几个方面的因素

（1）爆款优化

要素一：挑选的产品要有热度。若产品全部是过季的或长尾产品，就很难保证店铺销量的稳定持续增长。冬天卖泳衣明显热度不够，虽然有南半球的客户会购买，但想成为店铺的爆款则有难度。

要素二：产品具有差异化。简单的抄袭爆款不会成功，同样的产品，别的卖家销量已经很高了，你无法保证用一个新的产品超越竞争对手。通过数据分析，精炼出热卖产品的关键点，做出差异化的产品才是成功的必由之路。

要素三：产品购买转化率高。高点击率、低转化率的产品不能给店铺带来实际成交量。想要产品转化率高，就不能做大家处处都能看到的产品。

要素四：产品关联性强。产品组合关联性是指各个产品在最终用途、生产条件、分配渠道或其他方面相互关联的程度高。例如，一家主营连衣裙的女装店铺，打造雪纺衫为爆款作为引流产品是明智的选择。

（2）开发长尾产品

长尾产品是相对爆款而言具有品类深度的产品，一家成熟的店铺不能只靠两三个爆款，关联产品的销售能带来更高的利润。传统的二八法则认为，20%的品种带来了 80%的销量，但是还要关注蓝色的"长尾巴"，这部分可以积少成多，80%的产品能创造超过一半的利润。

长尾产品的开发可放宽产品开发的条条框框，但需要供应商的配合。SKU 数量庞大的产品备货多了会产生巨大的库存并占用现金流，而单个 SKU 的库存量很低，补货及发货及时性得不到保障，供应商配合成为服务好最终客户的必要条件。

所以要开发长尾产品可以选择优质供应商的产品，按供应商现货情况备库。不能按照打造爆款思路为其添加飙升词和热度词，想把长尾产品打造成爆款是不现实的。

（3）潮流趋势

潮流趋势是平台利用站内外大数据挖掘并整合、分析出服装、服饰、鞋包、珠宝手表等类目的流行趋势，希望推动有一定供应能力和市场敏锐度的卖家，开发系列新款产品快速成长，带动潜力增长。例如，阿里巴巴全球速卖通平台上具有相关流行元素、特征、描述、关键词、图片的产品，将有机会在速卖通各个分站的流行趋势频道中予以曝光。

▶▶ 7.2.2 关键词分析

以速卖通平台为例，平台的完整热搜词数据库是制作产品标题的利器。标题是系统在排序时对关键词进行匹配的重要内容，专业的标题能提升卖家的可信度。图 7-1 所示为速卖通平台关键词分析。

全店铺	App	**关键词分析**		
曝光关键词分析			**浏览关键词分析**	
关键词	搜索曝光量		关键词	浏览次数
1 лоток для кошек	566		1 лоток для кошек	19
2 cat litter box	285		2 кошачий туалет	13
3 cat toilet	284		3 туалет для кошек	7
4 туалет для кошек	259		4 cat toilet	5
5 кошачий туалет	218		5 для кошек туалет	3
6 kattenbak	137		6 кошачий лоток	3
7 лоток для собак	101		7 горшок для котов	2
8 litter box	82		8 bandeja para gato	2
9 kedi tuvaleti	79		9 лотки для кошек	2
10 для кошек	70		10 kattenbak	2

图 7-1　速卖通平台关键词分析

一个优质的标题应该是这样的格式：风格词+产品分类词+特征属性词+颜色+尺码。产品分类词和特征属性词基本是确定的，无法做出更多的选择，需要卖家对产品熟悉并收集汇总自己的词库。而风格词往往不具有唯一性，每个人的理解也有很大的偏差，卖家应该充分利用 120 个字符的长度，尽量填写搜索指数高的风格词。

关键词分析指标

① 是否品牌词：如果是禁限售，销售此类产品将会被处罚，对于品牌产品，如果拿到授权可以进行销售。

② 搜索指数：搜索该关键词的次数经过数据处理后得到的对应指数。

③ 搜索人气：搜索该关键词的人数经过数据处理后得到的对应指数。

④ 点击率：搜索该关键词后并点击进入产品页面的次数。

⑤ 成交转化率：关键词带来的成交转化率。

⑥ 竞争指数：供需比经过指数化处理后的结果。

⑦ TOP3 热搜国家：在所选时间段内搜索量最高的 TOP3 的国家。

⑧ 搜索指数飙升幅度：在所选时间段内累计搜索指数同比上一个阶段内累计搜索指数的增长幅度。

⑨ 曝光产品数增长幅度：在所选时间段内每天平均曝光产品数同比上一个时间段内每天平均曝光产品数的增长幅度。

7.3 店铺经营分析

通过具体数据分析，对比店铺流量的各个渠道的比例，同时对比分析平台上的搜索关键词，每周数据和每月数据的对比，看是上升了还是下降了，分析产品的"健康状况"；最后还要分析产品的引流情况，这样才能更好地掌握店铺的运营情况。

▶▶ 7.3.1 店铺流量来源分析

对自己店铺概况的查询是每一位卖家的必修课，特别是查询流量和转化数据，及时应对市场的变化，才能使自己的店铺立于不败之地，如图 7-2 所示。

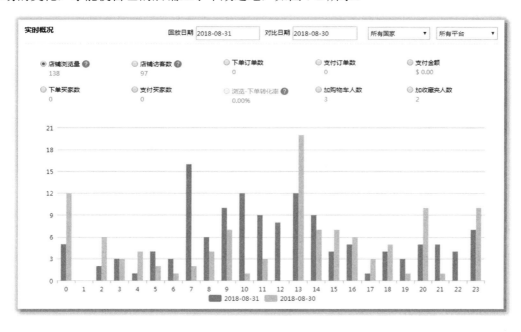

图 7-2 店铺流量分析

店铺流量指标主要从店铺优化、店铺易用性、店铺流量质量及访客购买行为等方面进行考虑，主要用于描述店铺访问者的数量和质量，是跨境电商数据分析的基础。该部分指标主要包括访客数、浏览量、跳失率、停留时间等指标。目前，流量指标的数据来源通常有两种：一种是通过网站日志数据库处理；一种是通过网站页面插入 JS 代码的方法处理。两种收集日志的数据各有长处和短处，大企业都会有日志数据仓库，以供分析、建模之用，大多数企业还会使用谷歌分析工具（GA）来进行网站监控与分析。

店铺流量指标可细分为数量指标、质量指标和转换指标，例如我们常见的 PV、UV、访客数、新访客数、新访客比率等就属于流量数量指标；而跳出率、页面/站点平均在线时长、PV/UV 等则属于流量质量指标；针对具体的目标，设计的转换次数和转换率等则属于流量转换指标，例如访客下单次数、加入购物车次数、成功支付次数及相对应的转化率等。

店铺流量指标

（1）访客数

访客数即 UV，在统计周期内，访问网站的独立用户数。网站的访客数指标是为了近似地模拟访问网站的真实人数，故"同一个人"（在 cookie 技术下，通常表现为同一客户端同一浏览器）多次访问网站，也仅记为一个访客。

（2）浏览量

浏览量即 PV，在统计周期内，访客浏览网站页面的次数。访客多次打开或刷新同一页面，该指标均累加。

（3）跳失率

在统计周期内，跳失数占入站次数的比例。

（4）停留时间

访客在同一访问内访问网站的时长。实际应用中，通常取平均停留时间。

（5）人均浏览量

在统计周期内，每个访客平均查看网站页面的次数，即 PV/UV。

（6）注册用户数

在统计周期内，发生注册行为的独立访客数。

（7）注册转化率

在统计周期内，新增注册访客数占所有访客数的比例。通常网站的访客中，已经有一部分是注册访客，这导致该指标不能真实反映非注册访客的注册意愿，但考虑到目前行业通用的定义和大部分跨境电子商务网站主要以新访客为主，我们没有对该指标进行修正。

从跨境电子商务网站角度来看，通常访客平均查看的页面数越多，停留的时间越长，表示访客对该网站的内容或产品越感兴趣，但也不排除访客在网站迷失，找不到所需要的内容或产品的情况。

店铺流量指标能够帮助我们对店铺访问概况有一个整体把控，但如果真正要定位到店铺问题，进而提升店铺运营效率，我们还需要从多个维度解读这些指标，例如时间，流量来源，访客地域、性别、年龄，终端设备，页面类型等。

▶▶ 7.3.2 装修效果分析

要想进行装修效果分析，可以查看在最近 30 天内，哪些店铺做过装修，以店铺装修后的流量、访问深度、访问时长及跳失率的变化来衡量店铺装修效果，如图 7-3 所示。

图 7-3 某店铺最近 7 天装修效果之平均访问时间、跳失率变化趋势

装修效果分析指标

① 平均访问深度：该来源带来的访客每次入店后在店铺内的平均访问页面数，即人均访问页面数。一段时间访问深度=每天访问深度日均值，即每天访问深度平均值。

② 平均访问时间：访问时间为访客在一次访问内访问店铺页面的时长，平均访问时间即所有访客每次访问时长的平均值。

③ 跳失率：只访问了该店铺一个页面就离开的次数占总入店次数的比例。一段时间跳失率=每天跳失率日均值，即每天跳失率平均值。

④ 购买率：访问该页面的访客中当天下单的访客占访问该页面的总访客数的比例。

例如，母婴类目的详情，根据大卖家的店铺分析，买家非常关注产品的样式与描述。为强调介绍其功能性，在产品详情中可以增加图文对应文案，丰富内容，增加产品详情可读性。

▶▶ 7.3.3 自有商品分析

自有商品分析指标

① 曝光量：只搜索曝光量，即商品在搜索或类目浏览下的曝光次数。

② 浏览量：该商品被买家浏览的次数。

③ 搜索点击率：商品在搜索或类目曝光后被点击的次数所占的比例。

④ 访客数：访问该商品的买家总数。

⑤ 成交订单数：该商品在选定时间范围内支付成功的订单数，与在选定时间范围内风控关闭的订单数的差值。

⑥ 成交买家数：在选定时间范围内成功购买该商品的买家数。

⑦ 成交金额：该商品在选定时间范围内产生的交易额。

⑧ 询盘次数：买家通过该商品链接点击旺旺与站内信的次数。

⑨ 成交转化率：成功购买该商品的买家数占访客数的比例。

⑩ 平均停留时长：买家访问该产品所有详情页面的平均停留时间。

⑪ 添加购物车次数：该商品被买家加入购物车的次数。

⑫ 添加收藏次数：该商品被买家收藏的次数。

⑬ No-Pay 比例：该商品在选定时间范围内未成功支付的订单与创建成功的订单的比值。

例如，自有店铺商品分析主要分为两个方向：爆款商品分析和长尾商品分析。爆款商品分析是以打造爆款为目的的全方位细致分析商品的方法；长尾商品分析是运用 Excel 功能分析除爆款外的所有商品的方法，如表 7-1 所示。

表 7-1 长尾商品分析表

商品浏览量	平均停留时长	详情页跳出率	商品收藏人数	商品加购件数	收藏率	加购率
212,417	8.37	67.87%	4,172	5,605	7.71%	10.36%
24,403	9.46	48.35%	493	899	6.77%	12.34%
18,271	9.05	39.19%	290	677	6.53%	15.25%
16,792	9.59	24.46%	252	477	6.61%	12.51%
3,917	11.35	41.90%	97	204	5.42%	11.40%
4,738	8.33	38.20%	56	91	3.41%	5.54%
1,025	10.00	27.33%	19	39	4.66%	9.56%
5,633	7.42	29.94%	98	122	4.47%	5.57%
2,958	14.04	32.62%	81	216	4.80%	12.79%
2,205	9.14	36.25%	58	90	5.71%	8.86%
1,942	10.77	34.52%	34	89	3.33%	8.72%
1,991	8.58	33.79%	34	73	3.36%	7.21%
920	8.48	40.93%	22	61	3.82%	10.59%
1,086	8.17	27.37%	18	32	4.58%	8.14%
754	10.78	34.19%	16	26	3.60%	5.86%
73	3.52	12.74%	0	111	0.00%	300.00%
1,036	7.30	26.25%	15	24	2.06%	3.29%
679	11.19	37.59%	12	41	2.91%	9.95%
670	10.21	30.68%	22	41	5.15%	9.60%

续表

商品浏览量	平均停留时长	详情页跳出率	商品收藏人数	商品加购件数	收藏率	加购率
716	9.12	28.96%	12	35	2.96%	8.62%
1,091	9.66	24.88%	37	73	6.17%	12.17%
679	7.94	26.84%	12	39	3.16%	10.26%
670	6.69	21.53%	6	10	1.44%	2.39%
1,147	11.64	28.96%	17	48	2.97%	8.39%
555	9.51	30.45%	12	33	4.07%	11.19%
1,138	8.07	24.87%	31	21	8.96%	6.07%
602	7.36	17.42%	13	18	3.59%	4.97%

上面这个数据是最近操作的一款产品的数据监控表格，这款产品的访客基本全部来自首页流量，并且没有用直通车进行大量的推广，产品能短期爆款的主要原因就是收藏加购率比同行高，并且在访客暴增之后收藏率、加购率没有明显地波动，这也是链接访客能一直增加的主要原因。从表格上可以看出链接的转化率很不稳定，并且数据波动也很剧烈，这就说明转化率对这款产品首页流量的影响不大。所以，这个类目的产品想要争夺首页流量的话一定要重视收藏率和加购率这两个数据维度。

通过对上面表格的分析我们可以初步筛选出一些拥有爆款根基的产品，下面就要对这些产品进行第二步筛选，因为初始的数据是对这几天的数据汇总来分析的，这样会出现一些偶然情况的发生。例如访客较少的产品链接，某一天由于特殊因素造成加购率很高，而平时正常加购率较低，但是因为访客基数较低的原因，造成整体收藏加购率高的话也是有可能的。所以为了避免这种情况的发生，我们需要通过单品分析功能将这些产品每一天的数据都下载下来，然后把每一天的产品的各种数据按日期汇总到一个表格来观察：如果整体收藏加购率很平稳就证明这个产品拥有爆款根基，可以尝试进行操作；如果整体数据波动较大就需要对这些产品先进行优化，等数据平稳之后再进行操作。

在分析中如果发现有一些链接整体数据反馈较好，但是整体访客量很少，那么我们就要通过直通车进行推广的方式给这个链接注入一定量的精准访客，然后去分析这些数据。很多时候访客基数较少，分析出来的数据不太准确没有参考的价值和意义。

7.4　客户行为分析

通过客户行为分析，企业可以利用收集到的信息，跟踪并分析每一位客户的信息，不仅知道什么样的客户有什么样的需求，同时还能观察和分析客户行为对企业收益的影响，使企业与客户的关系及企业利润得到最优化。

▶▶ 7.4.1 客户购买决策过程

1. 客户购买决策概念

客户购买决策是指客户为了完成某一个特定的购买目标，在可供选择的多种购买方案中通过评价、选择、判断、决定最优购买方案的过程。

2. 客户购买决策过程分析

在复杂购买中，客户购买决策过程由需求确认、信息收集、评价方案、购买决策和购后行为五个阶段构成。

（1）需求确认（Need Recognition）

缺货、不满意、新需求、相关产品的需求、新产品上市等因素可诱导需求的产生。首先应确认客户产生需求的原因，再根据不同的诱因采取相应的措施，刺激客户产生需求。

（2）信息收集（Information Search）

客户信息来源主要有个人来源（如亲人、朋友、邻居和熟人）、商业来源（如广告、推销员、经销商、包装、展览）、公共来源（如大众传播媒体、消费者评审组织等）、经验来源（如处理、检查和使用产品）等。这个阶段企业应了解客户获取信息的途径，并识别各种途径的重要程度，从而创造使客户了解自己产品或服务的机会。

（3）评价方案（Evaluation of Alternatives）

解决客户需求的方案不是单一的，客户对所有方案会有一个综合的评价，评价指标一般涉及产品属性、品牌满意度、总效用。这个阶段的策略重点是了解客户期望从产品或服务中获得的特定利益，抓住其所关注的重点，强调产品或服务所具备的相关功能，从而打动客户。

（4）购买决策（Purchase Decision）

产品或服务使客户获益能力的大小是促使客户做出购买决策的关键因素，但他人的态度有时也能对购买决策产生一定的影响。企业应充分了解引起客户风险感觉的可能因素，进而采取措施减少客户可察觉的风险。

（5）购后行为（Post-Purchase Behavior）

客户做出购买决策后会对产品或服务的实际表现同期望值进行比较，体会产品满足自身需求的程度，客户的评价会影响其以后的购买行为。为了避免客户购买后对产品产生不满，企业应采取有效的措施尽量减少客户不满意的程度。例如提供有效的售后服务，定期回访客户，了解其对产品或服务的意见，并提供相应的解决方案。

不是所有的购买决策都会经历以上五个阶段，但对客户购买决策过程模式的正确认识，可以使企业有针对性地展开服务，更好地抓住客户。

▶▶ 7.4.2 客户期望

1. 客户期望概念

客户期望是指客户希望企业提供的产品或服务能满足其需要的水平，达到了这个期望，客户会感到满意，否则，客户就会不满意。

客户期望在客户对产品或服务的认知中起着关键性的作用。客户正是将预期质量与体验质量进行比较，据以对产品或服务质量进行评估，期望与体验是否一致已成为产品或服务质量评估的决定性因素。期望作为比较评估的标准，既反映客户相信会在产品或服务中发生什么（预测），也反映客户想要在产品或服务中发生什么（愿望）。

2. 管理客户期望

对客户期望进行有效的管理，可以通过以下几个方面来实现。

① 确保承诺的可实现性。企业应集中精力于基本服务项目，通过切实可行的努力和措施，确保对客户所做的承诺能够反映真实的服务水平，保证承诺圆满兑现。过分的承诺难以兑现，将会失去客户对企业的信任，破坏客户的容忍度，对企业是不利的。

② 重视产品或服务的可靠性。提高服务的可靠性能带来较高的现有客户保持率，增加积极的客户口碑，减少招揽新客户的压力和再次服务的开支。可靠的服务有助于减少优质服务重现的需要，从而合理限制客户期望。

③ 坚持沟通的经常性。经常与客户进行沟通，理解他们的期望，对服务加以说明，或是对客户的光临表示感激，更多地获得客户的需求。通过与客户经常对话，加强与客户的联系，可以在问题发生时处于相对主动的地位。企业积极地发起沟通及对客户发起的沟通表示关切，都传达了和谐、合作的愿望，而这是客户经常希望而又很少得到的。有效的沟通有助于在出现服务失误时，减少或消除客户的失望，从而树立企业在客户心目中的形象。

▶▶ 7.4.3　客户对质量的感知

1. 客户对质量的感知概念

所谓客户感知质量，是指客户按自己对产品的使用目的和需求状况，综合分析市场上各种经由正式或非正式途径获得的相关信息，对一种产品或服务所做的抽象的、主观的评价。

每一位客户在购买产品之前，都会或多或少的去了解一些与产品有关的信息，越是贵重的或大型的产品，客户考虑的时间就越长，收集的信息也就越多；当客户对产品感知的质量越接近实际质量或实际质量超过客户感知的质量时，客户就会购买自己满意的产品。因此对企业营销活动来说，最重要的任务就是通过各种途径提高客户对产品感知的质量。

2. 提高客户感知的质量的意义

（1）有利于客户将本企业的产品的质量与竞争对手的产品的质量进行比较

客户在对两者进行比较后，可以增加客户对本产品的购买倾向性，有利于建立客户忠诚度，提高产品的市场竞争力。

（2）有利于企业创立名牌商标和进行品牌延伸

客户评选心目中的名牌形象，最重要的因素之一就是产品的质量，因为只有那些优质产品，才能满足客户的消费期望，才能增加客户忠诚度。并且，企业可以进行品牌延伸，增加产品的深度和广度，塑造更多的品牌。

（3）有利于增加产品质量对客户的吸引力

这样可以增加客户购买产品的重复性，建立良好的客户信誉。并且，有利于提高产品的市场占有率，塑造企业的名牌战略，从而增加企业的经济效益。

（4）有利于提高客户愿意支付的价格水平

价格和客户所感知的质量这二者是相互影响的，即价格越高，客户所感知的质量越高；反之，客户所感知的质量越高，企业也会把产品的售价定得越高。

▶▶ 7.4.4 客户对价值的感知

1. 客户对价值的感知的概念

客户对价值的感知是指客户所能感知到的利得与其在获取产品或服务中所付出的成本进行权衡后对产品或服务效用的整体评价。

2. 客户感知价值的意义

（1）客户价值创造到客户忠诚

仅提高服务质量或只改进产品质量，并不意味着会真正提高客户感知价值。提高客户感知价值需从客户效用、服务质量、货币支出、非货币成本等方面进行综合考虑。客户感知价值的提高相应地会增加客户满意度，持续的客户满意度形成客户忠诚度，并为企业带来更多的利益。

忠诚度基于持续的客户满意度，它是一种情感、态度上的联系，而不只是一种行为。为了增强忠诚度，必须提高客户满意度水平，并长期保持住，因此需要提高客户价值。而提高客户价值的关键是让客户"感知"到价值提高了，超过其期望了。客户忠诚度是依靠物质所得和服务质量来确保客户完全满意，这需要企业的每个成员都为内部和外部服务质量及留住客户负起责任来。因此，企业在业务流程、人力资源和信息系统方面需要调整以适应提高客户满意度的需要。

（2）客户保持的收益

吸引新客户的成本是高昂的。员工要花费时间去了解新客户，并修复由于不熟悉他们的愿望和需求所带来的失误。忠诚的客户已被收录到数据库中，员工很熟悉他们，为其提供服务容易得多。还没建立关系的新客户对错误更敏感，甚至可能刻意寻找问题，而长期的忠诚客户可能了解公司并愿意再给一次机会。

（3）争夺价值客户博弈

一旦客户看不到产品或服务间的任何区别，就说明该产品或服务被商品化了。核心产品层次上争取竞争优势变得很困难，客户从核心产品中看不到价值区分标的。而在核心层次上增加价值使客户满意，很多企业的做法仅是降低价格，这常常导致价格战。价格策略不仅增加了客户的价格敏感性，很容易被竞争对手复制，也不能建立客户忠诚度，且会造成公司额外损失。因此，企业需要采取差异化客户策略保持价值客户，以服务作为区分标的。

价值客户不仅是企业的宝贵资源，也是竞争对手争取的对象。针对不同类别的客户进行差异化投入，从而在与竞争对手争夺客户资源的博弈中达到收益最大化。

7.4.5　客户满意度

1. 客户满意度的概念

客户满意度是指客户满意的程度，是客户在购买和消费相应的产品或服务后所获得的不同程度的满足状态。在客户满意度管理中，要想获得客户满意度管理的科学依据，必须建立客户满意度来衡量客户满意的不同状态，以便制定相应的营销策略。

激烈的竞争迫使企业在生产经营中需要关注客户，并以客户的需求和利益为中心，最大限度地满足客户的需求，提升企业的竞争优势。

2. 客户满意对企业的意义

（1）有利于获得客户的认同，造就客户忠诚度

客户满意包括物质满意、精神满意和社会满意，能够使客户在购买和使用企业产品或服务的过程中体会舒适，体现自我价值。对于围绕客户满意运作的特色服务，将使客户感受到企业的温情和诚信，有利于客户识别和认同。

同时，客户的高度满意和愉悦创造了一种对产品品牌情绪上的共鸣，而不仅仅是一种理性偏好，正是这种因满意而产生的共鸣创造了客户对产品品牌的高度忠诚。

（2）企业最有说服力的宣传手段

对于以客户为中心的公司来说，客户满意既是一种目标，同时也是一种市场营销手段，因为高度的客户满意率是企业最有说服力的宣传。客户满意度不仅决定了客户自己的行为，他还会将自己的感受向他人传播，从而影响他人的行为。

（3）直接影响商品销售率

如果客户高度满意，随着时间的推移，客户会主动给企业推荐新客户，形成一种口碑效应，由此引起企业销售额有较大的增长。同时，由于宣传、销售等方面的费用降低，企业经营成本下降，也带来大量利润的增加。例如，本田雅阁曾经连续几年获得"客户满意度第一"的殊荣，这个事件的宣传有助于公司销售更多的雅阁汽车。

（4）有利于提升企业竞争力，提高企业管理水平

客户满意度管理可以使企业在思想观念上发生深刻的转变，意识到客户始终处于主导地位，确立"以客户为关注焦点"的经营战略。在制定企业决策时，能够与客户进行广泛交流并征求客户意见，实现客户满意，提升企业的竞争力，以及提高企业的管理水平。

此外，高度的客户满意还会使客户尝试购买企业的新产品、为企业和它的产品进行正面宣传、忽视竞争品牌和广告、对价格不敏感、对竞争对手的产品具有较强"免疫力"等。现代企业必须充分了解客户的让渡价值，通过企业的变革和全员努力，建立"客户满意度第一"的良性机制。

7.4.6　客户抱怨

1. 客户抱怨的概念

客户对产品或服务的不满和责难叫作客户抱怨。客户的抱怨行为是由于对产品或服务的不满意而造成的，所以抱怨行为是不满意的具体的行为反应。一方面，客户对服务或产品的

抱怨即意味着经营者提供的产品或服务没达到他的期望、没满足他的需求。另一方面，也表示客户仍旧对经营者抱有期望，希望能改善服务水平，其目的就是挽回经济上的损失，恢复自我形象。客户抱怨可分为私人行为和公开行为：私人行为包括回避重新购买或不再购买该品牌、不再光顾该商店、对该品牌或该商店进行负面评价等；公开行为包括向商店或制造企业、政府有关机构投诉，要求赔偿。

建立客户忠诚度是现代企业维持客户关系的重要手段，对于客户的不满与抱怨，企业应采取积极的态度来处理，对于服务、产品或沟通等原因所带来的失误进行及时补救，能够帮助企业重新建立信誉，提高客户满意度，维持客户忠诚度。

2. 处理客户抱怨对企业的意义

（1）提高企业美誉度

客户抱怨发生后，尤其是公开的抱怨行为，会让企业的知名度被提高，企业的社会影响力的广度和深度也会不同程度地扩展。但不同的处理方式，会对企业的形象和美誉度的发展趋势产生不同的影响。在积极的引导下，企业的美誉度往往会经过一段时间的下降后而迅速提高，有的甚至直线上升；而消极的态度，听之任之，予以隐瞒，与公众不合作，企业的形象和美誉度会随知名度的扩大而迅速下降。

（2）提高客户忠诚度

有研究发现，提出抱怨的客户，若问题获得圆满解决，其忠诚度会比从来没遇到问题的客户要高。因此，客户的抱怨并不可怕，可怕的是企业员工不能有效地化解抱怨，最终导致客户的离去。反而，若没有客户的抱怨，倒是有些不正常。

对于许多客户来讲，他们认为与其抱怨，不如取消或减少与经营者的交易量。这一数字更加显示出了正确、妥善化解客户抱怨的重要意义，只有尽力化解客户的抱怨，才能维持乃至增加客户忠诚度，保持和提高客户满意度。

3. 客户抱怨是企业的"治病良药"

企业的成功需要客户的抱怨。客户的抱怨表面上让企业员工很为难，实际上给企业的经营者敲响了警钟，客户之所以抱怨，是因为企业在经营中有些地方存在不足，只有弥补它才能赢得更多的客户。同时要留住忠诚的客户，因为他们有着"不打不成交"的经历，他们不仅是企业的客户，还是企业的亲密朋友，善意的监视、批评、表扬，表现出他们特别关注和关心企业的变化。

如果企业换一个角度来思考，实实在在地把客户的抱怨当作是一份礼物，那么企业就能充分利用客户的抱怨所传达的信息，把事业做大。对企业来讲，客户的抱怨十分常见，但作为来自客户及市场方面的资讯源，客户的抱怨并没有得到充分利用。其实，客户的抱怨是企业改善服务的基础。企业要想成功必须真诚地欢迎那些提出问题的客户，并使客户乐意将宝贵的意见和建议反馈给企业员工。

▶▶ 7.4.7 客户忠诚度

1. 客户忠诚度的概念

客户忠诚度指客户忠诚的程度，是一个量化的概念。客户忠诚度是指由于质量、价格、服务等诸多因素的影响，使客户对某个企业的产品或服务产生感情，形成偏爱并长期重复购买该企业产品或服务的程度。

美国资深营销专家 Jill Griffin 认为，客户忠诚度是指客户出于对企业或品牌的偏好而经常性重复购买的程度。

真正的客户忠诚度是一种行为，而客户满意度只是一种态度。根据统计，当企业挽留客户的比率增加 5%时，获利便可提升 25%到 100%。许多学者更是直接表示，忠诚的客户将是企业竞争优势的主要来源。由此可见，留住忠诚度高的客户对企业经营者来说，是相当重要的任务。

客户满意度与客户忠诚度之不同在于，客户满意度是评量过去的交易中满足客户原先期望的程度，而客户忠诚度则是评量客户再购及参与活动的意愿。

2. 客户忠诚度衡量指标

客户忠诚度是客户忠诚的量化指数，一般可运用三个主要指标来衡量客户忠诚度，这三个指标如下所述。

① 整体的客户满意度（可分为很满意、比较满意、满意、不满意、很不满意）。

② 重复购买的概率（可分为 70%以上、30%～70%、30%以下）。

③ 推荐给他人的可能性（可分为很大可能、有可能、不可能）。

本章小结

与传统商务相比，电子商务的网络特性决定了跨境电商网站可以容易地获得各项关键数据统计指标，并利用这些数据指标改善提升网站经营效率。但是，与快速发展的跨境电商相比，行业里仍缺少对通用的统计指标的整理和对电商数据分析方法的概括解读。

本章从数据分析的重要作用入手，详细地对跨境电商行业数据、店铺经营和客户行为进行了全面的分析和讲解。

拓展实训

全球速卖通数据纵横操作

【实训目的】

1. 了解全球速卖通数据纵横各项数据的意义。

2. 能够查看自己店铺的店铺行业实时排名、店铺经营实时概况、实时商品、实时访客等情况。

3. 掌握店铺异常商品优化的方法。

【实训内容】

1. 按照每 3~5 人为一个教学分组，每个小组设组长一名，负责统筹工作。每个小组在组长的带领下，注册全球速卖通平台。

2. 查看数据纵横——经营分析：包括实时风暴、商铺概况（商铺排名、商铺经营情况、国家分布和趋势、访客地域分布）、商铺流量来源、商铺装修和商品分析（商品效果排行、商品来源分析）。

3. 查看数据纵横——商机发现：包括行业情报（行业概况、蓝海行业）、选品专家、搜索词分析。

4. 各组长分配任务，各组员积极完成任务。

【实训步骤】

1. 利用数据纵横"实时风暴"工具查看自己店铺的实时排名、经营实时概况、实时商品、实时访客等情况。

2. 运用数据纵横"商品分析"工具查看自己店铺异常商品的情况，并对异常商品进行相应的优化，并将优化方案填写到表格中。

复习思考题

一、名词解释

数据分析、访客数、客户感知质量、客户感知价值、客户满意度、客户忠诚度

二、简答题

1. 数据分析的作用是什么？
2. 举例说明跨境电商打造爆款时需要考虑几个方面的因素。
3. 如何对客户期望进行有效的管理。

三、论述题

1. 提高客户感知质量有哪些重要意义？
2. 做速卖通选品的方法有哪些？

第 8 章

跨境电商网络营销策划

 **章节目标**

1．了解品牌营销、产品营销和活动营销的定义。

2．熟悉跨境电子商务若干品牌、热卖产品和热门活动。

3．掌握跨境电商网络品牌营销方案的策划流程、跨境电商网络产品营销方案的策划流程、跨境电商网络活动营销方案的策划流程。

 学习重点及难点

学习重点： 跨境电商网络品牌营销方案、跨境电商网络产品营销方案和跨境电商网络活动营销方案的策划流程。

学习难点： 能策划跨境电商网络品牌营销方案、跨境电商网络产品营销方案和跨境电商网络活动营销方案。

引例

"网红"创意品牌营销策略

疫情期间，很多线下的推广都无法正常进行，但是品牌的推广不能停止，不少企业就把目光投向了线上。他们把目光投向了消费者离不开的社交媒体，与社交媒体上的"网红"合作，这为他们带来了意想不到的推广效果。接下来，我们就带大家看看一些很有创意的品牌是怎样营销的。

1．Under Armour

宅家健身可以说是非常健康的一种生活方式了，既能够缓解紧张焦虑的情绪还能够保持一个健美的体态，谁不愿意呢？Under Armour 正是抓住了大众的这一种心理，作为一家美国的运动用品公司，它主要售卖运动服、休闲服装及配件装备。在家健身的人多了，购买运动服和健身设备的人自然也就多了，这就是 Under Armour 的营销策划。卖家们也可以"打开"自己的脑洞，看看有什么产品能够运用类似的方式进行推广。

Under Armour 邀请健身"网红"为他们的"健康在家"推广制作具有启发性的品牌 IGTV 内容。它与两位名人"网红"和一些中小"网红"合作，将他们的社交媒体账户转变为疫情隔离期间人们的健身资源。而且，只要有新用户注册 Myfitness，Under Armour 都会向 Good Sports 捐赠 1 美元，以确保青少年运动计划拥有充足的资金，以便在比赛恢复后能购买必要的设备。

2. Oreo

奥利奥（Oreo）在 TikTok 上发起了 #CookieWithACause 品牌主题标签挑战赛，参与的粉丝需要将一块奥利奥饼干放在前额上，动用脸部的肌肉把它吃进嘴里。参与发布的视频达到 100 万个时，奥利奥承诺向"救助儿童会"捐款。该活动在最初的 24 小时内产生了超过 2950 万次的观看次数，并且至少有两名超级"网红"参与了进来。

这个推广活动的视频在一天之内就获得了接近 3 千万次的播放量，不知道有没有让大家惊讶呢？其实这种活动在一些国内综艺上很常见，已经是老掉牙的游戏了，但是为什么参与度那么高呢？因为疫情期间大家都很无聊，而这种视频往往能带来欢乐，点开就能收获快乐，大家都觉得好玩，参与度自然就高了。其实无论是文字还是视频还是图片，内容有趣才能吸引人，而奥利奥的这个活动就正好很有趣。

3. Frye

这个鞋类品牌的推广活动其实很有意思，只要用户穿上它们公司的鞋子在家拍一张照片并上传到 Ins 上，再加上相关的两个 tag，Frye 就会为 Feeding America 捐赠 1 美元，而参与推广活动的最佳用户还能免费获得 Frye 提供的一双鞋子。这个活动既鼓励人们在疫情期间好好待在家里，又宣传了自己的品牌，可谓是两全其美了。

这三个推广活动的一个共同点就是它们都有为一些机构进行慈善捐款，再加上捐款的条件并不是很苛刻，所以感兴趣的消费者是很容易被这样的活动打动的，如果营销人员能想出一些有趣的活动的话，就更容易吸引消费者了。

案例来源：雨果网

阅读以上案例，请思考：

1. 什么是品牌推广？

2. Under Armour、Oreo、Frye 三个不同品牌慈善推广活动相对于单纯的媒体传播和广告来说，有哪些优势呢？

答案要点：

活动营销，相对于单纯的媒体传播和广告来说，至少具有以下两大优势。

1. 品牌推广是指企业塑造自身产品和服务的形象，使广大消费者广泛认同的系列活动过程，主要目的是提升品牌知名度。

品牌推广必须以品牌核心价值统帅企业的所有营销传播活动，即任何一次营销广告活动，如产品研发、包装设计、广告、通路策略、终端展示到街头促销甚至接受媒体采访等任何一次与公众沟通的机会，都要去演绎出品牌的核心价值。这样，消费者任何一次接触品牌时都能感受到品牌统一的形象，就意味着每一分的营销广告费都在加深消费者对品牌的记忆。

2. 一方面，企业要变被动为主动。在消费者看来，单纯的媒体传播和广告都是被动地接受，而公关活动，更多的是吸引目标受众主动参与，通过体验，更多了解产品和品牌信息。所以，活动营销的传播达到率更高、效果更好，更有利于企业将产品信息和品牌信息传递给目标受众，并最终达到促进销售的目的。

另一方面，企业可以零距离接触消费者。单纯的新闻传播和广告都需要载体（电视、报纸、路牌广告等）实现企业与消费者之间的对接，而活动营销则是直接与消费者沟通。

8.1　跨境电商网络品牌营销策划

品牌是人们对一个企业及其产品、售后服务、文化价值的一种评价和认知，是一种信任。品牌是一种产品综合品质的体现和代表，当人们想到某个品牌的同时总会和时尚、文化、价值联想到一起，企业在创造品牌时不断地创造时尚，培育文化，随着企业的做大做强，不断从低附加值向高附加值升级，向产品开发优势、产品质量优势、文化创新优势的高层次转变。

▶▶ 8.1.1　品牌与品牌营销

1. 品牌

广义的品牌是具有经济价值的无形资产，用抽象化的、特有的、能识别的心智概念来表现其差异性，从而在人们的意识当中占据一定位置的综合反映。品牌建设具有长期性。

狭义的品牌是一种拥有对内对外两面性的"标准"或"规则"，是通过对理念、行为、视觉、听觉四个方面进行标准化、规则化，使之具备特有性、价值性、长期性、认知性的一种识别系统的总称。这套系统我们也称之为企业形象识别系统（Corporate Identity System，CIS）。

现代营销学之父菲利普·科特勒在《市场营销学》一书中对品牌进行了定义，品牌是销售者向购买者长期提供的一组特定的特点、利益和服务。

2. 品牌营销

品牌营销简单地讲就是把企业的产品特定形象通过某种手段深刻地映入消费者的心中。品牌营销是指企业通过利用消费者对产品的需求，然后用产品的质量、文化及独特性的宣传来创造一个牌子在消费者心中的价值认可，最终形成品牌效益的营销策略和过程，是通过市场营销运用各种营销策略使目标消费者形成对企业品牌和产品、服务的认知——认识——认可的一个过程。品牌营销的关键点在于为品牌找到一个具有差异化个性、能够深刻感染消费者内心的品牌核心价值，它让消费者明确、清晰地识别并记住品牌的利益点与个性，是驱动消费者认同、喜欢乃至爱上一个品牌的主要力量。

品牌营销的前提是要保证产品的质量，这样才能得到消费者的认可。品牌建立在有形产品和无形服务的基础上。有形产品是指产品的包装新颖、设计独特及富有吸引力的名称等。而无形服务是指在销售过程当中或售后服务中给消费者满意的感觉，让他体验到真正做"上帝"的幸福感，让他始终觉得选择买这种产品的决策是对的，买得开心、用得放心。

从现在的技术推广手段来看，目前市场上的产品质量其实都差不多，从消费者的立场看，他们看重的往往是商家所能提供的服务多寡和效果如何。从长期竞争来看，建立品牌营销是企业长期发展的必要途径。对企业而言，既要满足自己的利益，也要顾及消费者的满意度，注重双赢，赢得终身消费者。

▶▶ 8.1.2 跨境电子商务品牌

从跨境电子商务的角度来看，一个成功的品牌至少包含以下两个方面的内容。

第一，具有较高的品牌溢价能力。一个没有品牌溢价能力的产品，无法带来较高的利润，也无法弥补在研发、管理、营销方面的投入。

第二，对渠道的控制能力。由于亚马逊平台是以产品为主导而非以店铺为主导，加上平台定位的关系，所以其目前是最适合做品牌的企业。

目前，我国跨境电子商务出海的渠道首选依然是亚马逊，但这也造成了很多品牌对亚马逊渠道非常依赖，甚至在离开亚马逊平台后根本无法销售。一个成功的品牌，其销售渠道应该是立体全面的，不管是线上的亚马逊还是线下的沃尔玛，都能让消费者认知并认可。企业是否要将产品品牌化，还要回到企业本身，一方面，跟企业背景有关系，包括创始人的背景、资本背景，创始人是否愿意放弃海量铺货这种低利润赚钱快的模式，下决心转变模式是决定企业做品牌能否成功的因素之一。另一方面，创始人的能力问题，例如，Anker 的创始人都是谷歌前任的工程师，对搜索算法、搜索引擎推广等肯定比国内传统外贸转型做电子商务的人更专业，所以 Anker 品牌在站内外推广营销方面一直做得非常好，品牌的认知度比较高。此外，还有一个非常重要的因素——资金。做品牌的前期需要非常大的投入，包括对品控的管理、营销的投入、人才的招募等，但由于品牌培育需要一段时间，这个时候企业的毛利和净利可能下跌，甚至亏损，如果没有足够的资金支持，对企业来说是非常困难的。

知识拓展：

1. 溢价能力

品牌溢价即品牌的附加值。一个品牌同样的产品能比竞争品牌卖出更高的价格，称为品牌的溢价能力。一件普通的衬衣也许只要 40 元，如果将这件衬衣贴上 Prada、杰尼亚、登喜路等服饰品牌，价格会是 400 元以上，从丑小鸭到白天鹅的巨大转变正是品牌溢价的鬼斧神工。

2．品控

品控就是对产品制成的质量控制。

3．Anker 品牌

2011 年 10 月，Anker 由安克创新科技股份有限公司（曾用名湖南海翼电子商务有限公司）CEO、Google 前工程师阳萌（Steven Yang）创建于美国加州。Anker 属于安克创新科技股份有限公司旗下品牌。Anker 品牌主营产品涵盖移动电源、充电器、数据线、蓝牙外设等智能数码周边，重点市场覆盖日本、中国、北美、欧洲等 100 多个国家和地区。

▶▶ 8.1.3 策划跨境电商网络品牌营销方案

品牌营销活动是现代商业活动的一种，将策划科学应用在品牌营销活动当中，就是所谓的品牌营销策划。策划在现代商业活动中的运用相当普及，各种商业策划的开展，为商业活动地进行带来了效率的革命。品牌营销策划的目的是要为企业的品牌营销活动提供一个科学的指导方案，使品牌营销活动更具有效率，以便成功地塑造和传播品牌的形象，最终产生品牌价值。跨境电商网络品牌营销则是基于跨境电子商务平台，选择品牌化营销策略，来创造出产品的品牌价值，从而提高流量。

跨境电子商务企业品牌营销策划的第一个步骤就是要收集与企业的品牌营销策划有关的各种信息资料。这些信息资料将成为进行系统分析与设计的重要依据，主要有以下几个方面的内容。

1．平台选择

熟悉主流的几大跨境电子商务平台的特点及运营规则，针对产品的特点，选择合适的平台进行销售。主流跨境电子商务平台有亚马逊、eBay、Wish、速卖通等。

2．做好市场调研与市场分析

海外与国内不同，很多国产品牌不成功的原因就是没有做好市场调研。市场调研包括很多，例如，当地的风土人情、法律法规、宗教风俗，了解当地人群的生活特点、上网习惯等。只有充分了解了这些，品牌的核心理念才能够更好地融入当地市场。

选准市场定位，在市场细分的基础上，对这些细分市场进行评估，并确定品牌应定的目标市场。细分市场的潜在需求规模由潜在消费者的数量、支付能力、价格弹性等因素决定。为确定细分市场的潜在需求规模，需要对这些因素做定量趋势分析。另一个决定细分市场的实际容量的因素是细分市场的潜在竞争者，主要包括同行业经营品牌、替代品牌、潜在新品牌等。潜在竞争者越多，细分的市场规模就会越小，进入成本就越高。因此，在评估细分市场时，企业应当充分估计这些决定细分市场实际容量的供给因素。产品是否根据市场细分去加以科学规划，是否根据目标市场区域文化、消费人群的消费水平和习惯及当地经销商的经营理念进行量身定做，这些是一个产品品牌成功的关键因素。

在现代科学技术和社会化生产条件下，消费品越来越趋于同质的情况下，开发同质的产品要体现出异质性。企业要通过市场调查，根据消费者的需求，开发出一两个异质性品牌，跟着市场走，正确的方法是：突出主导品牌，同时又不放弃对一些重要客户、重点市场的量身定做，走品牌战略之路。

3. 竞争分析

在进行详细的市场分析之后，了解目前市场同类产品及目前已有品牌的状况，从而进行竞争分析。可以从竞争者、价格优势、竞争策略等方面运用 SWOT 分析法进行分析，如图 8-1 所示。

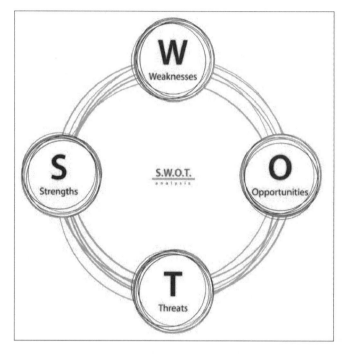

图 8-1　SWOT 分析模型

知识拓展：

  SWOT 是一种战略分析方法，通过对被分析对象的优势、劣势、机会和威胁加以综合评估与分析得出结论，通过内部资源、外部环境有机结合来清晰地确定被分析对象的资源优势和缺陷，了解对象所面临的机会和挑战，从而在战略与战术两个层面加以调整方法、资源，以保障被分析对象的实行以达到所要实现的目标。SWOT 分析法又称为态势分析法，是一种能够较客观而准确地分析和研究一个单位现实情况的方法。SWOT 分别代表：Strengths（优势）、Weaknesses（劣势）、Opportunities（机会）、Threats（威胁）。

---

4. 品牌塑造

对于跨境电子商务的品牌塑造，可以从以下几个方面入手。

（1）个性化定制、有针对性的内容

个性化定制和销售本身的关系正在变得越来越紧密，人们想要以一种友好和亲近的方式销售产品，而不是什么都自动化和通用化。如今卖家需要更多地参与到人们的购物习惯中并分析客户的电商购物数据，以便提供更有针对性和个性化的服务。通过重新定位目标客户并发送私人定制化的优惠产品信息是为客户提供价值（并获得潜在销售收入）的绝佳方式。

（2）客户在移动设备上购物的"关键决策点"

专注于客户的"关键决策点"是改善移动设备和其他设备上客户体验的绝佳方式。思考客户的"关键决策点"，就是要关注客户的购物旅程，不要忘记那些所有容易被忽略的客户关键决策时刻，这是构成一个"连贯的"客户之旅不可或缺的重点。

谷歌提供的数据向我们展示了一些"关键决策点"的行为数据：82%的智能手机客户在逛实体店时会在手机上对比查询商品信息，这影响了他们的购买决策；62%的智能手机客户在遇到新颖的问题或新的任务时更有可能利用手机解决这些问题；90%的智能手机客户在外出时会使用手机作为解决一个长期目标或多步骤任务的方法；91%的智能手机客户在做某项任务时会转向向手机寻找想法。

当卖家在对网页布局或内容进行任何重大变更时，要站在客户的角度思考问题以衡量这些变化将对客户的购买决策造成何种影响。

（3）视频和视觉内容

使用个性化的高品质产品图片，并确保在网页中包含一些视频内容。视频非常适合作为产品教程，也可以作为替代产品的客户指南。

保持网站上的商务视觉元素，确保社交媒体上也充满着引人注目的视觉内容。尝试让视觉信息与你的品牌相符，多用新奇酷炫的视觉内容来代替一般的内容，并鼓励客户与视频和视觉内容进行互动。

（4）更加关注客户体验

卖家需要确保自己的电商网站符合所有电商网站的基础设计。不要只关注如何再开一家网上商店，而要意识到好内容和更广泛的电商体验背景的重要性，要对改善客户体验抱有野心。如果卖家拥有实体店，要将线下实体店与线上产品无缝衔接。在整个业务中创造一致的品牌体验，而不要只专注于电商购物方面的事情。

任何营销都是以客户体验为中心进行的。卖家要从客户的角度考虑，了解客户的需求，在进行品牌营销时才能达到更好的效果。

（5）营销途径选择

与国内 QQ、微信、微博不同的是，海外的社交平台有推特、品趣思等。当然，海外的搜索引擎也是不同于国内的，国内的搜索引擎有百度、搜狗、神马等，海外有谷歌等。这些平台的运营方式与国内的不同，那么我们要清楚这些平台如何运作，以及进行品牌推广时应该怎样更好地利用这些平台。

综上所述，企业想要开拓海外市场，最重要的就是做好客户洞察，一切以客户的体验为主，制作合理的推广营销方案，才能更好地走向国际市场。

知识拓展：

各家跨境电商大卖旗下品牌

1. 安克创新

Anker 是目前跨境出口电商最出名的品牌。除此之外，安克创新旗下的商标，还包括 Zolo，POWERIQ，POWER YOUR MOBILE LIFE，Soundcore，EUFY，NEBULA，ROAV 等。

2. 跨境通

跨境通旗下的环球易购，拥有 Gearbest，Zaful，Rosegal，Dresslily 等数个电子产品独立站和服装独立站品牌。跨境通另一个子公司帕拓逊，更有多个品牌的产品在亚马逊美国、欧洲等多个站点占据多个 BestSellers，包括 MPOW、VICTSING、VICTEC、PATUOXUN 等，Listing 的打造和运营非常值得卖家学习。

3. 傲基电商

傲基电商除了自身的独立站品牌 efox，coolicool，antelife，其产品自主品牌为"Aukey"，与公司英文名同名。

4. 通拓科技

通拓科技奉行泛供应链、泛品类的经营策略，除了广泛的分销多品牌产品，也打造了 CACAGOO、koogeek、dodocool 等自有品牌，产品范围涉及智能家居、车用智能设备、数码产品、健身器材等多个领域。

5. 踏浪者

踏浪者拥有经营完善的自建垂直独立电商网站群，自有流量建设有利于自有品牌孵化，其中 Tbdress 主站承载自有品牌服装的销售，品牌销售约占到一半的比例，主要品牌包括 SisJuly、Clocolor 等，走的是欧美风格。

6. 赛维电商

赛维采取"多品类，多品牌"运营模式，垂直深耕服装品牌，产品线同时覆盖服装服饰、家居、运动、电子等，公司主要品牌包括 Zeagoo，Finejo，Acevog，Coofandy，Ancheer，Arshiner 等。2016 年赛维在亚马逊、Wish、eBay、独立商城收入过亿。

7. 价之链

价之链的自营电商业务中，品牌放在市场战略的第一位，公司旗下拥有 Bravolink（成人用品类）、OXA（旅行包、汽配类、蓝牙音箱类）、DBPOWER（运动户外类、DVD播放器类、应急电源类）、TEC.BEAN（家具电器类）四大品牌。

8. 泽宝

泽宝集团（Sunvalley）成立于 2007 年，是一个低调但业绩强悍的大卖家，旗下拥有六个知名的消费类品牌：RAVPower，VAVA，TaoTronics，Anjou，Sable 和 HooToo。

9. 百事泰

百事泰以 F2C 的模式进行商业经营，非常重视自主知识产权，研发能力强大，其主要通过第三方电子商务平台进行销售，自 2011 年以来，一直是亚马逊的"战略大卖家"。

10. 择尚科技

择尚科技自营快时尚品牌 CHOIES，通过独立站 http://choies.com 及第三方电商平台组合方式运营，产品线已由单一的女性时装逐步向户外、家居、办公文具等多品类发展。

11. 万方网络

万方网络的主要模式是设计适应国际市场潮流的 3C 产品，选择供应商进行贴牌生产，贴自己的品牌 iRULU，销往境外。

12. 有棵树

有棵树主要以铺货模式销售其他品牌和自有品牌产品。自有品牌的产品覆盖电子仪器、健身器械、机械设备、户外用品等多个领域，主要品牌包括 FPVRC、ACEHE、OUTAD 等。

8.2　跨境电商网络产品营销策划

产品是作为商品提供给市场，被人们使用和消费，并能满足人们某种需求的任何东西，包括有形的物品，无形的服务、组织、观念或它们的组合。社会需要是不断变化的，因此产品的品种、规格、款式也会相应地改变。新产品的不断出现，产品质量的不断提高，产品数量的不断增加，是现代社会经济发展的显著特点。

▶▶ 8.2.1　产品与产品策略

1. 产品

菲利普·科特勒以现代观念对产品进行界定，产品是指为留意、获取、使用或消费以满足某种欲望和需要而提供给市场的一切东西。在网络营销中，产品可以分为五个层次：第一层为核心利益层次，是指产品能够提供给消费者的基本效用或益处，是消费者真正要购买的基本效用或益处；第二层为有形产品层次，是指产品在市场上出现时的具体物质形态；第三层为期望产品层次，这时消费者处于主导地位；第四层为延伸产品层次，是指产品的增值服务；第五层为潜在产品层次，指在延伸产品层次之外，由企业提供能够满足消费者潜在需求的产品层次。

知识拓展：

产品与商品的区别

商品是为交换而生产（或用于交换）的，对他人或社会有用的劳动产品。

产品和商品的差别是：产品不论是交换前与交换后都可称为产品。而当一种产品经过买卖交换进入使用过程后，如果不存在交换场景中就不能再称之为商品了，只能

称为产品。当这个产品又在交换的场景中的时候，那么在这段即将发生买卖交换的时间空间内，它又能被称之为商品。

2. 产品组合策略

产品组合策略包括产品、价格、分销、促销，其中产品策略是4P组合的核心，是价格策略、分销策略和促销策略的基础。产品策略是指企业制定经营战略时，首先要明确企业能提供什么样的产品和服务去满足消费者的需求，也就是要解决产品策略问题。从一定意义上讲，企业成功与发展的关键在于产品满足消费者需求的程度及产品策略正确与否，如图8-2所示。

图 8-2　4P策略

在跨境电子商务中，要去准确地挖掘产品的各个层次，增加产品的附加值，以增强产品的竞争力。网络营销下，产品策略有以下几种方式。

（1）网上折价促销

折价亦称打折、折扣，是目前网上最常用的一种促销方式。因为目前消费者在网上购物的热情低于商场、超市等传统购物场所，因此网上商品的价格一般都要比传统方式销售时要低，以吸引人们购买。由于网上销售商品不能给人全面、直观的印象，也不可试用、触摸等原因，再加上配送成本和付款方式的复杂性，造成网上购物和订货的积极性下降。而幅度比较大的折扣可以促使消费者进行网上购物的尝试并做出购买决策。目前，大部分网上销售商品都有不同程度的价格折扣。

（2）网上赠品促销

赠品促销目前在网上的应用不多，一般情况下，在新产品推出试用、产品更新、对抗竞争品牌、开辟新市场的情况下利用赠品促销可以达到比较好的促销效果。赠品促销的优点：可以提升品牌和网站的知名度；鼓励人们经常访问网站以获得更多的优惠信息；能根据消费者索取赠品的热情程度而总结分析营销效果和产品本身的反应情况等。

（3）网上抽奖促销

抽奖促销是网上应用较广泛的促销形式之一，是大部分网站乐意采用的促销方式。抽奖促销是以一个人或数人获得超出参加活动成本的奖品为手段进行商品或服务的促销，网上抽奖活动主要附加于调查、产品销售、扩大用户群、庆典、推广某项活动等。消费者或访客通过填写问卷、注册、购买产品或参加网上活动等方式来获得抽奖机会。

（4）积分促销

积分促销在网络上的应用比传统营销方式要简单和易操作。网上积分活动很容易通过编程和数据库等来实现，并且结果可信度很高，操作起来相对较为简便。积分促销一般设置价值较高的奖品，消费者通过多次购买或多次参加某项活动来增加积分以获得奖品。积分促销可以增加访客访问网站和参加某项活动的次数；可以增加访客对网站的忠诚度；可以提高活动的知名度等。

▶▶ 8.2.2　产品营销策划方案

产品从投入市场到最终退出市场的全过程称为产品的生命周期。该过程一般经历产品的导入期、成长期、成熟期和衰退期四个阶段。在产品生命周期中不同阶段产品的市场占有率、销售额、利润额是不一样的。导入期产品销售量增长较慢，利润额多为负数，当销售量迅速增长，利润由负变正并迅速上升时，产品进入成长期。进入快速增长的销售量逐渐趋于稳定，利润增长处于停滞，说明产品成熟期来临。在成熟期的后一阶段，产品的销售量缓慢下降，利润开始下滑。当销售量加速递减，利润也较快下降时，产品便步入衰退期。在制订跨境电商网络产品营销策划方案时，要充分考虑产品的生命周期，基于产品所处的不同阶段，从而采取相应的销售策略，我们可以从以下几个关键点进行考虑，如图 8-3 所示。

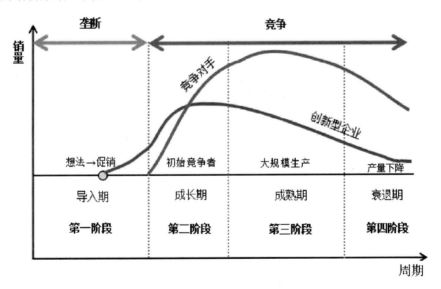

图 8-3　产品的生命周期

1. 产品选择

在跨境电子商务平台，选品非常重要，它是电子商务业务的核心，错误的选品不仅浪费时间，还会让卖家面临产品滞销的问题。常用的选品工具有 Merchant Words 关键词拓展工具选品、谷歌关键词趋势、谷歌关键词规划师、Jungle Scout 软件调研市场。

2. 产品市场分析

不管是欧美市场、东南亚市场还是中东市场，他们各自的需求都是不同的。例如数据线、移动电源基本在每个国家的每个电商平台都是热销商品，但侧重点不同。在美国和西欧主流国家有相当一部分电商平台比拼的是品牌和品质，欧洲二线国家比拼的是性价比，而东南亚地区比拼的是价格。所以，目标市场人群分析、产品定价都是选品阶段要考虑的重要因素。卖家需要研究利基产品市场趋势、产品搜索量和消费者需求，以及现在有什么产品在售。

（1）看 eBay 上最受欢迎的是什么

使用 DataLabs eBay 查看每种品类下产品类型和销量，卖家可以通过关键词搜索各种产品，从古董到电子游戏。

（2）咨询谷歌

谷歌趋势是调查市场趋势、消费者兴趣和搜索数据的一个重要资源。它不仅会展示过去 5 年内的搜索量，同时还可以看到全球消费者最感兴趣的产品是什么。

卖家也可以利用谷歌趋势搜索（Google Shopping），它将展示最近 1 小时前，或在 2008 年时网上最畅销的产品。使用 Google Shopping 搜索，用户就能很直观地看到产品图片、价格、品牌等各种信息，如果用户感兴趣的话，还可以单击按钮浏览更多产品，如图 8-4 所示。

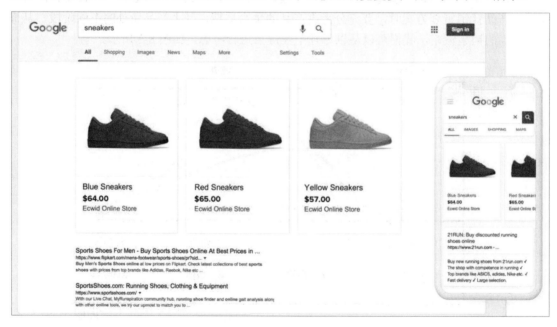

图 8-4　谷歌趋势搜索页面

（3）利用亚马逊向下搜索可销售的利基产品

亚马逊不仅是搜索利基品类的好去处，同时还能看见什么产品在售。将利基大品类输入亚马逊搜索框，左手边过滤选项选择"All"，结果页左边会展示品类下所有的细分产品，如图 8-5 所示。

亚马逊畅销产品页面也会展示需求最高的产品。找到利基产品品类后，询问自己，产品是否符合自己选择的产品市场。以旅游产品为例，在亚马逊畅销产品页面搜索该产品，显然最畅销的产品不在背包品类，所以如果想找到背包类产品，需要进一步深挖。

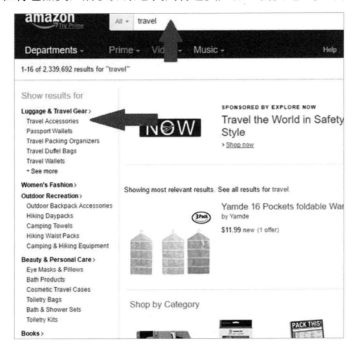

图 8-5　亚马逊搜索页面

（4）利用谷歌关键词工具 Keyword Planner 再次进行细分

卖家可以使用 Keyword Planner 得到利基产品点子，同时检查产品的市场需求。从单击"Search By words and phrases"按钮开始，接着输入大品类或细分品类，选择感兴趣的市场，最后单击"Get Ideas"按钮即可。谷歌关键词工具搜索页面如图 8-6 所示。

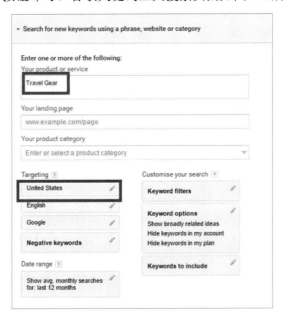

图 8-6　谷歌关键词工具搜索页面

知识拓展：

　　利基市场是专注一种产品的专门化市场。换句话说，就是市场中有哪种特殊的产品满足了市场的特定需求。利基市场可以按照人口属性（年龄、位置）和购买力等因素进一步细分。例如，按照产品需求及目标消费者，运动鞋可以分为运动、健身及时尚这三个利基市场。利基产品，虽然客户群小众，但是需求量不一定低，也是社交平台或论坛网站关注讨论的焦点，能够在网上很容易找到目标客户，例如大码服装、左撇子专用产品等。

3. 产品定价

　　产品定价是整个产品销售链中非常重要的一环，一方面定价直接关系着产品的销量和利润；另一方面定价直接影响着产品的定位、形象和竞争力。跨境电商产品定价难倒了不少从事跨境电商行业的卖家，有合理的产品定价策略，卖家才能在竞争激烈的环境中留存下来。

　　跨境电商卖家在进行产品定价时，要考虑产品的类型（引流款、爆款、利润款），产品的特质（同质性、异质性、可替代程度），同行竞品价格水平，店铺本身的市场竞争策略及产品的自身价值等。常用的跨境电商产品定价方法如下。

　　（1）成本导向定价法

　　基于成本的定价方法即成本导向定价法，是在产品单位成本的基础上，加上预期利润作为产品的销售价格，这种方法也被叫作成本加成定价法。采用成本导向定价方法的关键是：一要准确核算成本；二要确定适当的利润加成率，也就是百分比。根据成本价加费用加利润，来定产品的销售价格，确定完产品的销售价格后，决定上架价格，要依据营销计划的安排确定。

　　简单而言，要想计算基于成本的定价，只需知道产品的成本，并提高标价以创造利润。

　　例如，从 1688 平台采购某产品，成本是每件 7 元，共 100 件，包装质量为 370 克（每件的包装质量为 25 克），国内快递费或运输成本为 8 元，银行美元买入价按 1 美元=6.4 元人民币计算，假设平台目前的毛利率为 15%，固定的成交平台的技术服务费率或佣金费率为 5%，及部分订单产生的联盟费用 3%～5%。我们可以按以下步骤计算推导。

　　首先计算跨境物流费用，查询中国邮政小包价格表，按照第 10 区运费即最贵的运费报价包邮（价格：176 元/千克，挂号费：8 元，折扣 8.5 折），则跨境物流单位运费=运费×折扣×计费重量+挂号费=176×0.85×25÷1000+8=11.74 元。

　　其次计算销售价格：销售价格=（采购价+采购运费+跨境物流单位运费）÷（1-平台佣金费率-联盟费用）÷（1-利润率）÷银行外汇买入价=（7+8÷100+11.74）÷（1-0.05-0.05）÷（1-0.15）÷6.4=3.844 美元/件。当然，5%的联盟佣金或营销费用不是所有订单都会产生的。

　　其中还可以加入可预知风险，如可能的丢包及纠纷损失，如果按照邮政小包丢包率 1%来算，可以推算出：

　　销售价格=（采购价+采购运费+跨境物流单位运费）÷（1-平台佣金费率-联盟费用-丢包率）÷

（1−利润率）÷银行外汇买入价=（7+8/100+11.74）÷（1−0.05−0.05−0.01）÷（1−0.15）÷6.4=3.888 美元/件。

（2）竞争导向定价法

基于竞争对手的定价方法也称竞争导向定价法，它的基本依据是市场上同行相互竞争的同类产品的价格，特点是随着同行竞争情况的变化随时来确定和调整其价格水平。例如，想要了解某产品同行的平均售价，具体做法是：在想要进驻的跨境电商买家平台搜索产品关键词，按照拟销售产品相关质量属性和销售条件，依照销售量进行大小排序，可以获得销量前十的卖家价格；如果想获得销量前十的卖家的平均价格，可以按照销量前十的卖家价格做加权平均，再根据平均售价倒推上架价格。

例如，在全球速卖通买家网页，搜索产品关键词——打底裤 leggings，按照销售量高低进行降序排序，搜索同行竞争卖家的价格，如果搜索到的销量前十的卖家的价格差别很大，有益的参考价值有限，就需要依据销量前十的店铺、销量、价格等计算其价格加权平均数，得到平均售价做参考。这种通过计算权量的定价方法，理论上行得通，实际上应用得不多。

采用竞争导向定价法，更多地要依据产品的差异性和市场变化因素。如果企业产品进入一个新的电商平台，可以参照销售产品十分近似的企业的售价试水，并不是比竞争对手低的价格就是最好的定价。在与同行的同类产品竞争中，最重要的是不断培育自己产品的新卖点，培育新的客户群，卖家通过错位竞争和差别性的定价方法，才会找到产品最合理的价格定位。按照销量前十的卖家价格做加权平均。

（3）价值导向定价法

如果跨境卖家专注于可以给客户带去的价值，其想法是：在一段特定时期内，客户会为一个特定产品支付多少价格？然后根据这种感知来设定价格，这就是基于产品价值的价值导向定价法。

运用这种方法需要进行市场研究和客户分析，跨境电商卖家需要了解最佳受众群体的关键特征，考虑他们购买的原因，了解哪些产品功能对他们来说是最重要的，并且知道价格因素在他们的购买过程中占了多大的比重。如果跨境卖家使用的是基于价值的定价方法，这意味着其产品定价的过程可能是一个相对较长的过程。随着对市场和产品的了解加深，跨境卖家需要不断地对价格进行重复、细微的改动。不过，由于运用该定价方法需要进行一定的市场和客户调查，它也可以为跨境卖家带来更多的利润，不管是从平均产品利润还是盈利整体来说。

想象一下，一位在繁华大街上卖雨伞的卖家，当阳光灿烂时，路过的行人没有买雨伞的需要。因此，在天气好的情况下，雨伞的感知价值相对会较低。但尽管如此，卖家仍可以依靠促销价来达到薄利多销的目的。但在下雨天时，雨伞的价格可能上涨很多。一位着急赶去面试的行人在下雨天时可能愿意为一把雨伞支付更高的价格，因为他不愿意浑身湿透了再去面试。因此在下雨天，卖家可以从每把销售的雨伞中获得更多的利润。

换句话说，有些产品的价值更多的是依靠客户的感知的，此时卖家就可以采用价值导向定价法。

8.3 跨境电商网络活动营销策划

▶▶ 8.3.1 活动营销与网络活动营销

媒体市场竞争越来越激烈，除了比发行量、版面、广告受众、广告服务，价格也成为媒体竞争的利器。通过活动推出活动套餐价，比正常广告有一定的优惠折扣，但又不会冲击整个价格体系，同时争取到了更多的广告。另外优惠套餐价，往往是捆绑销售，批发版面，薄利多销，在一定时期内锁定了发展商的广告投入，掌握了他们的推广节奏。

1. 活动营销

活动营销是指企业通过参与重大的社会活动或整合有效的资源策划大型活动而迅速提高企业及其品牌知名度、美誉度和影响力，促进产品销售的一种营销方式。简单地说，活动营销是围绕活动而展开的营销，以活动为载体，使企业获得品牌的提升或销量的增长。

活动营销能够给企业带来收益，营销的作用其实不仅是为了销售产品，更重要的是塑造品牌影响力。其作用主要有以下几个方面。

（1）提升品牌的影响力

一个好的活动营销不仅能够吸引消费者的注意力，还能够传递出品牌的核心价值，进而提升品牌的影响力。那么，如何让品牌的核心价值被消费者所认同呢？全球品牌网关键就是要将品牌核心价值融入活动营销的主题里面，让消费者接触活动营销时，自然而然地受到品牌核心价值的感染，并引起消费者的情感共鸣，进而提升品牌的影响力。

（2）提升消费者的忠诚度

活动营销是专为消费者互动参与打造的活动，活动包括消费者的参与和大众的关注，产品和品牌形象深度影响了消费者，更能够提升消费者对品牌的美誉度，进而提升消费者的忠诚度。

（3）吸引媒体的关注度

活动营销是近年来国内外十分流行的一种公关传播与市场推广手段，集新闻效应、广告效应、公共关系、形象传播、客户关系于一体，并为新产品推介、品牌展示创造机会，建立品牌识别和品牌定位，成为一种快速提升品牌知名度与美誉度的营销手段。20 世纪 90 年代后期，互联网的飞速发展给活动营销带来了巨大契机。通过网络，一个事件或一个话题可以更轻松地被传播和引起关注，成功的活动营销案例开始大量出现。

2. 网络活动营销

目前，比较常见的网络活动营销有：用户分享体验形式的网络活动；选秀大赛类的网络活动；论坛"盖楼"与分享类的网络活动；博客抢"沙发"或征文类的网络活动；视频征集与大赛网络活动；微博上的有奖转发、大轮盘、献祝福、晒照片等。

▶▶ 8.3.2 跨境电子商务的热门活动

跨境电商每年的销售旺季差不多是在 10～12 月，因为在此期间有很多国外的节日，消费者会享受较大的折扣力度，购物欲望高涨。所以每年的下半年，是跨境电商最重要的分水岭。很多跨境电商平台的卖家，都开始使出浑身解数做好节日营销策略以便捞最后"一桶金"。

国内外重点的节日及相应的销售点如下。

1. 元旦（1 月 1 日）

新的一年，意味着新的希望，有着对美好生活的向往，所以营销点在于生理或心理上的塑造的产品。主要包括健身用品、户外运动器材、书籍、健康或有机食品、登山用品、电子设备等，当然少不了节日贺卡。

2. 情人节（2 月 14 日）

情人节又称圣瓦伦丁节或圣华伦泰节，即每年的 2 月 14 日，是西方国家的传统节日之一，起源于基督教。这是一个关于爱、浪漫及花、巧克力、贺卡的节日。男女在这一天互送礼物来表达爱意或友好。全球性节日，爱情是永恒的剁手主题，从礼物选择到购买的心路历程，往往少不了各种推广渠道的影响，情人节当然更不能错过。跨境电商卖家可以发送一封情人节邮件，内容为推荐一款男士礼物和一款女士礼物，过多的产品推荐会让人产生选择恐惧症。同时在社交网站上举办上传情侣照的活动，有奖评选出最佳情侣照等方式来吸引粉丝进行引流。主推产品包括服装、鞋帽包、护肤品、珠宝、巧克力、鲜花、有纪念意义的物品。

3. 复活节（过春分月圆后的第一个星期日）

复活节（主复活日）是西方的一个重要节日，在每年春分月圆之后第一个星期日。基督徒认为，复活节象征着重生与希望，为纪念耶稣基督被钉十字架受死后第三日复活的节日。与复活节有关的商品包括塑料蛋、兔子主题的物品、玩具、小礼物、装饰品、宗教用品、柔和的派对礼物和卡片。

4. 母亲节（5 月的第二个星期日）

母亲节，是一个感谢母亲的节日。母亲们在这一天通常会收到礼物。针对女性的产品，主要包括化妆品、花卉、珠宝、衣服、手袋、书籍、贺卡、巧克力、美容产品和家居用品。

5. 父亲节（6 月的第三个星期日）

父亲节，约始于 20 世纪初，起源于美国，现已广泛流传于世界各地，节日日期因地域而存在差异。最广泛的日期在每年 6 月的第三个星期日。可以准备相对应的产品，主要包括领带、书籍、袜子、古龙水、剃须刀、家居装饰用品及运动和户外装备。

7. 万圣节（11 月 1 日）

万圣节又称诸圣节，在每年的 11 月 1 日，是西方的传统节日。而万圣节前夜的 10 月 31 日是这个节日最热闹的时刻，化装舞会更是该节日的重点项目。与万圣节有关的商品包括各种

5. 举办线下活动

利用一次与受众面对面的机会来扩大你的受众范围，可以作为一个目标。当商家举办一个活动时，参与者通常会用这个活动的标签来发布推文，利用这个标签，商家可以顺势推广营销活动的其他内容，如提供的产品及优惠信息等。这样一来，参加活动的人及他们的社交粉丝，通过这个标签看到营销内容的概率就增大了。因此，有策略性地结合线上与线下的活动，可以更好地达到你的目标。

本章小结

本章主要介绍了跨境电商网络营销方案的策划，包括跨境电商网络品牌营销方案的策划、跨境电商网络产品营销方案的策划、跨境电商网络活动营销方案的策划。跨境电子商务的迅猛发展，消费者的消费理念在慢慢改变，跨境电商网络营销已成为跨境电子商务企业实现盈利的必经之路，网络的可视化与互动性，使企业的品牌变得更加突出，品牌意义同时得到提升。

拓展实训

制订跨境电商网络营销方案

【实训目的】

制订跨境电商网络品牌营销方案、跨境电商网络产品营销方案和跨境电商网络活动营销方案。

【实训内容】

组建 5~6 人的跨境电商网络营销方案策划团队，选择某一行业的某一产品，按照跨境电商网络营销方案策划的步骤，制订出该产品的跨境电商网络品牌营销策划方案、跨境电商网络产品营销策划方案和跨境电子商务网络活动营销策划方案。

【实训步骤】

1. 选择合适的跨境电子商务平台，准确进行目标市场分析及竞争者分析，对产品进行品牌塑造。

2. 运用选品工具进行选品，对产品进行细致的行业分析及市场分析，对产品进行定价，进行产品创新和产品细分，指出核心产品和外延产品。

3. 选择合适的活动日，并说明原因和活动特点，选择一个跨境电商平台进行活动策划和宣传，选择与活动日相关的产品和内容，采用合适的跨境电商网络营销工具进行活动营销。

复习思考题

一、名词解释

品牌营销、产品营销、活动营销

二、简答题

1. 策划跨境电商网络品牌营销方案的关键点是什么呢？
2. 策划跨境电商网络产品营销方案的关键点是什么呢？
3. 策划跨境电商网络活动营销方案的关键点是什么呢？

三、论述题

在跨境电子商务平台上选择几大知名品牌，试着了解这些品牌的营销策略。

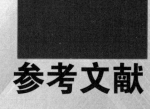

参考文献

[1] 邓志新. 跨境电商：理论、操作与实务[M]. 北京：人民邮电出版社，2018.

[2] 邓志超，崔慧勇，莫川川. 跨境电商基础与实务[M]. 北京：人民邮电出版社，2017.

[3] 马述忠，卢传胜，丁红朝，张夏恒. 跨境电商理论与实务[M]. 浙江：浙江大学出版社，2018.

[4] 马述忠，柴宇曦，濮方清，朱成，等. 跨境电子商务案例[M]. 浙江：浙江大学出版社，2018.

[5] 肖旭. 跨境电商实务[M]. 2 版. 北京：中国人民大学出版社，2018.

[6] 张瑞夫. 跨境电子商务理论与实务[M]. 北京：中国财政经济出版社，2017.

[7] 孙东亮. 跨境电子商务[M]. 北京：北京邮电大学出版社，2018.

[8] 陈战胜，卢伟，邹益民. 跨境电子商务多平台操作实务[M]. 北京：人民邮电出版社，2018.

[9] 纵雨果. 亚马逊跨境电商运营从入门到精通[M]. 北京：电子工业出版社，2018.

[10] 温希波，邢志良，薛梅. 电子商务法：法律法规与案例分析（微课版）[M]. 北京：人民邮电出版社，2019.

[11] 陈道志，卢伟. 跨境电商实务[M]. 北京：人民邮电出版社，2018.

[12] 于立新. 跨境电子商务理论与实务[M]. 北京：首都经济贸易大学出版社，2017.

[13] 陈江生. 跨境电商理论与实务[M]. 北京：中国商业出版社，2016.

[14] 刘敏，高田哥. 跨境电子商务沟通与客服[M]. 北京：电子工业出版社，2017.

[15] 鲍舒丽. 打造金牌网店客服[M]. 北京：人民邮电出版社，2012.

[16] 黄正伟，何伟军. 实时在线客户服务理论与应用研究[M]. 北京：科学出版社，2015.

[17] 邵贵平. 电子商务数据与应用[M]. 北京：人民邮电出版社，2018.

[18] 杨伟强，湛玉婕，刘莉萍. 电子商务数据分析：大数据营销 数据化运营 流量转化[M]. 2 版. 北京：人民邮电出版社，2019.

[19] 潘百翔，李琦. 跨境网络营销[M]. 北京：人民邮电出版社，2018.

[20] 江礼坤. 网络营销推广实战宝典[M]. 2 版. 北京：电子工业出版社，2016.

[21] 王军海. 跨境电子商务支付与结算[M]. 北京：人民邮电出版社，2018.

[22] 冯潮前. 跨境电子商务支付与结算实验教程[M]. 浙江：浙江大学出版社，2016.

[23] 陈碎雷. 跨境电商物流管理[M]. 北京：电子工业出版社，2018.

[24] 陆端. 跨境电子商务物流[M]. 北京：人民邮电出版社，2019.

[25] 李贺. 报检与报关实务[M]. 2 版. 上海：上海财经大学出版社，2018.

[26] 李鹏博. B2B 跨境电商[M]. 北京：电子工业出版社，2018.

[27] 冯晓宁，梁永创，齐建伟. 跨境电商：速卖通搜索排名规则解析与 SEO 技术[M]. 北京：
人民邮电出版社，2016.

[28] MIKE MORAN，BILL HUNT. 搜索引擎营销：网站流量大提速[M]. 宫鑫，等，译. 3 版.
北京：电子工业出版社，2016.

[29] 速卖通大学. 跨境电商视觉呈现：阿里巴巴速卖通宝典[M]. 北京：电子工业出版社，2017.

[30] 速卖通大学. 跨境电商：阿里巴巴速卖通宝典[M]. 2 版. 北京：电子工业出版社，2015.

[31] 冯晓宁，梁永创，齐建伟. 跨境电商：阿里巴巴速卖通实操全攻略[M]. 北京：人民邮电
出版社，2015.

[32] 孙正君，袁野. 亚马逊运营手册[M]. 北京：中国财富出版社，2017.

[33] 丁晖. 跨境电商多平台运营：实战基础[M]. 2 版. 北京：电子工业出版社，2017.

[34] 陆金英，祝万青，王艳. 跨境电商操作实务（亚马逊平台）[M]. 北京：中国人民大学出
版社，2018.

[35] 陈启虎. 国际贸易实务[M]. 北京：机械工业出版社，2012.

[36] 吴喜龄，袁持平. 跨境电子商务实务[M]. 北京：清华大学出版社，2018.

[37] 韩小蕊，樊鹏. 跨境电子商务[M]. 北京：机械工业出版社，2017.

[38] 王玉珍. 电子商务概论[M]. 北京：清华大学出版社，2017.

[39] 青岛英谷教育科技股份有限公司. 跨境电子商务导论[M]. 西安：西安电子科技大学出版
社，2017.

[40] 曹盛华. 跨境电商务发展策略与人才培养研究[M]. 北京：中国水利水电出版社，2018.

[41] 郑建辉，陈江生，陈婷婷. 跨境电子商务实务[M]. 北京：北京理工大学出版社，2017.

[42] 白东蕊，岳云康. 电子商务概论[M]. 4 版. 北京：人民邮电出版社，2019.